Promotionskolleg Kinder und Kindheiten im Spannungsfeld
gesellschaftlicher Modernisierung (Hrsg.)

Kindheitsbilder und die Akteure generationaler
Arrangements

Promotionskolleg Kinder und Kindheiten
im Spannungsfeld gesellschaftlicher
Modernisierung (Hrsg.)

Kindheitsbilder und die Akteure generationaler Arrangements

VS VERLAG

Bibliografische Information der Deutschen Nationalbibliothek
Die Deutsche Nationalbibliothek verzeichnet diese Publikation in der
Deutschen Nationalbibliografie; detaillierte bibliografische Daten sind im Internet über
<http://dnb.d-nb.de> abrufbar.

1. Auflage 2011

Alle Rechte vorbehalten
© VS Verlag für Sozialwissenschaften | Springer Fachmedien Wiesbaden GmbH 2011

Lektorat: Stefanie Laux

VS Verlag für Sozialwissenschaften ist eine Marke von Springer Fachmedien.
Springer Fachmedien ist Teil der Fachverlagsgruppe Springer Science+Business Media.
www.vs-verlag.de

Umschlaggestaltung: KünkelLopka Medienentwicklung, Heidelberg
Gedruckt auf säurefreiem und chlorfrei gebleichtem Papier
Printed in Germany

ISBN 978-3-531-17691-8

Inhaltsverzeichnis

Einleitung

Rita Braches-Chyrek/Doris Bühler-Niederberger/
Friederike Heinzel/Heinz Sünker/Werner Thole

Deutungen und Bilder von Kindern
und Kindheiten

Trotz der in öffentlichen Debatten und in wissenschaftlichen Diskursen vorherrschenden, vielfach sehr klaren Wahrnehmungs- und Deutungsmuster von Kindern, Kindheit und Kinderleben stellt sich seit Beginn der 1990er Jahre vermehrt die Frage, in welcher Weise die beobachteten gesellschaftlichen Wandlungsprozesse und ihre Auswirkungen auf Kinderleben empirisch erfasst und theoretisch kodiert werden können. Neue Forschungsarbeiten suchen Kindheit neu zu denken, indem sie die wissenschaftlichen Diagnosen und Paradigmen aus den 1970er und 1980er Jahren kritisierten und aufarbeiteten als auch den Blick auf frühe soziale Ungleichheiten und Ausgrenzungen im Kontext generationaler Ordnungen in den Mittelpunkt des Interesses rückten, um dadurch die wissenschaftliche Erforschung und politische Thematisierung ungleicher kindlicher Lebenslagen zu ermöglichen (vgl. Bühler-Niederberger 2005; Hengst/Zeiher 2005; Honig 1999; Alanen 2005).

Methodisch und methodologisch lehnt sich diese jüngere Kindheitsforschung damit vornehmlich an die soziologische Forschung an. Zugleich wird jedoch von einer klar kodifizierten Eigenständigkeit von Kindern ausgegangen. Kinder werden als teil-kompetente und teil-autonome AkteurInnen ihres Selbst und ihrer Sozialwelten konzipiert und die Frage nach den gesellschaftlichen Konstitutionsbedingungen kindlicher Subjektivität gestellt (vgl. Alt/Lange 2009; Winkler 2006). Diese neue Sichtweise konzentriert sich auf die Kompetenzen und Handlungsbefähigungen (»agency«) von Kindern und räumt der kindlichen Wahrnehmung, Interpretation und Beurteilung ihrer sozialen Welt, indem ihnen eine eigene erzählenswerte Biographie zugestanden und gleichzeitig auch abverlangt wird, eine zentrale Stellung im Forschungsprozess ein (vgl. Alt/Lange 2009, S.

79).[1] Gestützt wird diese Perspektive auf Kindheit und das damit hergestellte Wissen über Kinder durch Daten der Sozialberichterstattung. Die Produktion von Erkenntnissen und die Auseinandersetzung darüber, welche Deutungen und Bilder von Kindern und Kindheit den neueren Forschungen zugrunde liegen, ist der interdisziplinär ausgerichtete Sozialberichterstattung zu verdanken. Die hier vorgenommenen differenzierten Bestandsaufnahmen der realen Lebensbedingungen, unter denen Kinder ihre Sozialisations- und Entwicklungsaufgaben bewältigen, zeigen, dass die Lebenslagen von Kindern im Kontext institutioneller Betreuungs- und Beziehungsarrangements – in der Schule, der Familie und in Peerbeziehungen – durch sozialräumliche als auch herkunfts- und geschlechtstypische soziale Ungleichheiten bestimmt werden.[2] In der Sozialberichterstattung spielen die Einsichten in soziale und kulturelle Zusammenhänge, entwicklungspsychologische und sozialisationstheoretische Perspektiven eine ebenso große Rolle wie Kulturen des Aufwachsens, der gesellschaftliche und generational bestimmte Status von Kindern und unterschiedliche Konzepte von Kindheit. Ziel dieser interdisziplinär ausgerichteten Forschung ist es, die Lebenslagen von Kindern adäquat zu beschreiben und zu analysieren.

Eine umfassendere Deutung des Konzepts der Kindheit wird in der neueren Kindheitsforschung durch die Unterscheidung von Kindheit und Kindern vorgenommen, um durch ein theoretisches Konzept von Kindheit auch Formen sozialer Ordnung und generationaler Ordnung generieren zu können (vgl. Honig 2009). Die theoretische Auseinandersetzung mit Kindheit erfolgt in der neuen Kindheitsforschung auf eine substanzielle ontologische Weise, die es ermöglicht, subjektive als auch gesellschaftlich beeinflusste Wahrnehmungs- und Deutungsmuster zu erkennen. Diesem Vorgehen liegt einerseits das Bestreben zugrunde, das unbestimmt Allgemeine begrifflich zu fassen, um die mit ihm bezeichneten Sachverhalte in den alltäglichen Lebenssituationen konkret beschreiben und analysieren zu können, und zugleich die Exemplifizierung des Phänomens Kindheit als eine häufig anzutreffende Realität zu ermöglichen. Kindheit als eine Art Generalbegriff macht dabei auf einen Gesamtzusammenhang aufmerksam, der zeigt, dass gesellschaftliche Interaktions- und Strukturleistungen auf biologische und

---

1   Wissens- wie wissenschaftssoziologisch dazu vermitteln exemplarische Einblicke in die deutsche Entwicklungsdynamik und in vielfältige Debatten, in denen die Differenz von Kindheits- und Kinderforschung konstitutiv ist, präsentieren folgende Bände: Zentrum für Kindheits- und Jugendforschung (1993); Honig (1999, 2009); Honig/Lange/Leu (1999); Hengst 2003; Hengst/Zeiher (2000, 2005); Kränzl-Nagl/Mierendorff/Olk (2003); Bühler-Niederberger (2005); Bühler-Niederberger/Mierendorff/Lange (2010) Hengst/Zeiher (2005); Promotionskolleg (2006); Sünker/Swiderek (2008).
2   Exemplarisch sind diesbezüglich Honig/Joos/Schreiber (2004), Thole/Rossbach/Fölling-Albers/Tippelt (2008), Heinzel (2009), Krüger (2006, 2010), Alt (2008) und BMFSJ (2005, 2009) zu nennen.

kulturelle Zeitfenster angewiesen sind, um Vorstellungen von Phasen des menschlichen Lebens entwickeln zu können, die in besonderer Weise auf die Unterstützung von Entwicklung hinweisen (vgl. Winkler 2006, S. 93; Hornstein/Thole 2005).»»Kindheit« ist ein interpretativer Rahmen, ein Set von Symbolen und Bedeutungen, die – beispielsweise in Gestalt von kulturellen und rechtlichen Altersnormen – ein Lebensalter als ›kindlich‹ deuten (statt ›altersgebunden‹ zu sein)«(Honig 1999, S. 195), um neben kulturellen Generalisierungen auch Soziallagen einer Bevölkerungsgruppe und Altersphasen im institutionalisierten Lebenslauf bestimmen zu können (vgl. Zeiher 2009).

Erst mit der Herausarbeitung des Konzeptes der generationalen Ordnung (vgl. Alanen 1988) gelang es im Kontext einer wissenssoziologischen Analyse und Kritik an den Diskursen in der Soziologie der Kindheit, die in ihrer Lesart davon ausgeht, dass die Existenz der Kategorie Kinder eine empirisch belegbare Tatsache ist, drei theoretische Richtungen in Kindheitsforschung zu bestimmen.[3] Leena Alanens Kritik an der Soziologie der Kinder entzündete sich am früheren Paradigma sozialisationsorientierter Forschungsperspektiven, die für sie eher erwachsenenzentriert und damit eben auch paternalistisch geprägt waren. Der Adultismus des Sozialisationsparadigmas wird von L. Alanen als eine Form symbolischer Gewalt beschrieben (vgl. Bourdieu 1998). In ihrer Fassung konzentriert sich die Soziologie der Kinder vorrangig auf die Untersuchung des Alltagslebens, der Erfahrungen und des Wissens von Kindern. Die Bedeutung von Generation als generationale Ordnung spielt bei der Bestimmung des Forschungsziels und der methodologischen Ansätze keine besondere Rolle. Kinder werden hier zwar durchaus als generationale Gruppierung etikettiert und beschrieben, der analytische Gehalt der theoretischen und empirischen Auseinandersetzungen kann dadurch jedoch nicht wesentlich gesteigert werden.

Als eine zweite Richtung in der soziologischen Kindheitsforschung definiert Alanen mit der dekonstruktiven Kinder- und Kindheitssoziologie eine Forschungsrichtung, die sich aus den sozialwissenschaftlichen Diskussionen über post-positivistische, sozialkonstruktivistische Methodologien und deren Implikationen für das Verständnis des Sozialen entwickelte. Kindheit ist hier eine soziale und kulturelle Konstruktion, das Konzept der Generation wird symbolisch gefasst und leistet keinen eigenen analytischen Beitrag

---

3 Allison James, Chris Jenks und Alan Prout (1997) unterscheiden zwei Formen und Phasen soziologischer Kindheitsforschung, einerseits das Modell des »transitional theorizing« welches klassische sozialisationstheoretische Ansätze in der Kindheitsforschung beschreibt und andererseits die theoretischen Analysen von »Kindheit als soziales Phänomen« (1998). Das von Doris Bühler-Niederberger und Robert van Krieken (2008) edierte »spezial issue« von »Childhood« zum Thema »New themes in the sociology of childhood« vermittelt den neuesten Diskussionsstand auf internationaler Ebene.

zu einer wirklichen Dekonstruktion. Die Objekte der Dekonstruktionen sind Themen, Diskurse oder Rhetoriken, die einen gemeinsamen generationalen Stempel tragen.

Erst mit der dritten Forschungsrichtung kann herausgearbeitet werden, dass Generation ein analytisches Problem ist, es wird zu einem Arbeitsthema in der Kindheitsforschung, indem strukturelle Kontexte von Kindheit näher betrachtet werden. Hier wird mit dem Begriff der Generation eine Struktur bezeichnet und im Wechselspiel zu anderen sozialen Strukturen behandelt. Der strukturelle Ansatz der Soziologie der Kindheit sieht Kindheit als ein relativ dauerhaftes Element im modernen Sozialleben. Kindheit selbst wird zu einem strukturellen und strukturierenden Phänomen, d.h. Kindheit ist von strukturierenden Formen, Kulturen, Räumen, sozialen und wirtschaftlichen Zusammenhängen und (Gesellschafts-) Politiken geprägt. Was im gelebten Alltag der Kinder beobachtet wird, soll zu gesamtgesellschaftlichen Kontexten in Beziehung gesetzt werden. Soziale Strukturen und soziale Prozesse werden auf der Makroebene identifiziert, die in das Alltagsleben und die Lebensbedingungen der Kinder hineinwirken und darin gemeinsame vereinheitlichende Merkmale produzieren. Generation wird zum Ausgangspunkt eines relationalen Konzepts in Sinne Karl Mannheims (1964), der Begriff der Generation wird zu einem systematisch relationalen Begriff weiterentwickelt. »... also ein bestimmtes, meist als angeboren betrachtetes Einstellung- oder Verhaltensmerkmal (man spricht gern von einem ›natürlichen Unterschied‹), das in Wirklichkeit nur eine Differenz ist, ein Abstand, ein Unterscheidungsmerkmal, kurz, ein relationales Merkmal, das nur in der und durch die Relation zu anderen Merkmalen existiert« (Bourdieu 1998, S. 18). Relationen beschreiben also Beziehungen, den Abstand, die Differenzen zwischen Individuen, Strukturen und Systemen und damit eben auch die Verhältnisse. Es stellt sich in der Kindheitsforschung also nicht die Frage, ob es Kinder gibt oder nicht, sondern wie zentrale Strukturmerkmale der Produktion und Reproduktion gesellschaftlicher Verhältnisse in westlich-kapitalistischen Gesellschaften bestimmte Mechanismen erzeugen, die Vorstellungen von Kindheit produzieren. Wenn also gefragt wird, wie soziale Positionen und Dispositionen durch Machtrelationen grundlegend organisiert und gesellschaftlich produziert werden, von L. Alaanen als generationale Ordnung herausgearbeitet, und sich darin auch reproduzieren, so muss der Fokus der Kindheitsforschung auf die Relation und deren Funktionsweise gerichtet sein und nicht, oder zumindest nicht primär, auf die Definition und Zuordnung zu einer bestimmten Gruppe, die durch ein gemeinsames Merkmal zusammengehalten werden. Die Ausarbeitung dieser Relation ist in der Marxistischen Tradition, die Artikulation, in der Bourdieuschen Tradition die Aufdeckung, Ernüchterungs- und Aufklärungsarbeit.

Erfahrungen und Beurteilungen lassen sich also nur dann als gesellschaftliche Wirklichkeit begreifen, wenn ein Verständnis der generationalen Strukturierung des Lebens von Kindern und Erwachsen in die theoretischen Darstellungen eingelassen ist (Alanen 2005, S. 72).»So berechtigt das Interesse an dem Zusammenleben von Generationen ist, es darf nicht dazu verleiten, die ungleiche Verteilung der ökonomischen, sozialen und kulturellen Ressourcen in der gesamten Gesellschaft aus den Augen zu verlieren« (Lüscher 2009, S. 6) und um das zu verhindern, darf das Generationenkonzept nicht zur symbolischen, sozialen, kulturellen und ökonomischen Zuschreibungskategorie werden (vgl. Bühler-Niederberger/Sünker 2006).

Ausgehend von den hier bereits aufgeworfenen Fragen was Kinder zu Kindern macht, wie Kindheit möglich ist und welche Deutungen und Bilder von Kindern und Kindheit in kindheitstheoretische Diskurse als auch in die pädagogische Arbeit mit Kindern einfließen verknüpfen die in diesem Band versammelten Beiträge empirische Analysen mit differenztheoretischen Annahmen der generationalen Ordnung und wissenssoziologischen Debatten um eine »neue« Kinder- und Kindheitsforschung. Alterskonstruktionen in der verbandlichen Jugendarbeit, Deutungen und Bilder vom potentiell gefährlichen oder gefährdeten Kind in schulischen Ordnungen, Möglichkeiten der Partizipation bei der Ausgestaltung kindlicher Lebenswelten in institutionellen und familialen Arrangements als auch Diskussion über die konkreten Umsetzungsmöglichkeiten von Kinderrechten werden rekonstruiert und analysiert, um gegenseitige Verschränkungen und Dynamiken in gesellschaftlichen Entwicklungsprozessen aufzeigen und in kindheitstheoretische Diskurse einbinden zu können.

Anna Hein unterzieht die Wissensbestände der neuen soziologischen Kindheitsforschung einer kritischen Analyse, um ihre Thesen, dass es sich hier um einen Spezialdiskurs handele, der zu theoretischen als auch empirischen Implikationen in der gesellschaftlichen Generierung von sozialen und kulturellen Kinder- und Kindheitsrealitäten und zu neuen Formen der Diskursiverung wohlfahrtsstaatlicher Aufgaben führte, zu überprüfen. Ihre wissenssoziologische Auseinandersetzung mit den aufgeworfenen Thesen führt sie zu der Erkenntnis, dass sich bestehende Korrelationen zwischen der wohlfahrtsstaatlichen Ordnung und Ökonomie eben auch in den spezifischen Diskursen über Kinder und Kindheit in den neueren Wissensbeständen und deren Konstruktionsweisen nachweisen lassen.

Das Konzept des legitimen Kindes wird von *Sabina Schutter* in den Ausführungen zum Bundesverfassungsgerichtsurteil zu den »heimlichen Vaterschaftstests« untersucht. Sie kann eindrücklich begründen, dass durch die Konzentration auf eine bestimmte Materialität des Kindes – als genetische »Teilkopie« – das Kind seine Handlungsfunktion verliert, es wird zum Bezugspunkt für Identitätsfindung und rechtliche Normierungen. Als theoretische Folie für eine soziologische Analyse von Kindheit dient die dekonstruktivistische Geschlechtersoziologie, die es ihr ermöglicht, die Konstruktion des Kindes als genetischer Abkömmling zu untersuchen und Deutungen und Bilder von einer Materialität des Kindes in den öffentlichen Debatten nachzuzeichnen.

Dima Zito nimmt in ihrem Beitrag eine differenzierte Analyse des Phänomens Kindersoldaten vor und kann im Kontext einer gesellschaftskritischen Kindheitsforschung strukturelle Zusammenhänge herausarbeiten, die Kindersoldaten als AkteurInnen, als Handelnde und Mitgestaltende soziokultureller Umwelten und nicht nur als Opfer gesellschaftlicher Umstände betrachtet. Vor dem Hintergrund einer systematischen Diskussion von Kindersoldaten als Gegenbild moderner Kindheit und als Repräsentanten einer anderen Kindheitskonzeption entwickelt sie die Idee einer kinderrechtsorientierten Kindheitspolitik, die auf die Veränderung der gesellschaftlichen Strukturen hinwirken muss, um Kinder als Subjekte, die Gesellschaft autonom mitgestalten können, wahrzunehmen.

Wie Kinder ihre trennungs- und scheidungsbedingte Mobilität bewerten, exemplifiziert *Christian Piontek* im Kontext der detaillierten Rekonstruktion eines Interviewausschnittes. Auf der Grundlage seiner empirischen Untersuchung ist es ihm möglich, erste Beobachtungen und Einordnungen vorzunehmen, die zeigen, dass räumliche Distanz, die sich durch die Trennung der Eltern ergeben hat, von den Kindern eher negativ bewertet wird und dazu führt, dass ein starkes Bedürfnis nach der Überwindung der räumlichen und sozialen Distanz zwischen den Eltern artikuliert wird. Diese hier zum Ausdruck kommende kindliche Orientierung an einem eher normativ konnotieren Bild von Familienkindheit wird als Erklärungsmuster angeführt, um die negative Bewertung der kindlichen Mobilität einordnen zu können.

Anna Bandt analysiert in einer ersten Bestandsaufnahme die Thematisierung der Entwicklungsmöglichkeiten von politischem Bewusstsein bei Schulkindern in wissenschaftlichen Diskursen. Durch die analytische Einbeziehung mehrerer institutioneller Ebenen – Familie und Schule – sollen die Konstitutionsbedingungen kindlicher Subjektivität im Kontext gegebener Vergesellschaftungsprozesse entschlüsselt werden. Ausgehend von der Annahme, dass nur durch ein emanzipatorisch ausgerichtetes gesellschaftspolitisches Interesse an einer autonomen politischen Partizipation von Kindern auf allen gesellschaftlichen Ebenen die Herausbildung kindlicher Subjektivität dahingehend unterstützt wird, dass sich Kinder zu reflexiven, urteilskräftigen und handlungsfähigen Mitgliedern einer Gesellschaft entwickeln können, kann Anna Bandt die wesentlichen Strukturen, die diesen Prozess beeinflussen, bestimmen.

Die grundlegenden Fragen nach den Annahmen, Wertungen und Konzepten für Alterskonstruktion in der Arbeit mit Kindern in Jugendverbänden sind Gegenstand der empirischen Untersuchungen von *Gunda Voigts*.

Ausgehend von der Erkenntnis, dass Jugendverbände entscheidende AkteurInnen in der außerschulischen Arbeit mit Kindern und Jugendlichen sind, werden drei Typen von Verbandsmustern herausgearbeitet, die den Umgang mit Altersdefinitionen als auch die professionelle Orientierung in ausgewählten Verbänden charakterisieren. Als vorläufiges Ergebnis kann festgehalten werden, dass der Zugang zu Kindern durch außerschulische Angebote im Kontext gesellschaftlicher Wandlungsprozesse immer wieder neu formiert werden muss und dadurch eben auch Alterskonstruktionen weiteren Ausdifferenzierungen unterliegen.

Ziel des Forschungsprojektes von *Ilka Hutschenreuter* ist die Analyse der Praktiken, Routinen und Strukturen, derer sich Kinder und Erwachsene in Partizipationspraxen an Schulen bedienen. Der Ausschnitt aus einem ethnographischen Protokoll, das auf der Grundlage von Beobachtungen eines Schülerparlamentes an einer Grundschule erstellt wurde, dient der ersten Herausarbeitung eines Kindheitsbildes – hier das Bild eines potentiell gefährlichen Kindes – , welches auf thematischer Ebene die Aushandlungsprozesse zwischen den AkteurInnen nachhaltig dominiert. Die sich daraus ergebenen Deutungsmuster prägen die Diskussionen zwischen den Kindern grundlegend und zeigen, wie die Entwicklung einer strukturierenden Zuschreibungskategorie möglich wird, in denen sich die schulische Ordnung auf beeindruckende Weise widerspiegelt.

Rita Fürstenau analysiert die diskursiven Praktiken, die zur Herstellung von Kindheit im Rahmen von Gruppendiskussionen führen, in dritten und vierten Klassen an Grundschulen. Im Mittelpunkt ihres Beitrages steht die Frage, wie in Kinderäußerungen durch Bezugnahme auf den Entwicklungsgedanken – hier aufgefasst als spezifisch kulturelle Codierung von Kindern, Kind sein und Kindheit – generationale Ordnung hergestellt wird. Ausgehend von der Annahme, dass Kindheit Entwicklungskindheit ist, können Aneignungs- und Vermittlungsprozesse von sozialen Normvorstellungen herausgearbeitet und pädagogisch geprägte Vorstellungen und Konzepte im Elternhaus als auch in der Schule auf normative Kindheitsbilder zurückgebunden werden. Im Kontext des theoretischen Konzeptes der generationalen Ordnung übernimmt der Entwicklungsgedanke eine strukturierende Funktion und wirkt als Deutungsmuster auf die diskursiven Herstellungsprozesse sozialer Wirklichkeit bei Kindern.

In einem abschließenden Beitrag untersucht *Barbara Lochner* die Qualifikation und Ausbildung der MitarbeiterInnen in Kindertagesstätten und setzt diese in Bezug zu anderen Strukturqualitätsmerkmalen, wie beispielsweise Gruppengröße und sozialräumliche Bestimmungsfaktoren, um die Umsetzung der gesellschaftlichen Anforderungen in der konkreten Praxis nachzeichnen zu können. Im Mittelpunkt des Interesses stehen Fragen nach Qualifizierungserfordernissen und dem Einfluss von unterschiedlichen beruflich-habituellen Handlungsweisen der PädagogInnen im Team von Kindertageseinrichtungen auf die Interaktionen mit Kindern.

Der vorliegende Band wird von dem Promotionskolleg »Kinder und Kindheiten im Spannungsfeld gesellschaftlicher Modernisierungen. Normative Muster und Lebenslagen, sozialpädagogische und sozialpolitische Interventionen mit den Forschungsschwerpunkten Partizipation von Kindern, Kinderrechte und Kinderpolitik. Bildung in früher Kindheit und Institutionalisierung von Kindern« der Bergischen-Universität Wuppertal und der Universität Kassel herausgegeben. Damit legt das Kolleg einen zweiten Band mit Ergebnissen vor. Stephanie Laux und Monika Mühlhausen vom VS Verlag für Sozialwissenschaften gebührt unser Dank für ihre Unterstützung bei der Verlagsplatzierung dieses Buches. Den Universitäten Kassel und Wuppertal, insbesondere jedoch der Hans-Böckler-Stiftung ist für ihre vielfältige, vor allem finanzielle Förderung des Promotionskollegs zu danken.

Literatur

Alanen, L. (1988): Rethinking Childhood. In: Acta Sociologica, 32. Jg. (1988) Heft 1, S. 53-67.

Alanen, L. (2005): Kindheit als generationales Konzept. In: Hengst, H./Zeiher, H. (Hrsg.) (2005): Kindheit soziologisch. Wiesbaden, S. 65-82.

Alt, Ch./Lange, A. (2009): Kindheitsforschung heute – ein Perspektivenwechsel. In: Sozialwissenschaftliche Literatur Rundschau, 2009, Heft 59, S. 79-92.

Bourdieu, P. (1998): Praktische Vernunft. Frankfurt a. M.

Bundesministerium für Familie, Senioren, Jugend und Frauen (BMFSJ) (2002) (Hrsg.): »Elfter Kinder- und Jugendbericht«. Bericht über die Lebenssituationen von Kindern und die Leistungen der Kinderhilfen in Deutschland. Berlin.

Bundesministerium für Familie, Senioren, Jugend und Frauen (BMFSJ) (2005) (Hrsg.): »Zwölfter Kinder- und Jugendbericht«. Bericht über die Lebenssituationen von Kindern und die Leistungen der Kinderhilfen in Deutschland. Berlin.

Bühler-Niederberger, D./Mierendorff, J./Lange, A. (2010): Kindheit zwischen fürsorglichem Zugriff und gesellschaftlicher Teilhabe. Wiesbaden.

Bühler-Niederberger, D. (2005): Kindheit und die Ordnung der Verhältnisse. Von der gesellschaftlichen Macht der Unschuld und dem kreativen Individuum. Weinheim.

Bühler-Niederberger, D./Sünker, H. (2006): Der Blick auf das Kind. Sozialisationsforschung, Kindheitssoziologie und die Frage nach der gesellschaftlichgenerationen Ordnung. In: Adresen S./Diehm I. (Hrsg.) (2006): Kinder, Kindheiten, Konstruktionen. Wiesbaden, S. 25-52.

Bühler-Niederberger, D./van Krieken, R. (2008): Childhood 2008: Special issue: New themes in the sociology of childhood. In: Childhood, 15. Jg. (2008), Heft 2, S. 147-155.

Heinzel, F. (2000): Methoden der Kindheitsforschung. Kindheiten. Weinheim.

Heinzel, F. (2009): Zwischen Kindheit und Schule. In: Krüger, H.H./Grunert, C. (Hrsg.) (2009): Handbuch Kindheits- und Jugendforschung. Weinheim.

Hengst, H. (2003): Ein internationales Phänomen. Die neue soziologische Kindheitsforschung. In: Orth, B./Schietring, T./Weiß, J. (Hrsg.) (2003): Soziologische Forschung: Stand und Perspektiven. Opladen, S. 195-214.

Hengst, H./Zeiher, H. (Hrsg.). (2000): Die Arbeit der Kinder. Kindheitskonzept und Arbeitsteilung zwischen den Generationen. Weinheim.

Hengst, H./Zeiher, H. (2005): Vom Kinderwissen zu generationalen Analysen. In: Hengst, H./Zeiher, H. (Hrsg.) (2005): Kindheit soziologisch. Wiesbaden, S. 9-24.

Honig, M.S. (2009): Das Kind der Kindheitsforschung. Gegenstandskonstitution in den Childhood studies. In: Honig, M.S. (Hrsg.) (2009): Ordnungen der Kindheit. Problemstellungen und Perspektiven der Kindheitsforschung. Weinheim/München, S. 25-51.

Honig, M.-S. (1999): Entwurf zu einer Theorie der Kindheit. Frankfurt a. M.

Honig, M.-S., Lange, A., Leu, H.-R. (Hrsg.) (1999): Aus der Perspektive von Kindern? Zur Methodologie der Kindheitsforschung. Weinheim.

Honig, M.S., Joos, Schreiber (Hrsg.) (2004): Was ist ein guter Kindergarten, Theoretische und empirische Analysen zum Qualitätsbegriff in der Pädagogik. Weinheim.

Hornstein, W./Thole, W. (2005): Kindheit. In: Kreft, D./Mielenz, I. (Hrsg.) (^{2}2005): Wörterbuch Soziale Arbeit. Aufgaben, Praxisfelder, Begriffe und Methoden der Sozialarbeit und Sozialpädagogik. Weinheim/München, S. 529-533.

Kränzl-Nagl, R./Mierendorff, J./Olk, T. (Hrsg.) (2003): Kindheit im Wohlfahrtsstaat. Gesellschaftliche und politische Herausforderungen. Frankfurt a. M.

Krüger, H.H., Grunert, C. (2006): Kindheit und Kindheitsforschung in Deutschland. Opladen.

Krüger, H.H./Köhler, S.-M./Zschach, M. (2010): Teenies und ihre Peers. Opladen.

Lüscher, K./Liegle, L/Lange, A. (2009): Bausteine zur Generationenanalyse. In: DJI Bullentin, 2009, Heft 86, S. 1-8.

Mannheim, K. (1964): Wissenssoziologie. Berlin.

Promotionskolleg »Kinder und Kindheiten im Spannungsfeld gesellschaftlicher Modernisierung« (Hrsg.) (2006): Kinderwelten und institutionelle Arrangements. Modernisierung von Kindheit. Wiesbaden.

Sünker, H. (1989): Pädagogik und Politik für Kinder: Gesellschaftliche Entwicklung und Herausforderungen. In: Sünker, H./Melzer, W. (Hrsg.) (1989): Wohl und Wehe der Kinder. Weinheim, S. 10-29.

Sünker, H./Swiderek, Th. (2008): Lebensalter und Soziale Arbeit.: Kindheit (Bd. 2). Baltmannsweiler.

Thole, W./Rossbach, H.-G./Fölling-Albers, M./Tippelt, R. (Hrsg.) (2008): Bildung und Kindheit. Opladen.

Winkler, M. (2006): Weder Hexen noch Heilige – Bemerkungen zum Verhältnis von Pädagogik und der neueren soziologischen Kindheitsforschung. In: Andresen, S./Diehm, I. (Hrsg.) (2006): Kinder, Kindheiten, Konstruktionen. Erziehungswissenschaftliche Perspektiven und sozialpädagogische Verortungen. Wiesbaden, S. 83-105.

Zeiher, H./Zeiher, H. (1994): Orte und Zeiten im Leben der Kinder. München.

Zeiher, H. (2009): Ambivalenzen und Widersprüche der Institutionalisierung von Kindheit. In: Honig, M.S. (Hrsg.) (2009): Ordnungen der Kindheit. Problemstellungen und Perspektiven der Kindheitsforschung. Weinheim/München, S. 103-126.

Zentrum für Kindheits- und Jugendforschung (Hrsg.) (1993): Wandlungen der Kindheit. Theoretische Überlegungen zum Strukturwandel der Kindheit heute. Opladen.

Die Beiträge

Anna Hein

Historischer Zufall oder gesellschaftliche Notwendigkeit?

Anmerkungen zur Genese der Neuen soziologischen Kinder- und Kindheitsforschung[1]

1. Thematischer Aufriss

So alt wie die Soziologie selbst ist die Frage nach den gesellschaftlichen Bedingungen ihrer Erkenntnismöglichkeiten sowie die darin implizierte Frage nach dem Verhältnis des soziologisch Forschenden zu seinem Gegenstand (vgl. Elias 2004). Dies bedeutet jedoch nicht, dass die Mechanismen gesteigerter Aufmerksamkeit für ein bestimmtes Thema, die dominierende Verwendung einer bestimmten Methodologie zu einem konkret historischen Zeitpunkt oder gar die eigenen Konstruktionsweisen der Forschungsgegenstände zwingend im Fokus aller sich selbst als »soziologisch« verortenden Arbeiten stünden. Vielmehr wurde diese Aufgabe im Zuge der disziplinären Spezialisierung einer sogenannten »Bindestrichsoziologie« überantwortet: der Wissenschafts- bzw. der Wissenssoziologie. Ihrerseits wurden und werden explizit die Formen der sozialen Organisation Wissenschaft einerseits und in den letzten Jahren unter dem Theorem »Wissensgesellschaft« (vgl. Weingart 2003) oder »knowledge capitalism« (vgl. Sünker

---

1 Aus forschungspragmatischen Gründen wird im vorliegenden Aufsatz sowie im dahinter stehenden Dissertationsprojekt ausschließlich auf die deutschsprachige Forschungstradition Bezug genommen. D.h. die spannenden, sich zeitlich parallel aber zunächst ganz unabhängig voneinander etablierten Forschungstraditionen (vgl. Honig 2009) vor allem die der USA, Großbritanniens und der Nordischen Länder – bekannt unter der Bezeichnung new social studies of childhood kurz: childhood studies – können nicht berücksichtigt werden. Konsequent wird im Folgenden daher der Terminus »Neue soziologische Kindheitsforschung« geführt. Die Begrifflichkeit einer »sozialwissenschaftlichen Kindheitsforschung« findet dagegen an den Stellen Verwendung, an denen Forschungsergebnisse/ Gegenstandskonstruktionen dargestellt werden, die sozialwissenschaftlichen Typus sind, jedoch ausdrücklich nicht unter dem (Selbst)Verständnis einer »Neuen soziologischen Kindheitsforschung« erodiert wurden. Dies verweist auf die »Spielarten« des Diskurses um das eigene Selbst, dass hier vorliegend allerdings auch nicht weiter ausgeführt werden kann.

2006a, 2006b) verstärkt die Bezüge der Wissenschaft zu anderen Funkti-
onssystemen der Gesellschaft, wie u. a. Politik, Wirtschaft, Medien andererseits in den Fokus der Analysen gestellt. So gesehen kann kaum der
Vorwurf gelten, dass ein blinder Fleck vorherrsche, wenn sich die *Kindheitssoziologie* – eine weitere »Bindestrichsoziologie« – ohne eine Reflexion auf ihre eigene soziale und historische Entstehungskonstellation der späten 1970er Jahre etablieren und institutionalisieren konnte. In dieser Perspektive erscheint dies allein als ein Resultat funktionaler Arbeitsteilung
der Disziplinen. Verfolgt die *Neue soziologische Kindheitsforschung*
(NSKF) unter der (ver)institutionalisierten Selbstbezeichnung *Kindheitssoziologie* jedoch den Selbstanspruch sich »im Kern« auch mit der wis-
sen(schaft)soziologischen Frage nach »… den sozialen Bedingungen der
Möglichkeit, von *Kindern* etwas zu *wissen*, zu beschäftigen …« (Honig
2009, S. 32, Hervorhebung AH) oder überhaupt zu verstehen »… wie
Kindheit möglich ist …« (ebd., S. 51), so stellt das Hinterfragen ihres *eigenen* Beitrages über die verwendeten Epistemologien und Methodologien
eine unerlässlich zu bearbeitende Aufgabe dar.[2] Der folgende Beitrag nimmt
sich dieser Aufgabenstellung an und wagt eine Analyse, die explizit die
»Wissensordnungen« der sozialwissenschaftlich orientierten Kindheitsforschung in den Blick nimmt. Gerichtet ist dieser jedoch nicht allein auf das,
was sich innerhalb der einzelnen Wissensbestände und deren Erforschung
als dominant und legitim erweist, sondern es wird zugleich der Versuch un-
ternommen, den Kampf um funktionierende Ordnungen des Wissens in
Konstellation zum »Sozialinvestitionsstaats-Diskurs« einschließlich seiner
spezifischen Ökonomie zu verstehen.[3] Ein so bestimmter Untersuchungsgegenstand erfordert zunächst die Klärung der eigenen Perspektive, unter
der eine solche wissens(schafts)soziologische Analyse erfolgen kann.[4] Im
Anschluss daran wird der inhaltliche Faden unter der leitenden These erneut
aufgenommen, dass – mit N. Elias gesprochen – »… eine Menschengruppe
[hier die *neuen soziologischen KindheitsforscherInnen*], die sich ihrer bewussten Ausrichtung nach auf [gesellschaftlichen] Wandel einstell[t]en, gerade die Beharrungstendenzen ihrer Figuration verstärk[t]en« (Elias 2004,
S. 161, Ergänzungen AH).

---

2   Einen solchen Bearbeitungsversuch, ohne jedoch eine tiefergehende
    Kontextualisierung vorzunehmen, hat zuerst A. Lange (1996) für die
    deutschsprachige Forschung geleistet. In Belgien, sowie für die französische und
    angelsächsische Forschungstradition ist dies mit deutlichem Rückbezug auf
    Neoliberalismus und seiner spezifischen Gouvernementalität von M. Vandenbroeck
    und M. Bouverne-de Bie (2006) vorgelegt worden.
3   Der vorliegende Interessenzuschnitt auf die »Konstellation« mit der
    wohlfahrtsstaatlichen Ordnung wird weiter hinten begründet.
4   Soziologische Forschung ist, mit N. Elias gesprochen, als ein integraler Bestandteil
    der Gesellschaft zu verstehen; daher sei der Forschende selbst immer zugleich
    »Subjekt und Objekt« (Elias 2004, S. 9) seines Schaffensprozesses.

2. Heuristische Rahmung: Wissenssoziologische Diskursanalyse nach R. Keller

Unterstellt wird für den vorliegenden Analyseversuch die Annahme, dass die NSKF als ein »Spezialdiskurs«[5] (Link 2006, S. 19f.) konzeptionalisiert, einen sowohl theoretisch als auch empirisch zu eruierenden Anteil an dem gesellschaftlichen Prozess der Generierung sozialer und kultureller *Kinder-* und *Kindheits*realitäten hat. Dies ist ein paradoxal anmutendes Unterfangen, denn die Autorin setzt damit selbst an dem bereits vorhandenen Diskurs an und führt seine Denk- und Argumentationslinien durch den vorliegenden Beitrag im dafür vorgesehenen Modus wissenschaftlichen Schreibens und Veröffentlichens fort. Wie lässt sich – das zuletzt Genannte ausdrücklich intendierend – eine Distanz zum Untersuchungsgegenstand dennoch festmachen?

Eine m.E. dafür tragfähige Heuristik hat R. Keller (2005) mit seinem »Forschungsprogramm« *Wissenssoziologische Diskursanalyse* (WDA) vorgelegt. Der Autor geht von der Möglichkeit aus, einen »genuin soziologischen Ansatz der Diskursanalyse im interpretativen Paradigma, und hier insbesondere in der Hermeneutischen Wissenssoziologie zu verankern« (ebd., S. 190). Die Grundlagenperspektive von P. Berger und T. Luckmann (1980) mit ihrem Blick auf AkteurInnen und deren, auf Interpretationen beruhenden, prozesshaften Praktiken aufnehmend, ergänzt R. Keller die »Allmacht des Diskurses« handlungstheoretisch: »M. Foucaults Diskurstheorie sensibilisiert [gerade durch sein Frühwerk »Archäologie des Wissens« (1969)] für die Bedeutung von Macht und institutionellen (Vor)-Strukturierungen von Sprecherpositionen sowie legitimen Inhalten, d.h. für Diskurse als strukturierte und strukturierende Strukturen« (Keller 2005, S. 186; Ergänzung AH). Allerdings, so der Autor über M. Foucault (1978) weiter, lässt diese »Strukturperspektive« wiederum die AkteureInnen außen vor, die immer auch als »regelinterpretierend Handelnde« und »Reproduzierende« – als »diskursiv konstituierte Subjekte« anzusehen sind.[6] Festzu-

---

5 J. Link definiert »Spezialdiskurse« als solche Diskurse, die sich durch ein »Maximum an immanenter Konsistenz und durch strikte Abschließung gegen arbeitsteilig externes Diskursmaterial« auszeichnen; die ein »spezielles Wissen für ein spezielles Publikum bereitstellen« und einen deutlichen Bruch mit dem Elementardiskurs (auch »Alltagsdiskurs« genannt) vollziehen (Link 2006, S. 42).

6 Dies erfordert in Anschluss an R. Keller (2004) auch eine Modifikation des etablierten Methodenkanons qualitativer Sozialforschung, wenn Diskurse – im vorliegendem Fall ein »Spezialdiskurs« – über »... Texte, Praktiken oder Artefakte nicht als Produkt »subjektiver« oder »objektiver« Fallstrukturen, sondern als materielle Manifestationen gesellschaftlicher Wissensordnungen und damit als wichtigste Grundlage einer wissenssoziologischen Rekonstruktion der Produktion, Stabilisierung und Veränderung kollektiver Wissensvorräte ...« (ebd., S. 74; Hervorhebung im Original) gedeutet wird. »Modifikation« (demnach als eine

halten gilt, dass die WDA von der »*diskursiven* Konstruktion der Wirklichkeit« (Keller 2005, S. 180) ausgeht und somit selbst Zeugnis eines Zeitgeis-
tes gibt.[7] Die Distanzierungs- bzw. Standortfrage ist daher niemals auslös-
bar – vielmehr permanent durch eine konsequente Darlegung zu durchdrin-
gen.

Ein solcher »Darlegungs-Versuch« setzt voraus, dass – im Sinne des
Wissenssoziologen K. Mannheim in seinem Rückbezug auf M. Schelers
Werk – Relativität immer schon durch die Betrachtung von Wissen als »so-
zial« und damit auch als »historisch bedingt« gegeben ist (vgl. Keller 2005,
S. 29). Ableiten lässt sich daraus, dass »… hiermit der Wahrheitsanspruch
einzelner gruppenbezogener Deutungen in Frage gestellt werden [kann],
ohne dass eine Wertung des Inhaltes erfolgen müsste. Dadurch wird der
Weg zu einem alternativen, die Relativität des Wissens reflektierenden
Entwurf der Wirklichkeitsinterpretation im Prinzip freigemacht« (Keller
2005, S. 29; Ergänzung AH). Somit hat die WDA die »Produktion und
Transformation gesellschaftlicher Wissensverhältnisse durch Wissenspoli-
tiken, d.h. diskursiv strukturierte Bestrebungen sozialer AkteurInnen, die
Legitimität und Anerkennung ihrer Weltdeutungen als Faktizität durchzu-
setzen« (Keller 2005, S. 188) als ihren Forschungsschwerpunkt bestimmt.
Mit diesen Annahmen ist der WDA auch die Frage von Macht und die Bedingungen ihrer Wirkung immanent.

Interessant ist auf den Forschungsgegenstand dieses Beitrages bezogen,
dass die Frage von Macht und deren Effekte sich ebenfalls als ein Kristalli-
sationspunkt des ausgewählten Spezialdiskurses erweist. Dafür muss als ein
erster Indikator die Etablierung eines eigenständigen Ansatzes »Dekonstruktivistische Soziologie der Kindheit« (vgl. Alanen 2005, S. 68f.) angeführt werden. Des Weiteren konstatiert ein prominenter Vertreter im Rückblick auf die bisherigen Forschungsaktivitäten und die sie begleitende Diskussion um den »adult ideological viewpoint« (vgl. Speier 1976 zit.n. Honig 2009, S. 31): »… [D]ie Macht der Erwachsenen über die Kinder wird
als Bedingung der Möglichkeit von Wissen über Kinder gedacht; daher gewinnt Macht einen gleichsam transzendentalen Status, muss jedem empirischen Wissen vorausgehen« (Honig 2009, S. 36). Sowohl für den weiteren

---

spezifische Anpassung des bestehenden Arsenals verstanden) beinhaltet, dass nicht
allein historische Quellen großer Zeitabstände die einzige Materialgrundlage für
Diskursanalysen bieten. Im Dissertationsprojekt werden dem folgend »gelöst« vom
isolierten Dokument Erkenntnisse aus (Schlüssel)-Texten, Sekundäranalysen sowie
aus Interviews, geführt mit einer kleinen Auswahl von »Gründungsmüttern und -
vätern« der deutschsprachigen sozialwissenschaftlichen Kindheitsforschung,
gewonnen.

7 Einen interessanten Hinweis auf eine mögliche Funktion der aktuell dominierenden
»Diskursivierung« von Wissen im Allgemeinen und dem des Wissenschaftlichen im
Besonderen gibt P. Weingart indem er sie als eine »neue Form der politischen
Legitimationssicherung« (2003, S. 101f.) theoretisiert.

Argumentationsgang des Beitrages, als auch für den Distanzierungsversuch seiner Autorin, ist zentral zu bemerken, dass diese epistemologische Parallele der »Machtfrage« an der Stelle allerdings aufzubrechen scheint, an der Machteffekte Deutung finden. Sind und bleiben diese in R. Kellers Programm ausschließlich als Prämisse einer erkenntnistheoretischen Arbeitshaltung vorausgesetzt,[8] so fasst die NSKF sie – an das gerade Zitierte ansetzend *und* darüber hinausweisend – einerseits ebenfalls als Arbeitshaltung, andererseits vor einer linkspolitischen Interpretationsfolie bezüglich gesellschaftlicher Wandlungsprozesse normativ (vgl. 3.1). Kommt der NSKF über diese eigentümliche doppelte Auslegung von Machtwirkungen bereits der Status einer eigenen »Ordnung der Wahrheit« (Foucault 1978) zu? Dies ist m.E. ein voreiliger Schluss, der ausschließlich den »adult ideological viewpoint« über das dann schon immer unterlegte Konzept einer machtdurchsetzten *und* so als problematisch konnotierten *generationalen Ordnung* belegen und noch nicht die sich wandelnde Form der Inhalte kontextualisieren könnte.

Der Reflexionsbedarf einer sozialwissenschaftlichen Forschung kann demnach nicht allein durch und mit dem Konzept einer, hinter jedem Wissen von *Kindern* (im doppelten Wortsinn) bereits stehenden Machtdurchsetzten *generationalen Ordnung* erschöpft sein, sondern muss m. E. darüber hinausgehend mit einer Kontextualisierung von Wissensordnungen – in der vorliegenden Studie exemplarisch anhand derjenigen der deutschsprachigen NSKF – beginnen und davon ausgehend die Konstellationen mit weiteren historisch dominierenden Wissensordnungen beleuchten. Im Vokabular der WDA gesprochen gilt es dafür zunächst zu klären, welches die *Gegenstandsbereiche* sind, von denen dieser Spezialdiskurs spricht; welche *Phänomene* demgemäß mit welchen *sprachlichen Mitteln* wie konstituiert wurden. Daneben ist den *diskursiven Anlässen* nachzugehen, also systematisch danach zu fragen, welche Rahmenbedingungen in den späten 1970er Jahren als so bedeutend gelten können, dass sie, legitimiert über die Wissensbestände, die *Institutionalisierung* eines eigenständigen Forschungszweiges als DGS-Sektion voranzutreiben vermochten. Zu beobachten ist des Weiteren der *Diskursverlauf* – wie er sich durch, von den AkteurInnen als solche wahrgenommenen *diskursiven Ereignisse* veränderte. Und schließlich könnte über eine umfassende Diskursanalyse[9] die *diskursiven Formationen* herausgearbeitet werden. Hier wäre den Fragen nachzugehen, wie sich der »Spezialdiskurs« sowohl in (nicht)diskursiven Praktiken, in symbolischen oder materialen Objektivationen als auch in Subjektivie-

---

8   Diese Arbeitshaltung meint, dass »...Diskurse die Gegenstände bilden, von denen sie sprechen« (Foucault 1978, S. 74).

9   A. Bührmann und W. Schneider (2008) bevorzugen diesbezüglich den Terminus »Dispositivanalyse«.

rungsformen von *Kindern* und/oder sogar auch von *Kindheits-*
ForscherInnen niederschlägt.[10] Aufgrund der gebotenen Kürze des vorliegenden Beitrages können auf diese systematisch vorgestellten Fragekom-
plexe eben solche Antworten nicht gegeben werden.[11] Für das Wiederauf-
greifen der eingangs vorgestellten Argumentationslinie sollen daher im
Folgenden ausschließlich die Ansatzpunkte einer Re-/Dekonstruktion der
Wissensordnung dieses Spezialdiskurses skizziert werden (3.1). Daran im
Anschluss wird holzschnittartig die Wissensordnung des Sozialinvestitions-
staatsdiskurses dargestellt (3.2) und abschließend vorläufige Annahmen bezüglich der Konstellation beider Diskurse abgeleitet (3.3).

3. Wissensordnungen der Neue Kindheitsforschung in Konstellation zur Diskursivierung der wohlfahrtsstaatlichen Verfasstheit

3.1 Das »Bild« der NSKF: Ausschließlich eine »systematische Unterscheidung zwischen *Kindern* und *Kindheit*«?[12]

Dass *Kinder* als in einer »verletzlich eigensinnigen« (Schweizer 2007) Lebenswelt »aktiv Agierende« und zugleich vergesellschaftete »Akteure«
substanziell theoretisiert werden, hat als Leittheorem die Etablierung der
NSKF seit ihren Klassikern (vgl. Preuss-Lausitz u. a. 1991) begleitet. Bedingt durch die Zuweisung in eine solche eigenständige soziokulturelle und
auch -ökonomische Räumlichkeit – die *Kindheit* genannt und hier vorausgesetzt wird – ist ihnen über diese Besonderung ausschließlich und folgerichtig als »Andere«, den (erwachsenen) Forschern »Fremde«[13] zu begeg-

---

10 Eine solche umfassende Diskursanalyse kann aufgrund des gegeben Rahmens eines
   Dissertationsprojektes grundsätzlich nicht Anspruch und daher auch nicht
   Gegenstand sein.
11 Dies ist u. a. ein Dilemma, das mit der inhaltlichen Verwobenheit und
   Langwierigkeit diskursanalytischer Arbeitsschritte zusammenhängt.
12 Dies ist die leitende These von M.-S. Honig (2009; Hervorhebung AH) zur Frage
   nach der aktuellen und zukunftsweisenden Gegenstandskonstitution der childhood
   studies.
13 Die Konstruktion des »Fremden« ist ein genuin pädagogisches Problem und wird in
   der wissenschaftlichen Reflexion unter der sogenannten »Alteritätsproblematik«
   verhandelt (vgl. Schäfer 2004; Melzer/Sünker 1989). Zu einem Problem werde diese
   Konstruktion in dem Augenblick, so A. Schäfer (2004), an dem die Pädagogik sich
   ihrer selbst willen legitimieren muss; an sie sich ihrer Verantwortung im
   Konstruktionsprozess von »Erziehungsverhältnissen«, genauer von »Autonomie«
   und »Abhängigkeit« stellt. Hier bleibe ihr kein anderer Ausweg als immer schon die
   »Alterität« des Kindes bestimmen zu müssen, und sie so in »Eigenheit« zu

nen (vgl. Lange/Mierendorff 2009). Erst durch diesen Entwurf erhalten eigene methodologische Überlegungen zu Grenzen und Möglichkeiten des gerecht-werden-Könnens der Perspektive von *Kindern* Sinn und legitimieren daneben eine als eigenständige sowie »neuartig« zu kommunizierende soziologische Forschungs-Identität. Forschungsgegenstände sind hier Deutungen, Sichtweisen, Artefakte, die *Kinder* in Auseinandersetzung mit ihrer Umwelt/sozialen Verhältnissen formulieren und praktizieren. Es gilt jedoch auch, dass diese »Daten« in Hinblick auf geltende Gütekriterien von Forschung und auf Modi des Publikationsapparates durch dafür befugte und befähigte Erwachsene »übersetzt« oder zumindest »richtig« formatiert werden müssen. Während die Deutungsmuster und Interpretationen von *Kindern* als »andersartig« bestimmt und ihnen dadurch der Status eines eigenständigen und zu schützenden »Kulturgutes«[14] zuerkannt wurde, ist nach wie vor nicht in Frage gestellt, ob ein bestimmt abzulaufender gesellschaftlicher Anerkennungsprozess notwendig ist, der ein genau darauf spezialisiertes Transformations-System erfordere. Letzeres definiert das einzuhaltende »Format« sowie die »Formatierungsregeln«. Innerhalb der NSKF wird dieser Zugang zu *Kindern* und zu dem »Differenzkonstrukt *Kindheit*« (Fuhs 1999 zit.n. Lange/Mierendorff 2009, S. 187) als »mikrosoziologisch« oder »handlungstheoretisch« gefasst.

Indem *Kindern* jedoch konzeptionell den eben dargelegten (eigenmächtigen) Status zugewiesen wird werden sie gleichzeitig, der *epistemologischen* Gestalt, nach *Erwachsenen*, als gesellschaftlich immer schon genau in diesem Bild konstruierte und sich darüber subjektivierende Individuen, gleichgestellt.[15] Innerhalb der erkenntnistheoretischen Haltung erhalten sie, der Logik nach, so denselben Status wie den von Erwachsenen. Folgerichtig gehen *Kinder* – hier gefasst als Theorem »soziales Konstrukt« – in der Gleichheit aller »sozialen Konstrukte« auf. Es lässt sich wiederum (eine soziologische Forschungs-Identität befördernd) fragen, wie *Kindheit* in »Dia-

---

verwandeln. Diese kritische Entgegnung auf »Alterität«, die am Anfang modernen pädagogischen Denkens immer schon ihre Unzulänglichkeit unterschlägt, hätte im Gegenzug strategische Bedeutung erhalten, insofern, als dass sie »für eine Ausdifferenzierung einer pädagogischen Reflexion, die Andersheit [der Kinder und Kindheit; Ergänzung AH] zu ihrem Legitimation- und Bezugspunkt macht« (Schäfer 2004, S. 707). In diesem Paradoxon – so meine These – ist auch die NSKF verstrickt.

14 Diese lassen sich durch ein mittlerweile sehr sensibles Methoden-Repertoire der mikrosoziologisch arbeitenden soziologischen Kindheitsforschung einfangen (vgl. Lange/Mierendorff 2009).

15 Es ist an dieser Stelle ausdrücklich darauf hinzuweisen, dass ein solcher »Bildervergleich« mindestens zwei Normalitätsannahmen impliziert und transportiert: Ein jederzeit voll aktiver, sich selbst bewusster, seine Rechte einklagender und wahrnehmender, kurz: ein sich durch »Autonomie und Handlungskompetenz« (Sünker 1995, S. 77f.) ausweisender Mensch – sowohl als ein »Kind« wie auch als ein »Erwachsener«.

lektik« (Hengst 1981, S. 31) eines »Gleichheitskonstruktes« (im Sinne Fuhs 1999) *und* als immer geartete besondere soziale Struktur möglich ist. Ein solches Fragen impliziert, dass *Kindheit nicht* bereits vorausgesetzt, sondern vielmehr als ein »Muster« modernisierter Gesellschaften »entdeckt« und durch Darlegungen unterschiedlicher Reproduktionsmodi »offenbart« oder als »fiktiv« erklärt werden kann. Medien oder einzelne Politiken werden so zu zentralen Untersuchungsgegenständen gewählt (vgl. Bühler-Niederberger 2005a, 2005b). In Kenntnis der Einlassung der wissenschaftlichen Entwicklung in den allumfassend gedachten gesellschaftlichen Modernisierungsprozess sind in jüngster Zeit auch wieder verstärkt die Wissensbestände und -ordnungen (herkömmlicher) *kind*-bezogener Wissenschaften selbst rekonstruiert worden (vgl. Turmel 2008). Generell wird diese Perspektive von der NSKF heraus als »makrosoziologisch« oder »strukturtheoretisch angelegt« bezeichnet.

Was ist also »das Bild« der NSKF? Geht es allein im Muster der »Dualität von Struktur« (Giddens 1984) – also in der konzeptionellen Unterscheidung zwischen *Kindern* vs. *Erwachsenen* (wie im ersten Fall über das unterlegte Theorem »sozialer Akteur Kind«) oder die von *Kindern* vs. *Kindheit* bzw. *Kindheit* vs. *Erwachsenheit* als relationales Gefüge (wie im zweiten Fall über das Theorem »soziale Konstrukte«) auf? Eine eindeutig zweigeteilte Zuordnung der Erkenntnisinteressen und Perspektiven unter dem Dach einer »vereinten« NSKF erscheinen von einem diskursanalytischen Standpunkt aus betrachtet als fragwürdig – ergeben die darüber erzielten Ausdeutungen von Forschungsergebnissen durchaus nicht immer ein in sich kohärentes Passungsverhältnis.

Denn: Indem ForscherInnen dem zuerst genannten »Eigensinnigen« nachgehen, weisen sie nicht nur nach, dass *Kinder* inhaltlich anders als *Erwachsene* die Welt begreifen, sondern zeigen darüber hinaus auch auf, wie die Möglichkeiten selbst »anderes« begreifen zu können als Bestandteil einer Macht-durchsetzten *generationalen Ordnung* geschaffen wurden und reproduziert werden. Dabei wird das »Begreifen- und Artikulieren-Können« selbst jedoch nicht in gänzlich anderer (unverstehbarer) Form, sondern als anthropologische Konstante konzeptionalisiert. Oder es setzen die so Forschenden konzeptionell die Macht-durchsetzte *generationale Ordnung* als ein Kernbestandteil der sozialen Ordnung voraus und rekonstruieren darüber Gründe für die Stabilität oder für den Wandel von *Kindheit* und ihren Auswirkungen im Spiegel zeitgleich dazu befragter *Kinder* betreffend der sie real umgebenden Lebensbedingungen.

ForscherInnen (ebenfalls mikro- oder makrosoziologisch vorgehend), die zu einem zweiten Teildiskurs gezählt werden können, gehen heuristisch von einem ebenbürtigen Status von *Kindern* und *Erwachsenen* aus, und untersuchen gesellschaftliche Einflüsse wie bspw. Medien oder Mobilitätserfordernisse mit dem Ziel, generationsübergreifende Ähnlichkeiten oder

Gemeinsamkeiten der Erfahrungen in Form und Inhalt festzustellen (vgl. Hengst 2005). So können sie analysieren, dass *Kinder* den gesellschaftlichen Anforderungen (wenngleich soziohistorisch bedingt die Inhalte für alle variieren) denen der *Erwachsenen* entsprechen. In dieser Perspektive muss folgerichtig konzeptionell von »*Zeitgenossenschaft*« (Hengst 2005, S. 250) ausgegangen werden. Über das Voraussetzen von *Zeitgenossenschaft* ist dann wiederum konstatierbar, dass »... das Paradigma, welches auf der Unterteilung des Lebens in fixe Altersphasen beruht, […] obsolet geworden (ist) und mit ihm die Unterscheidung von Kindheits- und Erwachsenenstatus. Kindheitstypische Zumutungen betreffen gegenwärtig alle. Insofern ist also heute Kindheit, wenn sie als Kinder-Kindheit gemeint ist, eine Fiktion« (Hengst u. a. 1981, S. 10; Veränderung AH). Allerdings ist diese Aussage heuristisch wiederum nur in Verschränkung mit, zur *Kindheit* different gedachten *Erwachsenheit* zu bemerken. Folgerichtig beansprucht dieses »genuin komparative Konzept« (Hengst 2005, S. 251) selbst kein eigenständiger, »weiterer Ansatz« zu sein, sondern verortet sich unter die Forschungsaktivitäten, die das Konzept der *generationalen Ordnung* explizit oder implizit voraussetzen (vgl. ebd.).

Die skizzenhafte Darlegung der in sich verschränkten, jedoch nicht immer zu denselben Ergebnissen kommenden Teildiskurse verweist darauf, dass nach einem, diesen Zusammenhang funktionieren lassenden Referenzpunkt zu suchen ist. Als ein gemeinsamer, unabdingbarer Bezugspunkt der dargelegten, in sich kohärenten »story lines« – als soziologische – tritt das substanziell gedachte »Kind als sozialer Akteur« einerseits in *Verschränkung* mit einem epistemologischen »Konstrukt-Charakter« andererseits hervor. Beides ist zu sehen als zwei Seiten derselben Medaille.

Dieses, in sich verschränkte »Bild« ist nun der nachfolgenden Beobachtung des Diskursverlaufs unterlegt. Es fällt auf, dass im Jahr 2009 aus der deutschsprachigen NSKF selbst die »Bilder«-Frage erneut und explizit zum Thema erklärt wurde und sowohl auf einem Workshop diskutiert, als auch der sich darauf beziehenden Monographie zum Stand der NSKF in Deutschland mit dem Titel »*Das Kind der Kindheitsforschung. Gegenstandskonstitution in den* childhood studies« voran gestellt worden ist. Darin heißt es: »Die sozialwissenschaftliche Kindheitsforschung unterscheidet sich von den übrigen Wissenschaften, die sich mit Kindern beschäftigen, nicht durch ein alternatives Bild des Kindes, sondern durch eine systematische Unterscheidung zwischen Kindern und Kindheit. So provozierend es klingen mag: Die Kindheitsforschung beschäftigt sich nicht in erster Linie mit Kindern. Es ist auch nicht ihre Aufgabe, sich für die Rechte von Kindern und ihre Anerkennung als AkteurInnene einzusetzen. Ihr Thema ist vielmehr, was die Neulinge einer Gesellschaft zu »Kindern macht« (Honig 2009, S. 26; Hervorhebungen AH).

Indem der Autor *Kindheit* und ausdrücklich nicht auch substanziell gedachte *Kinder* als Gegenstand der NSKF bestimmt, nimmt er durch die
Konzentration auf die Definition eines »Soll-Zustandes« jedoch indirekt
Bezug auf die oben herausgearbeitete »sowohl-als-auch-*Verschränkung*«
gegenwärtiger sowie vergangener Gegenstandskonstitutionen. Damit setzt
M.-S. Honig entschlossen auf eine systematische und eben nicht (auch)
normativ politische Grundlegung. M.E. ist dies jedoch gerade das »Herz«,
die Macht des Forschungszweiges. Denn: Wie bereits eingangs erwähnt hat
gerade ein normativer (linkspolitisch, »kritischer«) Impetus in »Verschränkung« mit der konstruktivistischen Grundlagenperspektive die gesamte
Forschungsaktivität seit den 1970ern bis heute geprägt, und Aktivität genau
darüber zur Etablierung und späteren Institutionalisierung verholfen.[16]
Deutlich drängt sich die Frage auf, warum gerade zu diesem Zeitpunkt eine,
die oben dargelegte »Verschränkung« aufbrechende Proklamation zu Gunsten des »sozialen Konstrukts *Kind*« erfolgt. Warum ist im Jahr 2009 die Betrachtung von *Kindern* als »people in their own rights« keine moralische
Forderung der Forschungsrichtung (mehr), sondern (nur noch) ein »metho-
discher Zugang zur Wirklichkeit der Kinder« (Honig 2009, S. 28)? Was
sagt dies möglicherweise über die gesellschaftliche, vor allem politische
Einbettung dieser Wissensbestände aus? Für eine erste Annäherung wird
nun zunächst der »Sozialinvestitionsstaatsdiskurs« in seiner Konstruktionslogik skizziert.

3.2 Kinder und Kindheit im Diskurs um Umverteilung und Sozialinvestition

Hatte sich die deutsche wohlfahrtsstaatliche Ordnung nach dem Zweiten
Weltkrieg ständig weiter ausgedehnt, wurde sie erstmals umfassend in den
1970er Jahren in Frage gestellt. Anlass dafür war, dass die Diskursivierung
des Finanzierungsproblems der auf dem Prinzip der *Umverteilung* beruhenden Sozialsysteme vor allem das als »gefährdet« eingestufte Wirtschafts-
wachstums umfasste (vgl. Priddat 2003). Daraufhin wurden im zunehmenden Maß die Form der Gerechtigkeit sowie das Ordnungsprinzip der »orga-
nischen Solidarität« in Frage gestellt. Als Leitprinzipien hatten beide sowohl zu der bisherigen Etablierung der Sicherungssysteme als auch zu deren Legitimität erheblich beigetragen (vgl. Priddat 2003). Dieses grundsätzliche Hinterfragen als Indikatoren wertend spricht A. Giddens 1998 daher
auch von einem anstehenden und umfassenden »Wechsel der Wohlfahrts-

---

16 Zunächst stand die deutliche Abgrenzung zur Sozialisationsforschung im
   Vordergrund, die damals – so D. Bühler-Niederberger und H. Sünker (2003) –
   gerade nicht die Aktivität von Kindern sah, sondern sie als »passive Empfänger von
   Sozialisationsimpulsen« (ebd., S. 204 ff.) konzeptionalisiert hatte.

philosophie«, um beschreiben zu können, wie die Sozialpolitik von ihrem bisherigen Umverteilungspostulat zunehmend Abstand nahm und sich in Richtung einer aktiven »sozialen Angebotspolitik« oder »social investment«-Logik verschob. Was aber sind die Auslöser dieser verstärkten Diskursivierung, wenn die Etablierung des vorrangig umverteilenden Wohlfahrtsstaates in Deutschland bis zu den 1990er Jahren weiter anhielt?[17] Lassen die sehr wohl unterschiedlich ausfallenden »Krisen«-Diagnosen[18] selbst sich nicht durchaus auch als ein Resultat der »erfolgreichen Durchsetzung« des Wohlfahrtsstaates werten (Blanke 1998; Leitner 2008)?

Je nach bevorzugtem theoretischen Ansatz zur Erklärung der Entstehungsgeschichte[19] des Wohlfahrtsstaates fielen die Diagnosen im Allgemeinen und die Zukunftsperspektiven im Besonderen entsprechend unterschiedlich aus. Allerdings stimmte das Gros der WohlfahrtsstaatsforscherInnen überein, dass das deutsche Modell insofern auf eine »Krise« zusteuerte, da die Voraussetzungen seiner Genese sich grundlegend verändert hätten (vgl. Kleinhenz 2005). Diese wurden allgemein als demographische, wissensökonomische und Globalisierungseffekte beschrieben.[20] Auf politischer Ebene wurde unter Einsicht in die wissenschaftliche Aufbereitung dieser Effekte seit etwa 1998[21] eine Neujustierung des (nicht nur) deutschen Wohlfahrtsstaates, einschließlich seiner ökonomischen Ordnung, gefordert.[22] Der Staat sollte nun nicht mehr reaktiv-kompensatorisch die ne-

---

17 Hierzu wird insbesondere die Einführung einer gesetzlichen Pflegeversicherung gezählt (vgl. Blanke 1998).

18 Inhaltlich gehen hier die Positionen auseinander zwischen Liberalen, die den Wohlfahrtsstaat als »Kapitalbremse« interpretieren und daher seinen schnellstmöglichen Abbau fordern und Modernisierungstheoretikern, die in dem Wohlfahrtsstaat eine funktionale Voraussetzung des kapitalistischen Wirtschaftens sehen – daher für einen zeitgemäßen Umbau plädieren (vgl. Greifenhagen 1998).

19 T. Blanke (1998, S. 173 ff.) als auch S. Lessenich (2000, S. 43ff.) geben hierfür einen prägnanten Überblick.

20 Diesbezüglich muss allein der Verweis auf folgende Autoren genügen: A. Engelbert/F.-X. Kaufmann (2003, S. 62ff.); F.-X. Kaufmann (2005a, S. 111ff.); T. Olk (2007, S. 47ff.); I. Dingeldey (2006, S. 4ff.); zur Bedeutung der »Wissensökonomie« R. Keller (2005, S. 8ff.).

21 Als Referenz für diesen Zeitpunkt kann der Wahlkampf der Sozialdemokraten unter Kanzler G. Schröder heran gezogen werden (vgl. Olk 2007).

22 Europaweit ist der Ansatz des »Aktivierenden Wohlfahrtsstaates« mit der Konferenz von Lissabon 2000 als neues Sozialmodell entschieden worden. Seine wissenschaftliche Legitimierung greift sowohl auf A. Giddens Ausführungen zum »Dritten Weg« (1998) als auch bezüglich der Stellung der Gruppe der Kinder auf den, von der belgisch/schwedisch geführte EU-Präsidentschaft 2001 in Auftrag gegebenen Projektberichtes von G. Esping-Andersen, zurück (vgl. Olk 2007). Die Bezeichnung »Dritter Weg« ist deshalb gewählt, weil sich dieses Modell selbst zwischen einer sozialdemokratischen Prägung und dem neoliberalen Konzept »Minimalstaat« verortet sieht: Es greife die traditionelle sozialdemokratische Zielsetzung egalitärer Politik auf, beantworte ihre Umsetzung jedoch nicht durch das

gativen Folgen marktwirtschaftlicher Prozesse abfedern, sondern es setzte sich die Idee durch, dass er vorrangig und aktiv die »optimale Bezogenheit« aller gesellschaftlichen Systeme u. a. das Wirtschaftsystem auf das Bildungswesen und Gesundheitswesen zu leisten hätte. Stieß dieses neue Konzept zunächst auf Widerstand von Seiten der politischen Öffentlichkeit, der Gewerkschaften und von Teilen der SPD (vgl. Olk 2007) so wurde es im Kontext der Verwaltungsmodernisierung und der dazu gehörigen Steuerungsdiskussion (»new public management«) erneut aufgegriffen und nun mit wissenschaftlicher Konzeptionierung begleitet. So fundiert schaffte das Konzept schließlich, vor allem durch die Integration einer Politik für Familien und Kinder (vgl. Klinkhammer i.E.), seinen Durchbruch in Deutschland zur Zeit der zweiten sozialdemokratisch geführten Legislaturperiode ab 2002 (vgl. Olk 2007).

Der Inhalt dieser Konzeption sieht das primär fürsorgende Staatsverständnis sowohl durch neue Staats- und Steuerungsvorstellungen – insbesondere bezüglich der Arbeitsmarkt- und Beschäftigungspolitik – als auch durch neue sozialpolitische Leitziele abgelöst. Ersteres beinhaltet ein neu anzustrebendes Verhältnis zwischen Staat und Gesellschaft, in welchem die Selbststeuerungskräfte gesellschaftlicher Institutionen und vor allem die »Selbstintegration« der Bürger umfassend gestärkt werden sollen. Der fehlende Zugang zu Wissen – wissenschaftlich und dann auch politisch als immerwährend drohende »Bildungsarmut« propagiert – wird nun als das neue soziale Risiko im »knowledge capitalism« identifiziert (vgl. Olk 2007). Anstatt soziale Risiken durch Umverteilung von monetärem Einkommen zu kompensieren, sollen die Bürger nun durch Investitionen in ihr Humankapital in die Lage versetzt werden, sich flexibel den wechselnden Anforderungen der (Arbeits-) Märkte anzupassen und damit ihre Integration in die Gesellschaft selbst zu organisieren (vgl. Vobruba 2003). Anstelle des vorhergehenden Ziels – mittels Umverteilungsmaßnahmen *materielle* Gleichheit anzustreben – ist nun primär das der »*Chancen*gleichheit« für alle Bürger (vor allem die der Kinder) für ihre gegenwärtige *und* spätere Integration zu gewährleisten, getreten (vgl. ebd.). Damit erhält gleichsam eine zentrale Wertidee des modernen Wohlfahrtsstaates eine neue Konnotation: Wurde vor allem in der industriellen Gesellschaft Freiheit als Abwehr von Gefahren durch zukünftig zu erwartende materielle Notlagen empfunden (vgl. Vobruba 2003) wird sie nun, im Kontext des neuen Staatsverständnisses, »als Handlungsautonomie und Freiheit zur Risikoübernahme und eigen gesteuerten Handelns auf unsicheren Märkten interpretiert« (Olk 2007, S. 45).

Herstellen von sozialer Gerechtigkeit durch Umverteilung, sondern über das gezielte (Um)Verteilen von Chancen für alle Bevölkerungsteile (vgl. Olk 2007).

Wissenschaftliche Kommentierung erfuhr dieses »neue« Wohlfahrts-
staatskonzept von einigen Seiten (vgl. Heinze u. a. 1999; Allmendin-
ger/Ludwig-Mayerhofer 2000; Evers 2008). Im Folgenden wird sich jedoch
ausschließlich auf diejenige konzentriert, die implizit oder gar explizit
Auswirkungen auf die Lebensphase *Kindheit* und *Kinder* aufzeigten. Wie
beispielsweise die Wohlfahrtsstaatstheoretikerin I. Dingeldey konstatiert, ist
der sogenannte »Gewährleistungsstaat« (der sich dadurch konstituiert, dass
er die Arbeitsbeteiligung, als »employability« (Dingeldey 2006, S. 8) bezeichnet, universalisiert) äußerst voraussetzungsvoll. Voraussetzungsvoll
sowohl hinsichtlich seiner Steuerbarkeit als auch bezüglich der Gestaltung
neuer Dienstleistungsangebote wie z. B. das einer umfassend organisierten
staatlichen Kindertagesbetreuung. Letztere müsste zur erfolgreichen Umsetzung der mit ihr intendierten sozialpolitischen Ziele neue Qualitäten sowie Quantitäten erreichen. Diese Situation berge, der Autorin folgend, vor
allem die Gefahr einer Re-Definition von *Kindern* in ihrer Position als
strukturelle Opfer zu der von handelnden »Tätern«, die – wenn sie nicht die
(Lern-) Angebote erfolgreich für sich nutzen – umerzogen oder sogar aus
der Solidargemeinschaft ausgeschlossen werden können; ohne dafür ver-
antwortliche strukturelle Probleme gesehen und gelöst zu haben (vgl.
ebd.).[23] Damit zeigt I. Dingeldey (2006) eine janusköpfige Figur auf, indem
dem Ausbau des Rechtsanspruches auf Arbeit für *Erwachsene* eine verstärkte Kontrolle der persönlichen Verhaltensweisen von *Erwachsenen* sowie *Kindern* gegenüber stehe.

Ferner müsse sich der Wohlfahrtsstaat vor dem Hintergrund seiner de-
mokratisch gesicherten Legitimität besonders der sich aufdrängenden Frage
stellen, wie diese so gewonnene Akzeptanz[24] – insbesondere durch ver-
stärktes Sichtbarmachen der Lebensqualität und -chancen von *Kindern* –
immer wieder und fundamental angegriffen werde. Dieses Bekanntwerden
(beispielsweise durch die regelmäßige Sozialberichterstattung) sei insofern
von weitreichender Bedeutung, da sich im Kontext der oben beschriebenen
Herausforderungen die Einsicht und Anerkennung der Abhängigkeiten der
alten von dem Leistungsvolumen der jungen Generation durchsetzten werde

---

23 Weitere Ambivalenzen, die einer ähnlichen Argumentation folgen, zeigt N.
Klinkhammer (i.E.) in ihrem Aufsatz über die Implikationen sozialinvestiver
Politikstrategien für das System frühkindlicher Bildung und Betreuung sowie daraus
resultierend für ›Kindheit‹ auf. Es wird deutlich, dass die politisch formulierten
Erwartungen an Kindheit in einem deutlichen Spannungsverhältnis zu den derzeit
immanenten Wirkungen der sozialen Strukturiertheit öffentlicher
Kleinkindbetreuung stehen. Das politische Postulat der »Chancengleichheit« werde,
so die Autorin, konterkariert durch sich verstärkende Mechanismen sozialer
Ungleichheit.

24 Diese Akzeptanzbasis werde heute, so P. Weingart (2003), primär mittels
wissenschaftlicher Rationalität unterfüttert.

(vgl. Olk 2007; grundlagentheoretisch Offe/Lenhardt 1972/2005; Kaufmann 2005).

Wie hat sich nun der Spezialdiskurs NSKF zu der nur schemenhaft umrissenen neuen Form der Diskursivierung wohlfahrtsstaatlicher Aufgaben verhalten? Lässt sich dieses Verhalten mit dem (3.1) aufgezeigten Bild der ›Verschränkung‹ in einen nachvollziehbaren Zusammenhang stellen?

3.3 *Neue soziologische Kinder- und Kindheitsforschung –* Spiegelbild eines neuen Vergesellschaftungsmodus?

Wenn die These einer bestehenden Korrelation zwischen der wohlfahrtsstaatlichen Ordnung und Ökonomie und der spezifischen Diskursivierung von *Kindern* und *Kindheit* durch die NSKF Bestand haben soll, so muss eine Parallele zwischen der neuen Konzeption wohlfahrtsstaatlichen Denkens und Handelns und den »neuen« Wissensbeständen und deren Konstruktionsweisen empirisch gestützt aufzuzeigen sein.[25] Dies ist ein komplexes Unterfangen, hatten sich die Forschenden der NSKF doch gerade und fortwährend über ihr linkspolitisches Selbstverständnis mit gesamtgesellschaftlichen Vereinnahmungsmodi beschäftigt[26] und daraus gleichsam ihre »kritisch« *soziologische* Identität geschöpft.

Eine erste Irritation den Selbstanspruch betreffend rührt daher, dass der »Spezialdiskurs« NSKF (über seinen strukturtheoretischen Fokus) den Wohlfahrtsstaat selbst als einen (nicht alleinigen aber sehr wohl bedeutsamen)[27] Akteur kindlicher Lebenslagen *nicht* im Blick gehabt hat. Dies wird daran deutlich, dass u. a. R. Kränzl-Nagl (2003) in Rückblick auf die bisherigen Erkenntnisse die »Wohlfahrtsstaatsvergessenheit der Kindheitsforschung« konstatieren muss – zu einem Zeitpunkt, zu dem z. B. die Hartz-Gesetzgebung bereits den Diskurs um »aktive Arbeitsmarktpolitik« materialisierten. Und auch auf der Ebene handlungsbezogener Ansätze muss festgestellt werden, dass Untersuchungen der Tätigkeiten oder »Arbeitsleistungen« von *Kindern* für die gesamtgesellschaftliche Produktion der Wohlfahrt in kritischem Verweis auf das »Modell gemischter Wohlfahrtsproduktion«

---

25 Innerhalb einer Vorstudie zur Thematik konnte aufgezeigt werden, dass die Wissensbestände der NSKF parallel zu deren Etablierung und Institutionalisierung in die politischen Stellungnahmen zur Kinder- und Jugendberichterstattung eingeflossen sind; also in gesellschaftlich relevante Teildiskurse inkorporiert worden sind (vgl. Hein 2007).

26 Dies bereits in den späten 1960ern und dann erneut in den späten 1990er Jahren, bspw. innerhalb eines Workshops zur Thematik »Kritische Erziehungswissenschaft am Neubeginn?« – hier insbesondere der Vortrag von P. McLaren (1999)

27 Vergleiche hierzu die Gründe der Relativierung wie sie J. Mierendorff (2008, S. 210) angeführt hat.

(vgl. Evers/Wintersberger 1990; Evers/Olk 1996) innerhalb der NSKF bis ins Jahr 2008 nicht ausreichend »konzeptionell-theoretisch« gefasst worden ist (vgl. Mierendorff 2008).[28] Was hat die NSKF dem gegenüber mit ihren Forschungsbemühungen geleistet, wenn die »Sozialinvestitionsstrategie« – wie es T. Olk (2007) in Anschluss an I. Dingeldey (2006) und A. Prout (2000) ausdrückt – mit einer »Kontrollabsicht der Zukunft auf Grund zu vermeidender Verluste und Fehlkalkulationen« immanent verbunden sei? Das heißt, dass für ihren erfolgreichen Einsatz eine, im demokratischen Kontext legitimiert werden müssende, neuartige »selektive Praxis« erforderlich ist? Denn: Gemäß dieser Logik scheint es durchaus (auch) ökonomisch vernünftig, »…das Ausmaß der Investitionen in Kinder an der erwarteten individuellen Produktivität in der Zukunft (*gegenwärtig*) zu bemessen« (Olk 2007, S. 56, Ergänzung AH).

Meines Erachtens erscheint zur Beantwortung dieser Frage die obige »Aufgaben-Beschreibung« bzw. deren heutige Verneinung von M.-S. Honig (2009) aufschlussreich. In ihr wird der bislang, seitens der NSKF äußerst offensiv verfolgte programmatische Einsatz für Kinderrechte und für die gesellschaftliche Anerkennung von *Kindern* »als Akteure« dargelegt und für das zukünftige Forschen jedoch ausdrücklich abgelehnt. Wie lässt sich in Bezug auf das vehemente Einklagen eines »Akteursstatus« und daran im Anschluss eines »Bürgerstatus« von *Kindern* eine Parallele zur Sozialinvestitionslogik und deren immanente Frage nach »Arbeits-(Intergation)« ziehen?

Wie bereits oben angedeutet benötigt das neue wohlfahrtsstaatliche Steuerungsverständnis einen legitimierten Zugriff auf *alle* Kinder. Dies hängt damit zusammen, dass – wie S. Lessenich (2008) es in seinen Analysen festhält »… [d]er ›aktivierende‹ Sozialstaat […] eine große institutionelle Bewegung zur Bewegung der Individuen [ist]« (Lessenich 2008, S. 17; zit. n. Klinkhammer (i.E.)). Dabei sei jedoch nicht das »Wohlergehen« Einzelner die Intention sondern »… der neue Geist des Wohlfahrtskapitalismus zielt vielmehr vorranging auf das Wohl der ›imagined community‹ […] der ›kollektiven Einzelnen‹, auf die Wohlfahrt der – im Kern immer noch national gedachten »gesellschaftlichen Gemeinschaft‹« (Lessenich 2008 zit. nach Klinkhammer (i.E.)). D.h. nicht wenige deviante, in irgendeiner Form von der Normalität abweichende Kinder sollen und können nunmehr der Bezugspunkt von Wissensgenerierung und entsprechenden Handlungsschlüssen sein. Vielmehr wird beides über die gesamte Gruppe der Kinder, mit der Absicht wenige Ressourcen entsprechend punktuell und zielgenau investieren zu wollen, angehäuft. Dafür stellt in diesem Kontext

---

28 Makrosoziologisch hat H. Wintersberger (1998) hierzu erste systematische Gedanken angelegt; mikrosoziologisch erforschte A. Wihstutz (2008) die Bedeutung von Arbeit für Kinder und für das System Familie.

wiederum die Argumentationsfolie »Kinder als Akteure« zu konzeptualisie-
ren und zu beforschen sich als äußerst funktional und mächtig dar. Effekt-
reich insofern, als dass diese Konstruktionsweise erst die Möglichkeit eröffnet Wissen in hoheitlicher »Anwaltschaft von Kindern« (vgl. Honig
1999) über die gesamte Gruppe (aller Altersstufen) und vor allem *über* jedes einzelne Kind – *mit* ihm gemeinsam im doppelt legitimierten Zugriff –
gewinnen zu können. Denn: ein auf »Sozialinvestition« ausgerichtetes
Staatsverständnis funktioniert nur in einer doppelten Logik: Einerseits in
dem Vermessen des Werdens von *Kindern* (wofür primär die Biologie und
Psychologie Wissen generieren) und anderseits in dem Legitimieren eines
(forschenden) Zugangs zum gegenwärtigen, investitionsbedürftigen aktiven
sein[29] von *Kindern* (ermöglicht durch die geschlossene Argumentationslo-
gik der NSKF). Damit wird die politisch relevante Frage beantwortet, was
zu investieren sowie diejenige bei wem und wie es im Sinne der Aneig-
nungstheorie zur Garantie der »Nachhaltigkeit« geschehen muss.

   Für die Legitimation dieser Zugriffsweise erweist sich daneben auch das
stellvertretende Einklagen eines umfassenden Rechtssubjekt-Statuses für
Kinder als funktional. Wie J. Copject (1999) problematisiert, wird als Be-
gleiterscheinung des fortschreitenden Demokratisierungsprozesses – gerade
über das (stellvertretende) Einklagen eines solchen Status – eine »universa-
le Quantifizierung« (Copject 1999 zit. n. McLaren 1999, S. 24) erzielt. Diese benötige keine Beschreibung gemeinsamer Merkmale (mehr), sondern
geschehe, da über die eingeforderte Rechtsgewährung die Subjekte sich ihrer Merkmale (selbst) entledigen/entledigt werden und so im »entkörpertem
Zustand« erscheinen. Das linkspolitisch motivierte Einklagen gehe also, pa-
radoxer Weise, immer einher mit dem Raub einer positiven (auch einklag-
baren) Identität (vgl. ebd.) – oder, wie es D. Lloyd (1991) formuliert, mit
einem »Subjekt ohne Eigenschaft« (Lloyd 1991 zit.n. McLaren 1999, S.
24).[30] Genau diese Konstruktionslogik hat der Spezialdiskurs NSKF *neben*
seinem gesellschaftskritischen Fragen und Erinnern, bspw. an das realpoli-

---

29 Dass dieses »aktive Sein« von Seiten der NSKF auch als eine anthropologische
    Konstante gesetzt worden ist bezeugt das bestehende Desiderat hinsichtlich der
    Erforschung von Kindern mit Behinderungen. Dies ist ein starkes Argument, das
    darauf verweisen könnte, dass innerhalb der Wissensgenerierung selbst die
    Zielgruppe für effektive staatliche Investitionsleistungen bereits vorselektiert
    worden ist. Ein weiterer Hinweis ist diesbezüglich das bestehende Desiderat in
    Hinblick bspw. auf (materiell) reiche Kinder und deren Kindheit.
30 Sehr wohl muss an dieser Stelle angemerkt werden, dass im Kontext des Frankfurter
    Projektes zur »Normalisierung von Kindern und Kindheit« Körperlichkeit als ein
    Desiderat erkannt und als Gegenstand in die NSKF integriert worden ist (vgl. Kelle
    2009).

tische Durchsetzen und Einhalten zentraler Vereinbarungen der Kinderrechtskonvention, eben auch mit befördert.[31]

Wenn die Diskursmacht also, wie aufzuzeigen versucht, im (normativ) begründetem Einklagen von Anerkennungs- und Beteiligungsrechten über die unterlegte Figur einer gegenstandstheoretischen Konzeption des »Kindes als Akteur« begründet liegt, und als gerade nicht intendierte »Nebenwirkung« eine »Entkörperungs-« und Zugriffslegitimierung für die sozialinvestive Strategie erfolgt ist, so kündigt sich über den derzeitigen Wunsch nach einem einseitigen Auflösen der in sich verschränkten Konzeption zu Gunsten einer rein systematischen, konstruktivistischen Gegenstandbestimmung eine erneute und zu untersuchende Verschiebung an: Über diese Auflösung könnte die »[Selbst]Befreiung der Kindheitsforschung von der objekttheoretischen Suggestion empirischer Kinder« (Honig 2009, S. 20, Änderung AH) eingelöst werden. Es könnte nachgewiesen werden, dass dem wissenschaftlichen Gütekriterium möglichst ›wertfreier‹ Gegenstandbestimmung entsprochen werden kann. M. Brumlik hat in einem Aufsatz unter der Teilüberschrift »Die Linke und die Moral« diese Verschiebung bereits 1989 in ihren Konsequenzen durchgespielt: »Nach dem die Praxisphilosophie den Materialismus aufgegeben hat, bleibt sie als Historismus zurück und kann entweder nur noch reagieren, regredieren oder die Flucht nach vorne antreten und sich selbst als normativ inspirierte und methodisch ausweisbare, begründete aber auch bestreitbare politische Praxis begreifen. An genau diesem Punkt wirft der Materialismus seinen missverständlichen Anspruch ab, als wissenschaftliche Theorie zugleich begründen zu können, was geschehen soll, und begründet sich neu als ethischer Sozialismus – als letztmögliche Form, in der Sozialismus überhaupt denkbar ist« (Brumlik 1989, S. 3).

Ohne hier auf das Zitierte näher eingehen zu können oder die Schlussfolgerungen des Autors zu teilen, ist die Frage zu Diskussion zu stellen, wie es sich mit der »Zukunft« der eigenständigen soziologischen Forschungsidentität (u. a. in disziplinärer Abgrenzung zu oder erneuten Annäherung an Ansätze innerhalb der neueren Sozialisationsforschung) verhält. Letztere unterlegen ihrer Epistemologie nicht zufällig mittlerweile (auch) – und dies ist als »Zeitgeist« hoffentlich deutlicher geworden – ein »kompetentes Kind«, das sich »selbst sozialisiert« (vgl. Zimmermann 2003; Mansel 1999). Unausweichlich steht eine Richtungsentscheidung offen, die mindestens die zwei folgenden Optionen beinhaltet: Soll ausschließlich eine forschungssystematische Grundlegung angestrebt und damit eine bewusste

---

31 Es kann an dieser Stelle nur angedeutet werden, dass dieser »entkörperte«, merkmalslose Zustand (hier der der Gruppe der Kinder) sich sehr gut für eine Normalitätssetzung eignet, die J. Link (2006) mit der Figur des »Flexibelnormalismus« bezeichnet.

Abgrenzung zur eigenen Etablierungsgeschichte verfolgt werden? Über diese würde dann die Chance bzw. – je nach Blickrichtung – das Risiko einer Orientierung nach hochabstrakten Gerechtigkeitsprinzipien eingelöst werden. Was wären hier die (neuen) Gegenstände und Methodologien des Forschens? Oder soll als andere Option ein bestreitbarer, aber zu verortender politischer Standpunkt aufrecht erhalten werden, über den bislang die eigenständige Identität begründet worden ist? M. E. steht hierbei die nicht minder gewichtige Sensibilität zu Disposition, die bislang dazu zwang, das eigene *wie* des Forschens (ob mit, über und ab wann auch ohne *Kinder*) permanent beantworten und verantworten zu müssen. Den sozialen Bedingungen der eigenen Gegenstandswahl und Wissensgenerierung kann jedenfalls nur unter einem *Vor*verständnis von Vergesellschaftungsprozessen[32] gewahr werden, in dem sich das Forschen selbst – wie in diesen Beitrag versucht – dann ebenfalls verorten lassen kann und muss.

Literatur:

Alanen, L. (2005): Kindheit als generationales Konzept. In: Hengst, H./Zeiher, H. (Hrsg.) (2005): Kindheit soziologisch. Wiesbaden, S. 65-82.

Allmendinger, J./Ludwig-Mayerhofer, W. (Hrsg.) (2000): Soziologie des Sozialstaats. Gesellschaftliche Grundlagen, historische Zusammenhänge und aktuelle Entwicklungstendenzen. Weinheim/München.

Berger, P.L./Luckmann, Th. (1980): Die gesellschaftliche Konstruktion der Wirklichkeit. Eine Theorie der Wissenssoziologie. Frankfurt a. M.

Blanke, T. (1998): Paradoxien und Zukunft des deutschen Sozialstaates. In: Blasche, S./Döring, D. (Hrsg.) (1998): Sozialpolitik und Gerechtigkeit. Frankfurt a. M/New York, S. 172-213.

Blasche, Siegfried/Döring, Diether (Hrsg.) (1998): Sozialpolitik und Gerechtigkeit. Frankfurt a. M/New York.

Brumlik, M. (1989): Bildung zur Gerechtigkeit. Über Moralpädagogik und Jugendarbeit. In: Widersprüche. (1989), Heft 33. http://www.widersprueche-zeitschrift.de/article457.html (Zugriff: 15.12.2009)

Bühler-Niederberger, D. (2005a): Kindheit und die Ordnung der Verhältnisse. Von der gesellschaftlichen Macht der Unschuld und dem kreativen Individuum. 26. Band der Reihe ›Kindheiten‹. Weinheim/München.

Bühler-Niederberger, D. (2005b): »Stumme Hilferufe hören« – Naturalisierung und Entpolitisierung deutscher Politik an der Wende zum 21. Jahrhundert. In: Bühler-Niederberger, D. (Hrsg.) (2005): Macht der Unschuld. Das Kind als Chiffre. Wiesbaden, S. 227-257.

---

32 Konsequenter Weise ist in diesem Beitrag bewusst die Interpretation der wohlfahrtsstaatlichen Verfasstheit Deutschlands als »Aktivierungsstaat« vorausgesetzt.

Bühler-Niederberger, D./Sünker, H. (2003): Von der Sozialisationsforschung zur Kindheitssoziologie – Fortschritte und Hypotheken. In: Bernhard, A./Kremer, A./Rieß, F.(Hrsg.) (2003): Kritische Erziehungswissenschaft und Bildungsreform. Programmatik – Brüche – Neuansätze. 2. Bd. Theoretische Grundlagen und Widersprüche. Hohengehren, S. 200-220.

Bührman, A./Schneider, W.(2008): Vom Diskurs zum Dispositiv. Eine Einführung in die Dispositivanalyse. Bielefeld.

Derrida J. (^{5}1992): Die Schrift und die Differenz. Übersetzt von R. Gasché. Frankfurt a. M.

Dingeldey, I. (2006): Aktivierender Wohlfahrtsstaat und politische Steuerung. In: Aus Politik und Zeitgeschichte, Beilage zur Wochenzeitung »Das Parlament«, 2006, Heft 8-9, S. 3-9.

Elias, N. (^{10}2004): Was ist Soziologie? Weinheim/München.

Evers, A. (2008): Investiv und aktivierend oder ökonomistisch und bevormundend? Zur Auseinandersetzung mit einer neuen Generation von Sozialpolitiken. In: Evers, A./Heinze, R. G. (Hrsg.) (2008): Sozialpolitik – Ökonomisierung und Entgrenzung. Wiesbaden, S. 229-249.

Evers, A./Olk, T. (1996): Wohlfahrtspluralismus – Analytische und normativ-politische Dimensionen eines Leitbegriffes. In: Evers, A./Olk, T. (Hrsg.) (1996): Wohlfahrtspluralismus. Vom Wohlfahrtsstaat zur Wohlfahrtsgesellschaft. Opladen, S. 9-60.

Evers, A./Wintersberger, H. (1990): Shifts in the Welfare Mix. 1. Vol. from the book series ›Public Policy and social Welfare‹. Frankfurt a. M./New York.

Foucault, M. (1978): Dispositive der Macht. Über Sexualität, Wissen und Wahrheit. Berlin.

Foucault, M. (^{6}1994): Archäologie des Wissens. Übersetzt von U. Köppen. Frankfurt a. M.

Giddens, A. (1984): Die Konstitution der Gesellschaft. Grundzüge einer Theorie der Strukturierung. Frankfurt a. M.

Giddens, A. (1999): Der dritte Weg. Die Erneuerung der sozialen Demokratie. Frankfurt a. M.

Hein, A. (2007): Wohlfahrtsstaatliche Ordnung auf dem Fundament einer sozialen Konstruktion? Eine Wissenssoziologische Diskursanalyse der Kinder- und Jugendberichterstattung 1977-2006. Unveröffentlichte Diplomarbeit, Universität Halle/Wittenberg.

Heinze, R./Schmid, J./Strünck, C. (1999): Vom Wohlfahrtsstaat zum Wettbewerbsstaat. Arbeitsmarkt- und Sozialpolitik in den 90er Jahren. Opladen.

Hengst, H. (1981): Tendenzen der Liquidierung von Kindheit. In: Hengst, H./Köhler, M./Riedmüller, B./Wambach, M.M. (Hrsg.) (1981): Kindheit als Fiktion. Frankfurt a. M, S. 11-72.

Hengst, H./Köhler, M./Riedmüller, B./Wambach, M.M. (Hrsg.) (1981): Kindheit als Fiktion. Frankfurt a. M.

Hengst, H./Zeiher, H. (2005): Von Kinderwissenschaften zu generationalen Analysen. Einleitung. In: Hengst, H./Zeiher, H. (Hrsg.) (2005): Kindheit soziologisch. Wiesbaden, S. 9-23.

Honig, M.-S.(2009): Das Kind der Kindheitsforschung. Gegenstandskonstitution in den Childood Studies. In: Honig, M.-S. (Hrsg.) (2009): Ordnungen der Kindheit. Problemstellungen und Perspektiven der Kindheitsforschung. Weinheim/München, S. 25-51.

Honig, M.-S./Leu, H. R./Nissen, U. (Hrsg.) (1996): Kinder und Kindheit. Sozi-okulturelle Muster – sozialisationstheoretische Perspektiven. Wein-heim/München.

Kaufmann, F.-X. (2005): Schrumpfende Gesellschaft. Vom Bevölkerungsrück-gang und seinen Folgen. Frankfurt a. M.

Kelle, H. (2009): Kindliche Entwicklung und die Prävention von Entwick-lungsstörungen. Die frühe Kindheit im Fokus der childhood studies. In: Ho-nig, M.-S. (Hrsg.) (2009): Ordnungen der Kindheit. Problemstellungen und Perspektiven der Kindheitsforschung. Weinheim/München, S. 79-102.

Keller, R. (2004): Diskursforschung. Eine Einführung für Sozialwissenschaft-ler. Opladen.

Keller, R. (2005): Wissenssoziologische Diskursanalyse. Grundlegung eines Forschungsprogramms. Wiesbaden.

Kleinhenz, G. D. (2005): Marktwirtschaft und Sozialstaat: Zukunftsmodell für Deutschland. In: Aus Politik und Zeitgeschichte, Beilage zur Wochenzeitung ›Das Parlament‹. (2005), Heft 43, S. 33-39.

Klinkhammer, N. (i.E): Frühkindliche Bildung und Betreuung im ›Sozialinves-titionsstaat‹ – mehr Chancengleichheit durch investive Politikstrategien? In: Bühler-Niederberger, D./Lange, A./Mierendorff, J. (Hrsg.) (i.E.): Kindheit zwischen fürsorglichem Zugriff und gesellschaftlicher Teilhabe, 1. Band ›Ungleiche Kindheiten‹. Wiesbaden.

Kränzl-Nagl, R./Mierendorff, J./Olk, T. (2003): Die Kindheitsvergessenheit der Wohlfahrtsstaatsforschung und die Wohlfahrtsstaatsvergessenheit der Kind-heitsforschung. In: Kränzl-Nagl, R./Mierendorff, J./Olk, T. (Hrsg.) (2003): Kindheit im Wohlfahrtsstaat. Gesellschaftliche und politische Herausforde-rungen. Frankfurt a. M/New York, S. 9-55.

Lange, A. (1996): Formen der Kindheitsrhetorik. In: Zeiher, H./Büchner P./Zinnecker, J. (Hrsg.) (1996): Kinder als Außenseiter der Gesellschaft? Umbrüche in der gesellschaftlichen Wahrnehmung von Kindern. Wein-heim/München, S. 75-95.

Lange, A./Mierendorff, J. (2009): Methoden der Kindheitsforschung. Überle-gungen zur kindheitssoziologischen Perspektive. In: Honig, M.-S. (Hrsg.) (2009): Ordnungen der Kindheit. Problemstellungen und Perspektiven der Kindheitsforschung. Weinheim/München, S. 183-210.

Leitner, S. (2008): Ökonomische Funktionalität der Familienpolitik oder fami-lienpolitische Funktionalisierung der Ökonomie? In: Evers, A./Heinze, R. G. (Hrsg.) (2008): Sozialpolitik – Ökonomisierung und Entgrenzung. Wiesba-den, S. 67-82.

Lessenich, S. (2000): Soziologische Erklärungsansätze zu Entstehung und Funktion des Sozialstaates. In: Allmendinger, J./Ludwig-Mayerhofer, W. (Hrsg.) (2000): Soziologie des Sozialstaates. Gesellschaftliche Grundlagen, historische Zusammenhänge und aktuelle Entwicklungstendenzen. Wein-heim/München, S. 39-78.

Link, J. (³2006): Versuch über den Normalismus. Wie Normalität produziert wird. Göttingen.

Mansel, J./Fomme, J./Kommer, S. u. a. (Hrsg.) (1999): Selbstsozialisation, Kin-derkultur und Mediennutzung. Opladen.

McLaren, P. (1999): Kritische Erziehungswissenschaft im Zeitalter der Globalisierung. In: Sünker, H. /Krüger, H.-H. (Hrsg.) (1999): Kritische Erziehungswissenschaft am Neubeginn? Frankfurt a. M.

Melzer, W./Sünker, H. (Hrsg.) (1989): Wohl und Wehe der Kinder. Weinheim/München.

Mierendorff, J. (2008): Kindheit und Wohlfahrtsstaat. In: Luber, E. /Hungerland, B. (Hrsg.) (2008): Einführung in die Angewandten Kindheitswissenschaften. Weinheim/München, S. 199-217.

Offe, C./Lenhardt, G. (2005): Staatstheorie und Sozialpolitik. Funktion und Innovationsprozesse der Sozialpolitik. In: Borchert, J./Lessenich, S./Offe, C. (Hrsg.) (2005): Strukturprobleme des kapitalistischen Staates. Aufsätze zur Politischen Soziologie. Frankfurt a. M/New York, S. 153-180.

Olk, T. (2007): Kinder im ›Sozialinvestitionsstaat‹. In: Zeitschrift für Soziologie der Erziehung und Sozialisation, 27. Jg. (2007), Heft 1, S. 43-57.

Preuss-Lausitz, U./Büchner, P./Fischer-Kowalski, M. u. a. (Hrsg.) (1991): Kriegskinder, Konsumkinder, Krisenkinder. Zur Sozialisationsgeschichte seit dem Zweiten Weltkrieg. Weinheim/Basel.

Priddat, B.P. (2003): Umverteilung. Von der Ausgleichssubvention zur Sozialintervention. In: Lessenich, S. (Hrsg.) (2003): Wohlfahrtsstaatliche Grundbegriffe. Historische und aktuelle Diskurse. Frankfurt a. M/New York, S. 373-394.

Prout, A. (2000): Childhood Bodies: Construction, Agency and Hybridity. In: Prout, A. (Hrsg.) (2000): The Body, Childhood and Society. Houndmill, S. 1-18.

Schäfer, A. (2004) Alterität. Überlegungen zu Grenzen des pädagogischen Selbstverständnisses. In: Zeitschrift für Pädagogik, 50. Jg. (2004), S. 706-726.

Sünker, H. (1995): Gewalt, Kinderrechte und Kinderpolitik. In: Widersprüche, 15. Jg. (1995), Heft 58, S. 77-81.

Sünker, H. (2006a): The Knowledge Society and Educational Science. In: Policy Futures in Education, 4. Jg. (2006), Heft 3, S. 236-244.

Sünker, H. (2006b): Knowledge Society/Knowledge Capitalism and Education: In: Policy Futures in Education, 4. Jg. (2006) Heft 3 S. 217-219.

Turmel, A. (2008): Das normale Kind: zwischen Kategorisierung, Statistik und Entwicklung. In: Kelle, H./Tervooren, A. (Hrsg.) (2008): Ganz normale Kinder. Heterogenität und Standardisierung kindlicher Entwicklung. Weinheim/München, S. 17-40.

Vandenbroeck, M./Bouverne-De Bie, M. (2006): Childen's agency and educational norms. A tensed negotiation. In: Childhood, 13 Jg. (2006), Heft 1, S. 127-143.

Vobruba, G. (2003): Freiheit: Autonomiegewinne der Leute im Wohlfahrtsstaat. In: Lessenich, S. (Hrsg.) (2003): Wohlfahrtsstaatliche Grundbegriffe. Historische und aktuelle Diskurse. Frankfurt a. M/New York, S. 137-155.

Weingart, P. (2003): Wissenschaftssoziologie. Bielefeld.

Wihstutz, A. (2008): In Verantwortung. Die unsichtbare Arbeit von Kindern in Familie und Nachbarschaft. In: Liebel, M./Nnaji, I./Wihstutz, A. (Hrsg.) (2008): Kinder. Arbeit. Menschenwürde. Internationale Beiträge zu den Rechten arbeitender Kinder. Frankfurt a. M/London, S. 197-216.

Wintersberger, H. (1998): Ökonomie der Kindheit – Wandel der ökonomischen Verhältnisse zwischen den Generationen. In: Kränzl-Nagl, R./Riepl, B./Wintersberger, H. (Hrsg.) (1998): Kindheit in Gesellschaft und Politik. Eine multidisziplinäre Analyse am Beispiel Österreichs. 5. Bd. der Reihe ›Wohlfahrtspolitik und Sozialforschung‹. Frankfurt a. M/New York, S. 77-103.

Zimmermann, P. (^{2}2003): Grundwissen Sozialisation. Einführung zur Sozialisation im Kindes- und Jugendalter. Stuttgart.

Rita Fürstenau

Kindheit aus Kindersicht

Der Entwicklungsgedanke als Deutungshorizont

1. Fragestellung

Im Folgenden geht es um die Frage, wie in Kinderäußerungen durch Bezugnahme auf den Entwicklungsgedanken generationale Ordnung hergestellt wird. »Entwicklungsgedanke« meint dabei ein Aussagesystem, das eine spezifische kulturelle Codierung von Kindern, Kindsein und Kindheit vornimmt, indem Kinder zuerst als in Entwicklung begriffene Menschen verstanden werden (vgl. dazu ausführlich u. a. Honig 1999). Im Sinne einer praxistheoretischen Vorgehensweise (vgl. Reckwitz 2003) stellt sich die Frage nach dem kontextuellen Gebrauch dieses Aussagesystems: Inwieweit nehmen Kinder in ihren Darstellungen Bezug auf dieses Sinnsystem? Wie werden kulturelle Codierungen in Prozessen kollektiver Wirklichkeitskonstruktion rezipiert und produziert? Welche Bedeutungszuschreibungen werden vorgenommen und welche Bedeutung kommt in dem Wissen der Teilnehmenden dem Entwicklungsgedanken zu?

Eingebettet ist die Fragestellung in eine Forschungsperspektive, die Kinder als soziale Akteure wahrnimmt, die ihren Lebenszusammenhang im Kontext gesamtgesellschaftlicher Strukturen organisieren. Dabei wird davon ausgegangen, dass Kinder – gerahmt durch ihren sozialen Status im Generationenverhältnis – an ihrer persönlichen und sozialen Lebensführung mitwirken (vgl. Hengst/Zeiher 2005).

2. Forschungsprojekt

Das hier verwendete Datenmaterial entstammt dem Dissertationsprojekt der Autorin, in dessen Zentrum die Frage nach den diskursiven Praktiken der Herstellung von Kindheit im Rahmen von Gruppendiskussionen mit Kindern steht. Die Datenerhebungen fanden in insgesamt zehn dritten und vierten Klassen an drei Grundschulen statt. Während die eine Schule in einem sogenannten »sozialen Brennpunktgebiet« lag, befanden sich die beiden anderen Schulen in einem mittel- und oberschichtzentrierten Wohngebiet, eine davon war eine Privatschule. Die Wahl der Schulen orientierte sich an deren Einzugsgebieten, um Kinder mit unterschiedlichen sozialen Lebenslagen erfassen zu können. Im ersten Erhebungsteil entstanden 250 Kindertexte, die sich auf die vorgegebenen Satzanfänge »Ich bin gerne ein Kind, weil …« und »Ich bin nicht gerne ein Kind, weil …« beziehen, wobei die Kinder die Möglichkeit hatten, sich einen der beiden Satzanfänge auszusuchen oder beide zu bearbeiten. Zusätzlich wurden mit Hilfe eines Fragebogens die Sozialdaten der Kinder und mit einem soziometrischen Test die sozialen Beziehungen innerhalb der jeweiligen Klassen dokumentiert. Im Rahmen des zweiten Erhebungsteils wurden insgesamt 25 Gruppendiskussionen durchgeführt. Die Zusammenstellung der Kindergruppen fand anhand einer ersten inhaltlichen Auswertung der Kindertexte, sowie unter Einbeziehung der Sozialdaten und der soziometrischen Angaben statt. Die Gruppenzusammensetzung folgte dem Ziel, bezüglich der sozialen Lebenslagen der Kinder, möglichst homogene Realgruppen zu finden und für die Gruppenauswahl wurden bereits einige Dimensionen einbezogen, die kontrastierende Fälle vermuten ließen.

Die Auswertung der Kindergruppendiskussionen erfolgt mit Hilfe der dokumentarischen Methode (vgl. u. a. Bohnsack et al. 2001) und richtet sich sowohl auf die Frage, welche Vorstellungen von Kindheit und generationaler Ordnung in den Wissensbeständen und den Handlungsorientierungen von Kindern enthalten sind, als auch darauf, wie Kinder diese im Gruppenprozess konstruieren. Im weiteren Analyseverlauf soll darüber hinaus der Frage nachgegangen werden, inwieweit Zusammenhänge zwischen den Kindheitsbildern und den sozialen Lebenslagen der Kinder sichtbar werden.

3. Untersuchungskontext

Der Frage nach den Herstellungsprozessen von generationaler Ordnung im Kontext des Entwicklungsgedankens wird im Folgenden anhand einer Passage aus der Gruppendiskussion mit den Drittklässlerinnen Lioona, Nina und Sophie nachgegangen. Die drei Mädchen sind acht Jahre alt und in Deutschland geboren. Sie gehen in eine jahrgangsgemischte dritte/vierte Klasse an einer staatlich anerkannten und reformpädagogisch ausgerichteten Grundschule in privater Trägerschaft. Nach der Grundschule möchten sie alle drei gerne ein Gymnasium besuchen.

Lioona (Lf) gibt im Fragebogen an, dass sie in ihrer Freizeit bevorzugt spielt, liest, malt und gerne auf ihre kleine Schwester aufpasst, die ein halbes Jahr alt ist. Gemeinsam mit ihren Eltern leben die Schwestern in einer Vierzimmerwohnung, in der Lioona ein eigenes Zimmer mit Balkon hat. Ihre Mutter kommt aus Rumänien und studiert, ihr Vater kommt aus Deutschland und arbeitet als Professor.

Auch Nina (Nf) teilt mit, dass sie in ihrer Freizeit gerne spielt, außerdem treibt sie gerne Sport und spielt Flöte. Sie hat ebenfalls ein eigenes Zimmer. Zusammen mit ihrem vierjährigen Bruder, ihrer Mutter und ihrem Stiefvater wohnt Nina in einem Haus mit vier Zimmern und einem Garten. Ihre Mutter kommt aus Kanada und arbeitet als Lehrerin, ihr Vater kommt aus Deutschland und arbeitet bei einem Verlag.

Sophie (Sf) gibt an, dass sie in ihrer Freizeit gerne liest und schreibt, sie spielt Klavier, fährt Fahrrad und Inlineskater. Mit ihrem fünf Jahre alten Bruder teilt sie sich dessen Kinderzimmer zum Schlafen und hat außerdem noch ein weiteres Zimmer für sich. Die Geschwister leben gemeinsam mit ihren Eltern in einem Haus mit fünf Zimmern sowie drei weiteren Räumen, die von den Eltern als Büroräume genutzt werden. Sophies Eltern kommen beide aus Deutschland und arbeiten als Pfarrerin bzw. Pfarrer, beide geben zudem Religionsunterricht.

Die von der Forscherin moderierte Gruppendiskussion fand im Sommer 2009 vormittags, parallel zum Unterricht, in einem Raum der Schule statt. Das Gespräch wurde mit zwei Videokameras aufgezeichnet und dauerte insgesamt 70 Minuten. Im Anschluss an den Eingangsimpuls war die Gesprächsführung darauf angelegt, eine möglichst selbstläufige Kommunikation unter den Kindern anzuregen. Moderiert wurde das Gespräch durch leitfadengestützte Fragen, welche darauf ausgerichtet waren, Erzählungen und Reflexionen zu ausgewählten Themen zu initiieren und bezüglich der angesprochenen Themen möglichst geringe Orientierungsvorgaben enthielten. Die gewählte Passage (Timecode 41:25-48:48) beginnt mit einer solchen Frage der Moderatorin (Yf):

Yf Was sind das denn so für Sachen (.) die ihr lernt wo ihr sagt das die ganz wichtig für euch sind?[1]

---

1 Erläuterungen zu dem Transkript:

L	Beginn einer Überlappung oder direkter Anschluss beim Sprecherwechsel
(.)	Kurzes Absetzen, Pause bis zu einer Sekunde
(3)	Pause länger als eine Sekunde mit Angabe der Dauer in Sekunden
betont	Betonung
abgebr-	Abbruch eines Wortes
(vielleicht)	Unsicherheit bei der Transkription, schwer verständliche Äußerung
((nickt))	Parasprachliches, nonverbales oder gesprächsexternes Ereignis
//Hmhm//	Hörsignal der Moderatorin, das während der Äußerung eines Teilnehmers, in einer minimalen Pause, die ein derartiges Hörsignal geradezu erfordert, erfolgt

Die Moderatorin zielt mit ihrer Frage auf das Nennen von Beispielen für Sachen, die von den Teilnehmenden gelernt werden und die außerdem »ganz wichtig« für sie sind. Die Frage impliziert die Annahme, dass die Teilnehmenden Sachen lernen und über diese Sachen berichten können und dass diese, oder zumindest einige davon, eine gewisse Wichtigkeit für sie haben. Da Lernen dabei in der Gegenwart verortet wird, liegt der Frage die Vermutung zugrunde, dass Lernen ein Teil der Lebenswirklichkeit der Teilnehmenden ist. Für das Formulieren von Antworten beinhaltet die Frage drei Perspektiven: Zum einen, dass für die Sachen, die gelernt werden, Beispiele gefunden und benannt werden können. Zum anderen, dass nicht alles, was gelernt wird, gleich wichtig ist, was es ermöglicht, das Gelernte in Bezug auf seine Bedeutsamkeit zu sortieren, bzw. darzustellen. Und außerdem, dass diese Sachen nicht für jeden von der gleichen Wichtigkeit sind, was einen Weg für das Formulieren von individuellen Einschätzungen und Bedeutungszuschreibungen eröffnet.

4. Erste Ergebnisse

In dem weiteren Verlauf der Passage wird Lernen von den Mädchen als Bestandteil kindlicher Lebenswirklichkeit dargestellt. Als übergeordneter Bezugsrahmen dienen dabei in erster Linie familiäre Kontexte. In ihren Äußerungen stellt die Gruppe Bezüge zu sozialen Normvorstellungen her, welche strukturbildend und deutungswirksam die Darstellungen durchziehen. Einen weiteren Bezugspunkt bildet der positive Orientierungshorizont eines kompetenten Menschen, der auf der Grundlage eines, an einer sozialen Norm der gegenseitigen Achtung und Wertschätzung ausgerichteten, Wissens eigenverantwortlich Handelt. Anhand der thematischen Struktur zeichnen sich dabei drei zentrale Perspektiven ab, welche mit Bezug auf die jeweiligen, aneinander anschließenden, Passagenabschnitte im Folgenden näher betrachtet werden: Zunächst wird das Leben als Kind als Vorbereitung auf das Erwachsenenleben eingeordnet, außerdem werden Kindsein und Erziehung in einen Zusammenhang gebracht und des Weiteren Lernen im

---

oh=nee	Mehrere Worte, die wie eins gesprochen werden
nei:n, ja:::	Dehnung von Lauten, die Häufigkeit der Doppelpunkte entspricht der Länge der Dehnung
.	Stark sinkende Intonation
;	Schwach sinkende Intonation
,	Schwach steigende Intonation
?	Deutliche Frageintonation
»ach so«	In wörtlicher Rede, meist in einer besonderen Stimmlage, gesprochene Äußerung

Kontext generationenbezogener Vermittlung- und Aneignungsprozesse verortet.

4.1 Vorbereitung auf das Erwachsenenleben

Im Anschluss an die Frage der Moderatorin werden Kinder von der Gruppe als Lernende entworfen und in einem Prozess der Persönlichkeitsentwicklung verortet. Im Fokus der kindlichen Entwicklung stehen dabei die Aneignung von Fähigkeiten zur selbstständigen Lebensführung, sowie das Erlernen von bestimmten Verhaltensweisen. Diese Verhaltensweisen orientieren sich an sozialen Normvorstellungen und das Lernen eines normkonformen Verhaltens findet in sozialen Vermittlungsprozessen statt, bei denen dem Kinderspielzeug und insbesondere den eigenen Eltern ein zentraler Stellenwert zugeschrieben werden. Durch die Entwicklung von Kindern zu Erwachsenen werden die Lernprozesse von Kindern zudem als Vorbereitung auf das zukünftige Leben eingeordnet und gegenüber grundsätzlichen Geboten für die Lebensführung abgegrenzt:

Lf Also vor allem in der Schule, (.) die also die ist ganz wichtig für uns (.) alles was wir noch lernen, (.) bei meinen Eltern die
Sf ⌊Ja
Lf Sozialverhaltensachen auch (.) zum Beispiel das mit dem ordentlichen Hinlegen (.) das kann man ja nicht von Geburt an; das man (.) alle Sachen ordentlich hinlegt und nicht vergisst (.) und das das müssen die schon lernen (.) weil (.) und Manieren und so was (.) alles was uns die Eltern (.) beibringen was wir nicht von Geburt an wissen; oder (.) meine Mama (.) da habe ich mir aus Versehen mal zu viel Shampoo, in die Haare gemacht (.) da hat sie »du weißt ja nicht von Geburt an (.) wie viel Shampoo du dir in die Haare machst« (.) und das is=es einfach (.) die Eltern bringen uns die Sachen bei (.) und das müssen wir einfach lernen (.) wie wir auch mit Leuten umgehen; (.) und die Töne (.) also (.) Töne treffen ähm das ist ja anders als beim Singen; das man die Töne treffen muss (.) ich mein der Umgang der Umgang mit Menschen (.) man darf ja nicht so ein nicht so anschnauzten; das kann man auch nicht von Geburt an (.) wissen (.) und das bringen einen auch die Eltern bei (.) und das braucht man (.) eigentlich am meisten fürs Leben (.) den Umgang mit Leuten
Sf ⌊Aber das Kind ist ja fast schon ne kleine Vorbereitung auf den Erwachsenen (.) und es ist ja auch gut das du Eltern hast (.) die ja schon erwachsen sind (.) weil die schon vorbereitet sind (.) und die bereiten dich schon vor (.) und wenn du einen Fehler machst dann

erklären sie es dir (.) und dann kannst du=s dir merken (.) damit
du das als Erwachsener richtig kannst //Hmhm// und (.) also
meine Mutter und ich (.) haben uns jetzt mal über <u>Spiel</u>*zeug un-*
terhalten (.) und dann haben wir da haben wir festgestellt (.) das
die meisten Spielzeuge ja sowie so Playmobil oder so Autos oder
so (.) des ist ja fast so eine kleine Vorbereitung fürs Erwachse-
nenleben (.) weil du dann so eine kleine Familie versorgst für
dich selbst und so (.) und das Auto steuerst und dann ist das ja
fast so eine kleine Vorbereitung;
Yf *Hmhm*
Lf *Also ich finde ja auch (.) jetzt hab ich=s vergessen*
Nf *Ich finde: Sport und Gesundheit ist einfach wichtig im Leben*
Sf   ⌊*Ja*
Lf *Und was dir die Eltern so beibringen; was findest du da wichtig?*
Nf *Streite zu klären; (.) Manieren*
Sf   ⌊*Hmhm*
Lf *Also auch der Umgang mit Leuten?*
Nf *((nickt))*
Sf *Ja (.) das man nicht so zu (.) man soll aus sich rauskommen (.)*
und es einem erklären (.) was so ist (.) man soll sich nicht so mit
der Wut so aus sich rauskommt; das man so wütend ist (.) und im
Streit gleich aggressiv oder gewa- gewalttätig wird (.) und das
lernt man dann halt auch (.) wenn man mit Menschen umgeht

In Ergänzung zum schulischen Lernen wird im Folgenden ein Lernen im
Familienkontext dargestellt, dessen Gegenstand all das ist, was man »nicht
von Geburt an« kann oder weiß und von seinen Eltern »beigebracht« bekommt. Das betrifft zum Beispiel die Lebensführung: Da Kinder nicht von
Geburt an wissen, dass man alle Sachen ordentlich hinlegt, müssen sie es
lernen. Ebenso verhält es sich mit dem Wissen darum, wie viel Shampoo
zur Haarwäsche benötigt wird. Dadurch, dass die »Mama« ihre Tochter als
Lernende begreift, zeigt sie Verständnis, wenn diese »aus Versehen« zu viel
Shampoo benutzt. Indem sie ihrer Tochter beibringt, wie viel Shampoo sie
benötigt, kann diese ihre Haare zukünftig alleine und entsprechend der
vermittelten Vorstellungen waschen. Impliziert ist dabei eine Erfahrung, die
festlegt, welche Menge an Shampoo angemessen ist. Diese den Kindern
beizubringen ist die Aufgabe der Eltern, sie zu lernen wiederum die Aufgabe der Kinder, die durch solche Lernprozesse Autonomie und die notwen-
digen Kompetenzen, für eine selbstständige Lebensführung erlangen.

Was Kinder außerdem von ihren Eltern beigebracht bekommen sind
»Manieren und so was«. Dabei steht »der Umgang mit Menschen« im Zentrum. Hier wird eine soziale Normvorstellung vorausgesetzt, die in der Fest-
legung von richtigen (sich benehmen) und falschen (jemanden »anschnau-

zen«) Verhaltensweisen ihren Ausdruck findet. Ziel ist dabei das Erlernen eines ganz bestimmten Verhaltens, das in dem Sinne gruppenkonform ist, indem es sich an einer sozialen Norm orientiert. Diese Normierung beinhaltet ein positives Menschenbild und zielt darauf, die Würde anderer Menschen zu achten. Dementsprechend geht es im Umgang mit Anderen darum, ganz bestimmte »Töne« zu treffen. Sich so zu verhalten, dass das Zusammenleben der Menschen gelingt und keine Misstöne entstehen, ist das, was »man eigentlich am meisten fürs Leben« braucht und damit der zentrale Lerngegenstand in der elterlichen Vermittlung von Wissen und Können an ihre Kinder.

In der Ausführung dokumentiert sich die Orientierung an der Idealvorstellung eines kompetenten Menschen, der sein Leben autonom und zugleich gesellschaftlich eingebunden in gegenseitiger Achtung und Wertschätzung mit seinen Mitmenschen führt. Ein solcher Mensch ist man nicht von Geburt an, sondern wird man erst im Laufe seines Lebens. Das Erlernen von bestimmten Verhaltensweisen nimmt damit einen zentralen Stellenwert im Leben eines Kindes ein. Vor diesem Hintergrund kommt den Erwachsenen, die Kinder haben, die Aufgabe zu, diesen all das beizubringen, was sie benötigen um ein solches Leben führen zu können. Kinder werden damit zu Lernenden, die sich von einem Zustand des Nichtwissens und Nichtkönnens bei der Geburt durch die Unterstützung ihrer Eltern zu kompetenten Menschen entwickeln.

Diese Orientierung wird im weiteren Gesprächsverlauf beibehalten und um den Aspekt erweitert, dass Kinder zu Erwachsenen werden. Damit ist die elterliche Weitergabe von Wissen und Können an ihre Kinder als »Vorbereitung« einzuordnen. Besonders vorteilhaft für die Vorbereitung ist, dass Kinder Eltern haben und diese bereits erwachsen sind. So sind diese »schon vorbereitet«, verfügen also über das nötige Können und Wissen, das sie dazu befähigt, ihre Kinder auf das Erwachsensein vorzubereiten. Wenn Kinder einen »Fehler« machen, sind die Eltern dementsprechend in der Lage, »es« ihnen zu »erklären«. Indem sich die Kinder den Zusammenhang »merken«, sind sie wiederum in der Lage, das Betreffende »als Erwachsener« »richtig« zu können. Um etwas richtig zu können, bedarf es demzufolge der Erklärung von jemand, der bereits über das nötige Können verfügt und dieses erklärend weitergibt. Kinder stehen damit vor der Aufgabe, sich die Erklärungen zu merken und damit aus ihren Fehlern zu lernen, um zukünftig keine Fehler mehr zu machen.

Eine weitere Dimension von »Vorbereitung« liegt jedoch darin, dass die Vermittlung und Aneignung von Wissen auch indirekt, über Gegenstände, die von Erwachsenen für Kinder hergestellt werden, stattfinden kann. Der Gedanke der Vorbereitung ist in die »meisten Spielzeuge« sozusagen eingeschrieben. Die Vorstellung davon, dass sich Kinder spielend auf das »Erwachsenenleben« vorbereiten sollen, ist dabei sowohl in der Auswahl der von erwachsenen produzierten Gegenstände (Familien, Autos), als auch in dem spezifischen Umgang der Kinder mit ihnen (die Familie zu versorgen, das Auto zu steuern) enthalten. In dieser Perspektive wird im Spiel in einer Miniaturwelt das Leben der Erwachsenen abgebildet und von den Kindern nachvollzogen, was ebenfalls als Vorbereitung eingeordnet wird.

»Sport« und »Gesundheit« hingegen werden als etwas dargestellt, was »einfach wichtig im Leben« ist. In Bezug darauf, gesund und sportlich zu leben, unterscheiden sich Kinder und Erwachsene demnach nicht. Dieses Gebot gilt für die Lebensgestaltung aller Menschen gleichermaßen, bezieht sich auf den gesamten Lebenslauf eines Menschen und bedarf anscheinend keiner besonderen Vorbereitung. Damit ergibt sich ein wesentlicher Unterschied zu Handlungskontexten, die in Bezug auf die Wertschätzungsnorm verortet werden, wie anhand der Situation des Streitens durch die Gegenüberstellung von positiven und negativen Orientierungshorizonten noch einmal verdeutlicht wird. Auch im Streit steht die Orientierung an einem achtenden und auf gegenseitiger Verständigung beruhenden Umgang mit anderen Menschen im Vordergrund. Lernen findet dabei im Umgang mit Menschen statt und wird in diesem Kontext als eine Tätigkeit beschreiben, die sich im Handeln vollzieht. Voraussetzung dafür, in den betreffenden Handlungszusammenhängen richtig zu agieren, ist erneut die Aneignung von normbezogenen Wissen.

4.2 Kindsein im Kontext von Erziehung

Im weiteren Verlauf der Passage wird Erziehung dem Ziel der Vermittlung und Aneignung sozialer Normvorstellungen, sowie dem Einhalten dieser, zugeordnet. Betont wird dabei sowohl die Relevanz von Erziehung für die Entwicklung von Kindern, als auch die Relevanz von eigenen Erziehungserfahrungen für den späteren Umgang mit Kindern. Durch die konsequente Konstruktion von Kindern als Lernende werden die Erziehungsmaßnahmen der Eltern zudem als konstitutiver Bestandteil im kindlichen Entwicklungsprozess eingeordnet:

> Lf   L*Also ich*
> *finde (.) das mit Sophies Vorbereitung (.) da ist schon was dran,*
> *(.) find ich; (.) also eigentlich stimmt das ja (.) aber (.) ähm es ist*
> *auch so (.) wenn (.) also diese Vorbereitungen (.) die (.) die ähm*
> *wenn also die die Eltern, die bereiten uns ja auf dieses neue Le-*
> *ben <u>vor</u> (.) aber die wurden ja auch vorbereitet (.) und deshalb ist*
> *es immer <u>anders</u> (.) meine Mama wurde völlig <u>anders</u> erzogen als*
> *ich (.) und die Eltern (.)sie wurde vorbereitet auf was völlig <u>völ-</u>*
> *<u>lig</u> Neues (.) also was (.)also das sie (.) über eigene Ideen und so*
> *was //Hmhm// denk ich (.) und ähm bei manchen Familien da*

werden die Kinder und die Enkel und die (.) ähm wieder die Kin-
der und wieder die Opas und die Eltern (.) dann wurden alle
gleich erzogen vielleicht, (.) weil die darauf vorbereitet wurden
(.) also es kommt ja schon mit der Vorbereitung der Eltern drauf
auf (.) wie die uns erziehen
Yf Hmhm
Sf Also meine Mutter hat mal so ein Buch gelesen, und da warn
dann so Eltern, (.) und die haben ihr Kind (.) also das war so ne
Mutter, und die hat von ihrer Mutter immer nur so <u>Salat</u> und so
gesunde Sachen bekommen (.) als sie dann selbst ähm Kinder
hatte (.) hat sie dann immer so ganz ungesunde Sachen gegeben
(.) und dann ist immer die Oma mit dem Salat gekommen und hat
gesagt »hier lecker Salat« und die Kinder fanden das immer <u>ganz</u>
<u>toll</u>, //Hmhm// und das ist ja auch so (.) wenn du (.) fü- bei man-
chen is das ja auch so (.) das is nicht bei allen so aber bei man-
chen (.) die lernen auch draus (.) bei manchen ist das so (.) die
irgendwas nicht Recht fanden an ihrem kindlichem Leben (.) was
die Mutter so gemacht hat (.) das sie dann genau das <u>Gegenteil</u>
machen (.) was das sie viel lieber hätten;
Lf   LGenau (.) <u>i:ch</u> hab mir
schon überlegt (.) wenn ich erwachsen bin (.) wie ich dann mit
Kindern umgehen will (.) diese Idee war zwar ziemlich absurd,
aber vielleicht ist da auch schon was Richtiges dran (.) ich glaub
(.) ich wollte nie irgendwie schimpfen (.) ich wollte mich nur mit
Kindern unterhalten (.) was <u>sie</u> falsch finden; wieso <u>sie</u> gewalttä-
tig wurden (.) aber ich denke dann würden sie auch ganz frech
und unverschämt sein (.) es <u>sei denn</u> (.) ich kriege das <u>in Griff</u> (.)
und sie (.) lernen was draus (.) aber man muss ihnen auch
manchmal schon Donnerwetter geben (.) sonst lernen die das
nicht (.) find ich (.) und deshalb würden die (auch ein Donner-
wetter bekommen) (.) ich hab mit meiner Mutter auch schon mal
geklärt (.) wir streiten uns, dann gibt es ein Donnerwetter (.) und
zum Schluss reden wir immer drüber (.) wieso können wir nicht
gleich reden? (.) aber das würde ja irgendwie <u>nichts</u> bringen (.)
weil dann würde ich auch <u>nich</u> lernen das das nicht geht (.) also
dann würde ich ja auch nicht die Konsequenz dafür ähm abbe-
kommen (.) und das brauche ich einfach weil sonst würde ich es
ja einfach nicht <u>schaffen</u> (.) so (.) nett oder das (.) wo ich Fehler
gemacht hab; besser zu werden //Hmhm// (2) du?
Nf   LNein

Der Gedanke der elterlichen Vorbereitung wird noch einmal bestätigt und
dabei ausdrücklich betont, dass Kinder so vorzubereiten sind, dass sie in

ihrem zukünftigen, »neuen« Leben zurechtkommen werden. Lernen ist demnach zukunftsgerichtet angelegt und dient nicht als Unterstützung der Organisation des jetzigen Lebens. Die Wiederholung ist gleichzeitig die Überleitung zu einem neuen Aspekt in diesem Zusammenhang: Wenn man die Weitergabe von Wissen und Können von den Eltern an ihre Kinder als Vorbereitung versteht, dann hängt die Vorbereitung auf das eigene spätere Leben davon ab, wie die Eltern selbst vorbereitet wurden. Ein Lernen zur Vorbereitung des zukünftigen Lebens impliziert zudem, dass die Kinder auf etwas vorbereitet werden, dass zu dem Zeitpunkt der Vorbereitung noch unbekannt ist. Da sich das Leben im Laufe der Zeit ändert, wurden zum einen die eigenen Eltern bereits schon auf etwas »völlig Neues« vorbereitet und zum anderen auch »völlig anders erzogen« als man selbst. Dieser Gedanke wird verbunden mit der Vermutung, dass Veränderung »über eigene Ideen und so was« möglich ist. In Angrenzung dazu gibt es Familien, bei denen alle Familienmitglieder über Generationen hinweg möglicherweise gleich erzogen werden. Damit findet gewissermaßen eine Gegenüberstellung von verschiedenen Erziehungsstilen statt: Zum einen ein Erziehungsstil, der sich von Generation zu Generation verändert und für den das Einbringen von eigenen Ideen kennzeichnend ist, und zum anderen ein Erziehungsstil, bei dem eine ähnliche Form von Erziehung über Generationen beibehalten wird und der in dem Sinne als traditionell bezeichnet werden kann.

Die Veränderung von Einstellungen zu einer »gesunden« Ernährung über drei Generationen einer Familie wird anhand eines Beispiels beschrieben: Es geht um eine »Mutter«, die von »ihrer Mutter immer nur so Salat und so gesunde Sachen bekommen« hatte, ihren Kindern jedoch »immer so ganz ungesunde Sachen gegeben« hat. Die Kinder wiederum fanden das gesunde Essen der »Oma« »ganz toll«. Herausgestellt wird anschließend, dass Kinder, die mit ihrem Leben als Kind unzufrieden waren, ihr Leben später ändern und aus dem von ihnen kritisierten Verhalten ihrer Eltern etwas für ihr eigenes Leben lernen. Deutlich wird dabei, dass, egal unter welchen Bedingungen, die Familie, die dort vollzogene Lebensführung und Erziehungspraxis einen Einfluss auf die Entwicklung der Kinder haben. In Abhängigkeit von den eigenen Erziehungserfahrungen und der Lebensweise der Familie, in der man aufwächst, wird Kindern jedoch grundsätzlich die Möglichkeit zugesprochen, für das zukünftige Leben andere Entscheidungen als die eigenen Eltern zu treffen.

Wie wichtig das, was eine Mutter macht, wie sie ihr Leben führt und ihre Kinder erzieht, für das eigene Leben und das Leben von zukünftigen Kindern ist, bekräftigt Lioona, indem sie erläutert, dass sie sich »schon überlegt« hat, wie sie »mit Kindern umgehen will« wenn sie erwachsen ist. Diese Idee findet in der Idealvorstellung »nie irgendwie« zu »schimpfen« und sich »nur« mit Kindern zu »unterhalten« ihren Ausdruck. Dabei wird eine verallgemeinernde Perspektive eingenommen: es geht nicht ausschließlich um den Umgang mit eigenen Kindern, sondern um den Umgang von Erwachsenen mit Kindern generell. Die Orientierung an einem egalitären Verhältnis zwischen Erwachsenen und Kindern, das sich in dem Bestreben nach einem gegenseitigen Verstehen und einer Verständigen auf der Grundlage gegenseitigen Wertschätzens ausdrückt, wird begrenzt von der Vermutung, dass Kinder unter diesen Bedingungen »ganz frech und unverschämt« seien. In der grundsätzlichen Orientierung daran, Kinder zu verstehen und ihre Perspektive einzunehmen, zu wissen »was sie falsch finden«, »wieso sie gewalttätig wurden«, werden Kinder zum einen als eine Gruppe dargestellt, deren Wahrnehmung der Welt sich von derjenigen der Erwachsenen unterscheidet. Es könnte ja sein, dass sie etwas ganz anderes »falsch« finden als von Erwachsenen zunächst vermutet wird, woraus sich die Notwendigkeit ergibt, sich mit ihnen zu unterhalten. Zum anderen wird es als denkbare Gefahr beschrieben, dass Kinder »gewalttätig«, »frech und unverschämt« wären. Diese Verhaltensweisen von Kindern gilt es »in Griff« zu kriegen. Das ist dann der Fall, wenn »was draus« gelernt wird, die Kinder sich durch das Lernen also weiterentwickeln und ihr Verhalten zukünftig anders, in Übereinstimmung mit sozial verständigten Normen, gestalten. Um ein solches Lernen zu erreichen, muss man Kindern »auch manchmal schon Donnerwetter« geben. Das Schimpfen wird damit eine notwendige Maßnahme, ein Mittel zum Zweck, denn erst durch den Akt des Schimpfens im Fall einer Verletzung der Wertschätzungsnorm wird letztlich die Herstellung von Wertschätzung möglich.

Dadurch, dass mit der eigenen »Mutter« »schon mal geklärt« wurde, wie ein Streit abläuft, kann dem Streit mit der Mutter und der Tatsache, dass es »ein Donnerwetter« gibt, eine Sinnhaftigkeit zugeschrieben werden. Der Wusch, lieber »gleich« zu reden bleibt zwar auch in Bezug auf die eigene Erfahrungswelt bestehen, wird jedoch dem Ziel, es zu »schaffen« »nett« zu sein und »besser zu werden«, untergeordnet. Nur zu reden würde »irgendwie nichts bringen«, da ohne »die Konsequenz« abzubekommen nicht gelernt würde, dass etwas »nicht geht«. Als zentrales Anliegen in der Interaktion zwischen Mutter und Tochter wird das Einhalten von Normvorstellungen beschrieben. Beide befinden sich dabei in einem sozialen Prozess der Vermittlung und Aneignung von Normen, der sich nicht auf die Weitergabe von Wissen beschränkt, sondern auf eine Veränderung des Verhaltens zielt. Einen »Fehler« zu machen, also gegen eine solche Norm zu verstoßen, bekommt in diesem Zusammenhang für Kinder die Bedeutung einer Lerngelegenheit, die es ihnen ermöglicht »besser zu werden«. Indem Kinder als Lernende begriffen werden, kann auch der Streit mit der Mutter positiv gerahmt, als eine Art der Wissensvermittlung angesehen und das »Donnerwetter« als grundsätzlich richtige Maßnahme verortet werden.

4.3 Lernen in Generationenverhältnissen

In dem letzten Abschnitt der Passage findet die Herstellung der generationalen Kategorien »Kind« und »Erwachsener« vor dem Hintergrund sozialer
Normvorstellungen statt: Die Aufforderung, sein Verhalten normkonform
zu gestalten, gilt zunächst allen Mitgliedern einer Gesellschaft und unabhängig von ihrer Position im Lebenslauf. In Bezug darauf, inwieweit das
Handeln eines Menschen mit normierten Handlungsentwürfen übereinstimmt, werden jedoch Unterscheidungen hinsichtlich der Generationenzu-
gehörigkeit vorgenommen. Kinder werden dabei erneut in einem Entwick-
lungsstatus verortet und Fehler damit als Bestandteil eines Lernprozesses
positiv gerahmt:

Sf Naja (.) aus Fehlern lernt man ja auch (.) also
Lf   ⌊Genau das stimmt
Sf Wenn man Fehler gemacht hat (.) und man merkt dass es ein
Fehler war (.) dann weiß man wenigsten (.) dass man nächstes
Mal muss ich den anderen Weg wählen
Lf   ⌊Genau (.) und deshalb und
das hat ein Zusammenhang mit deiner Vorbereitung (.) die Feh-
ler die man von seinen Eltern falsch fand; die kann man (.) da:
kann man (.) also da kriegt man (.) da kann man da noch ne
Chance von den Fehler (.) man kann den immer noch richtig ma-
chen (.) da man kann das immer noch richtig machen was man
falsch gemacht hat; (.) und (.) deshalb Kinder haben immer n die
Möglichkeit dazu; das auch wieder ein Vorteil (.) aber unsere El-
tern waren auch mal Kinder (.) die habm auch wieder die Mög-
lichkeit dazu
Sf   ⌊Ja Kind ist dann halt (.) wenn du ein Kind bist (.)
dann kannst du das alles noch mal ausprobiern; (.) weil wenn du
erwachsen bist muss eigentlich schon richtig klappen (.) weil das
(.) wenn du dich dann vor Leuten so aufführst, (.) und richtig ag-
gressiv wirst,
Lf   ⌊Hm ja das schon (.) aber Sophi:e, (.) ausprobieren
auch nicht; man muss da schon vorsichtig sein; (.) bei diesem
Ausprobieren und diesen ganzen Kram; dann (.) wenn
Sf   ⌊Ja
Lf man alles ausprobiert dann kann das auch richtig bös enden; (.)
a:lso ich würd jetzt nicht alles einfach mal so ausprobieren wie
Sf   ⌊Ja
gut
Lf das neue Flugz- Flugzzeugmodell äh Flug- ähm (.) Spielflugzeug

Sf   ⌊*Klar*
(.) ich (.) das heißt jetzt nicht (.) ich probier=s mal aus (.) wie es
ist wenn ich dir an die Schulter haue (.) oder so was
Lf *Ja (.) nein ich mein was anderes (.) der Umgang mit deinen Kin-*
dern (.) das kann auch alles völlig falsch sein (.) also ich mein
deine Mutter kann (.) was für dich ein Fehler war (.) war eigent-
lich ganz richtig; (.) also Kinder sehen das noch mal <u>völlig</u>
Sf   ⌊*Ja*
Lf *anders und manchmal sogar <u>falsch</u>. (.) ich würd da nicht zu un-*
vorsichtig sein (.)ich würde schon aufpassen (.) aber man kann
das ja auch schon machen (.)wie man will (.) aber (.) würde ich
jetzt jeden der mir über den Wegläuft raten (.) weil das ist meine
Meinung; und die finde ich auchgut und richtig eigentlich (5)

Die bereits im vorangegangenen Gesprächsverlauf vorgenommene positive
Deutung von Fehlern wird noch einmal bestätigt und Fehler als Teil eines
Lernprozesses beschrieben: Dadurch, dass man Fehler macht und »merkt
dass es ein Fehler war«, eignet man sich ein Wissen an, auf dessen Basis
man »nächstes Mal« weiß, dass der »andere Weg« gewählt werden muss.
Grundlage für ein solches Verständnis bildet erneut die Orientierung an einem Ziel, zu dessen Erreichen unterschiedliche Wege ausprobiert werden
können. Wenn einer davon nicht der richtige ist, bzw. nicht zum Ziel führt,
ist es die Aufgabe, sich das zu merken und für die Zukunft aus dem eigenen
Fehler zu lernen. Lernen wird so als ein Prozess der normierten Selbstregu-
lierung dargestellt, welcher sich in einer Wechselbeziehung von Handeln
und Reflektieren vollzieht.

Das Lernen aus Fehlern wird zudem in einen Zusammenhang mit dem
zuvor eingeführten Aspekt der »Vorbereitung« gesetzt. Kinder haben demnach die Möglichkeit, aus den Fehlern ihrer Eltern zu lernen. Da bestimmte
Lebensabschnitte, die die Eltern bereits durchlebt haben, noch vor ihnen
liegen, haben Kinder »noch ne Chance« dazu, das, was die Eltern »falsch
gemacht« haben, selbst »immer noch richtig« zu machen. Dieser Umstand
wird dabei als »Vorteil« des Kindseins beurteilt und Kindheit außerdem als
Phase im Lebenslauf verortet. Denn auch die Eltern waren einmal Kinder
und hatten zu dieser Zeit ebenfalls die Möglichkeit, aus den Fehlern ihrer
Eltern zu lernen.

Die erneut eingebrachte Generationendifferenz wird als Leitdifferenz
für eine Gegenüberstellung von Kindern und Erwachsenen beibehalten. In
Bezug auf das Machen von Fehlern ergeben sich generationenspezifische
Unterschiede: Während Kinder »alles noch mal ausprobieren« können,
muss es bei Erwachsenen »eigentlich schon richtig klappen«. Als Beispiel
wird eine Form des Handelns angeführt, die eindeutig mit der Norm der gegenseitigen Wertschätzung und Achtung bricht. Für einen Erwachsenen

wird ein solches Verhalten als nicht annehmbar eingeordnet. Im Gegensatz dazu werden Kinder als Lernende dargestellt, woraus sich ergibt, dass ein probehaftes Handeln möglich wird. Für sie eröffnet sich gewissermaßen ein Handlungsspielraum, eine Freiheit Dinge zu tun, die nur bei Kindern gesellschaftlich geduldet werden. Indem Kinder von ihrer Umgebung als Lernende und sich Entwickelnde begriffen werden, kann ein von der sozialen Norm abweichendes Verhalten bei ihnen als Teil eines Lernprozesses eingeordnet werden.

In Bezug auf die Orientierung an einem wertschätzenden und achtenden Umgang werden Kinder und Erwachsene zunächst gemeinsam verortet. Alle sollen ihr Handeln und ihren Umgang miteinander an einer Wertschätzungsnorm ausrichten. In Bezug auf den Bruch dieser Norm werden Menschen jedoch unterschiedlich, in Abhängigkeit von ihrer Position im Generationenverhältnis, eingeordnet und ihr Verhalten von der Gesellschaft demzufolge unterschiedlich bewertet. Mit Bezug auf den Entwicklungskontext kindlichen Handelns, die Verortung von Kindern in einem Sozialisationsprozess, können Normbrüche bei ihnen positiv, als Bestandteil von Lernen, betrachtet werden. Erwachsene hingegen sollten diesen Lernprozess bereits in ihrer Kindheit vollzogen haben und als Erwachsene in der Lage sein, normkonform zu handeln. Während bei ihnen ein Verstoß gegen die Norm daher nicht akzeptiert wird, erhalten Kinder eine gesellschaftliche Sonderstellung, die es zulässt, ihr Handeln in einen Kontext des Lernens und Entwickelns zu setzen.

Das positive Bild eines probehaften Handelns findet mit der Betonung, dass Kinder »vorsichtig« sein müssen bei dem, was sie tun, eine Relativierung. Auch sie können nicht alles einfach so ausprobieren. Sie befinden sich nicht in einem Spiel und damit außerhalb der Gesellschaft, sondern werden als ein Teil der Gesellschaft verstanden. Damit haben auch die Handlungen von Kindern Konsequenzen und das Ausprobieren kann »richtig bös enden«. Mehr noch: dadurch, dass Kinder die Welt »völlig anders« sehen als Erwachsene, besteht die Möglichkeit, dass sie Dinge »sogar falsch« sehen. Aufgrund ihrer Unerfahrenheit und Unwissenheit müssen sie demnach sogar besonders aufpassen und besonders vorsichtig sein bei dem, was sie tun, und können eben nicht alles ausprobieren. In diesem Begründungszusammenhang wird auch noch einmal die Wichtigkeit des »richtigen« Verhaltens einer Mutter und vor allem die Wichtigkeit, den eigenen Kindern das Wissen darum, was richtig ist, beizubringen, betont. Denn wenn das, was die eigene Mutter gemacht hat, richtig war, von ihrem Kind aber als falsch angesehen wird, dann könnte es sein, dass es seine eigenen Kinder deshalb falsch behandelt. Auch dem Handeln von Kindern kommt damit eine große Bedeutung zu, denn wenn man als Kind ganz viel falsch macht, dann könnte es sein, dass man den eigenen Kindern Falsches weitergibt. In der Hervorhebung von möglichen Folgen des eigenen Handelns für das spätere Leben und nachkommende Generationen, wird Entwicklung als ein determinierender und zielgerichteter Prozess innerhalb eines normativen Bedingungsgefüges beschrieben.

5. Fazit und Ausblick

Die Einordnung von Kindern als in Entwicklung begriffene Menschen zeichnet sich im Zusammenhang mit Aneignungs- und Vermittlungsprozesse von sozialen Normvorstellungen ab. Der Entwicklungsgedanke dient in diesem Kontext als ein Deutungshorizont sowohl für die Einordnung der eigenen Erfahrungen als Kind und der Verortung der Position von Kindern in Generationenverhältnissen, als auch für die Sicht auf das zukünftige Leben als Erwachsener. Im Rahmen von Bezugssystemen, die sich auf allgemeine Gebote für eine normorientierte Lebensführung beziehen, wird diesem Gedanken keine Bedeutung zugeschrieben, was darauf hinweist, dass die Denkfigur des sich entwickelnden Kindes als relationales Konstrukt angesehen werden kann.

In Bezug auf die Konstruktion von generationaler Ordnung übernimmt der Entwicklungsgedanke strukturierende Funktionen und wirkt als Deutungsmuster auf diskursive Herstellungsprozesse sozialer Wirklichkeit ein. Das Leben als Kind wird vor diesem Hintergrund eingebettet in gesamtgesellschaftliche und familiäre Zusammenhänge dargestellt. Durch eine in diesem Rahmen vorgenommene Herstellung von Bezügen zwischen Kindern und Erwachsenen wird Entwicklung in einer zukunftsbezogenen Dimension beschrieben, durch die Differenzierung gegenüber den eigenen Eltern in einer herkunftsbezogen Dimension (vgl. dazu auch Honig 2009, S. 45). Kindheit wird dabei als wichtige und entscheidende Grundlage für das zukünftige Leben entworfen und damit als Teil des Lebenslaufs kontextualisiert.

Für ein weiterrechendes Verstehen der Herstellungsprozesse von generationaler Ordnung und Kindheit stellt sich auch die Frage nach Zusammenhängen zwischen dem Orientierungs- und Deutungswissen und den Lebenswirklichkeiten von Kindern. So stellt sich, beispielsweise vor dem Hintergrund des impliziten Bedingungsgefüges, dass wer kompetente Eltern hat, selbst sein Leben kompetent führen und seine eigenen Kinder zu kompetenten Menschen erziehen kann, die Frage danach, inwieweit bestimmte Vorstellungen und Orientierungen an bezeichnende, möglicherweise milieuspezifische Erfahrungen gebunden sind. An welchen Sinnzusammenhängen orientieren sich Kinder, die sich in ihrem Leben mit anderen Erwartungshaltungen und Anforderungen auseinandersetzen und wie werden von ihnen beispielsweise Lernen oder Erziehung verortet und bewertet? Welche

zentralen Deutungsmuster und Orientierungen in Bezug auf Kindsein und
Aufwachsen zeichnen sich im Kontext unterschiedlicher Lebenslagen ab?
Der Einbezug und die Kontrastierung verschiedener sozialer Zugehörigkei-
ten bietet letztendlich auch eine Möglichkeit, Erkenntnisse darüber zu er-
langen, wie Kinder in ihrer gesellschaftlichen Einbindung und »als Kinder«
(Honig 2009) soziale Wirklichkeit herstellen.

Literatur

Bohnsack, R./Nentwig-Gesemann, I./Nohl, A.-M. (Hrsg.) (2001): Die doku-
mentarische Methode und ihre Forschungspraxis. Grundlagen qualitativer
Sozialforschung. Opladen.
Hengst, H./Zeiher, H. (2005): Von Kinderwissenschaften zu generationalen
Analysen. Einleitung. In: Hengst, H./Zeiher, H. (Hrsg.) (2005): Kindheit so-
ziologisch. Wiesbaden.
Honig, M.-S. (1999): Entwurf einer Theorie der Kindheit. Frankfurt a. M.
Honig, M.-S. (2009): Das Kind der Kindheitsforschung. Gegenstandskonstitu-
tion in den childhood studies. In: Honig, M.-S. (Hrsg.) (2009): Ordnungen
der Kindheit. Problemstellungen und Perspektiven der Kindheitsforschung.
Weinheim/München, S. 25-51.
Reckwitz, A. (2003): Grundelemente einer Theorie sozialer Praktiken. Eine sozialisationstheoretische Perspektive. In: Zeitschrift für Soziologie, 32. Jg.
(2003), Heft 4, S. 282-301.

Sabina Schutter

Das legitime Kind zwischen Konstruktion und Materialität

1. Einleitung

Der vorliegende Beitrag befasst sich anhand eines Bundesverfassungsgerichtsurteils zu »heimlichen Vaterschaftstests« mit Fragen nach der Materialität von Kindheit. Die rechtliche Verwertbarkeit eines Vaterschaftstests
für die Vaterschaftsanfechtung, beziehungsweise die das mögliche Anrecht
auf Kenntnis der Abstammung des eigenen Kindes verbindet naturalisierende Vorstellungen von Eltern-Kind-Beziehungen mit rechtlichen Regelungen. So entsteht eine Wechselwirkung: das legitime Kind materialisiert
sich einerseits in der Idee der Fortsetzung des Selbst als das »genetisch eigene Kind« und andererseits in der Idee des rechtmäßigen Kindes, das
durch die genetische Abstammung begründet wird. Genetische Informationen tragen damit nicht nur zur Naturalisierung der Vorstellung von »eigenen« Kindern bei, sie dienen auch als naturalisierende Begründung der
rechtmäßigen Vater-Kind-Beziehung. Wie nimmt die genetische Wahrheit
diesen Status in der Legitimation einer Beziehung ein und welchen Beitrag
kann diese Verfasstheit für die Beantwortung der Frage nach der Materialität von Kindheit leisten? Welche Form erlangt Kindheit in der Konzeption
eines Generationenverhältnisses, das auf biologische Abstammung fundiert
wird und in welcher Beziehung steht diese Konzeption zu ihrer rechtlichen
Normierung?

Auszüge aus der Analyse des Bundesverfassungsgerichtsurteils zu
»heimlichen Vaterschaftstests« in deren Folge ein Gesetz, das die Abstam-
mungsklärung legitimiert, geschaffen wurde, sollen das Konzept des legitimen Kindes beleuchten.

2. »Entheimlichte« Vaterschaftstests oder »Vater« als identitäre Kategorie

Am 13. Februar 2007 urteilte das Bundesverfassungsgericht (BVerfG, 1BvR 421/05), dass heimliche Vaterschaftstests zwar gegen das informationelle Selbstbestimmungsrecht des Kindes verstoßen und vor Gericht nicht verwendet werden dürfen, dass die Kenntnis der Abstammung des eigenen Kindes jedoch ein verfassungsmäßig geschütztes Grundrecht des Vaters sei. Der Gesetzgeber müsse daher ein Verfahren schaffen, das es dem Vater ermögliche, die Abstammung seines Kindes zu klären. Dazu müsse ein von der Vaterschaftsanfechtung nach §1600 BGB getrenntes Verfahren geschaffen werden, da die Anfechtung regelmäßig nicht die Klärung sondern die Anfechtung der Vaterschaft zu Ziel habe und damit über das Ziel der Abstammungskenntnis hinausschieße. Die wesentliche Begründung für das Recht des Vaters auf Kenntnis der Abstammung sei der Beitrag, den Abstammungskenntnis für die eigene Identitätsfindung leiste (BVerfG 1 BvR 421/05, S. 35 ff). Offen bleibt dabei, ob es um die Identität der Person des Vaters oder um die Identität als Vater geht, offen bleibt auch, wie die Identitätsfindung gerade über den biologischen Beleg einer Beziehung erfolgen soll. Deutlich wird jedoch, dass die Abstammungskenntnis des Kindes einen Beitrag zur Identität des Vaters leisten soll. Dies gilt in Anlehnung an das 1989 entschiedene Urteil des Bundesverfassungsgerichts zum Beitrag, den die Abstammungskenntnis für die Identität des Kindes leistet. Abstammung als identitäre Kategorie definiert daher den Vater als Vater über sein von ihm biologisch abstammendes Kind. Das Kind wird, indem die Abstammung jederzeit feststellbar und damit in der Regel, bei nicht übereinstimmenden genetischen Informationen, die Beziehung anfechtbar wird, zur Variablen der väterlichen Identität. Mit Barbara Drinck (2005) deutet sich hier die Figur des Kindes als Initiand des Vaters, gewissermaßen als Vater des Vaters an.

3. Das eigene Kind als richtiges Kind

Ein weiterer wesentlicher Bestandteil der Feststellung der genetischen Abstammung ist die Frage, ob der Kindesunterhalt zu Recht gezahlt wird. Dies findet sich besonders eindrücklich in einem Zitat des Vereins Väteraufbruch für Kinder:

> *»Beeinträchtigungen des aus dem allgemeinen Persönlichkeitsrecht sich abzuleitenden Rechts eines Mannes, sich ungestört am Auf-*

wachsen eigener Kinder zu erfreuen, wozu gewiss gehört, dass die-
ser Mann Zweifel daran ausräumen kann, ob die da vor seinen Au-
gen und auf seine Kosten heranwachsenden Kinder überhaupt die
eigenen sind...« (Stn VafK 2006, S. 4, Hervorhebungen S.S.).

Hier werden unterschiedliche Auffassungen der Sorge für ein Kind sichtbar: das Kind wächst »auf seine Kosten« auf, der Vater erfreut sich (ungestört) an deren Aufwachsen und die Frage ist, ob es sich überhaupt um die
eigenen Kinder handelt und ob der Kindesunterhalt zu Recht gezahlt wird.
Kindesunterhalt soll demnach nur für das eigene Kind gezahlt werden und
ist scheinbar auch Bestandteil der ungestörten Beobachtung des Aufwachsens der eigenen Kinder. Wenn die Abstammungsbeziehung nicht biologisch fundiert ist, kann der Vater sich legitim aus der Vaterschaft verab-
schieden. Diese Auffassung ist bei den Stellungnehmenden verbreitet – dabei wird ausgeblendet, dass das Kind selbst gegebenenfalls im Anschluss
keine Existenzsicherung mehr erfährt. Im Mittelpunkt steht der rechtmäßige
oder unrechtmäßige Bezug von Unterhaltszahlungen bzw. Erbschaften.

An die Idee des eigenen Kindes und damit des legitimen Kindes schließt
der Abschnitt des Bundesverfassungsgerichtes an, in dem begründet wird,
warum die Vaterschaftsanfechtung dem Anspruch auf Kenntnis der Abstammung des Kindes nicht gerecht wird. Die Begründung dafür ist, dass
die Vaterschaft mit der Anfechtung sofort beendet wird, bei einem geson-
derten Verfahren jedoch die Chance bestehe, dass der Vater rechtlicher Vater des Kindes bleibt.

»Bei Zweifeln an seiner Vaterschaft wird der rechtliche Vater zwar
oftmals schon den Entschluss gefasst haben, die rechtliche Bindung
zum Kind lösen zu wollen, sollte sich herausstellen, dass er nicht der
biologische Vater ist« (BVerfG 1 BvR 421/05, S. 53).
»Doch kann sich der Wunsch eines rechtlichen Vaters auch allein
darauf richten, zu wissen, ob das Kind wirklich von ihm abstammt,
ohne zugleich seine rechtliche Vaterschaft aufgeben zu wollen. Dies
kann darin begründet liegen, dass er zwar Klarheit über die Ab-
stammung des Kindes haben will, sich aber mit dem Kind persönlich
so verbunden fühlt, dass er auch dann, wenn er nicht Erzeuger des
Kindes ist, diesem rechtlicher Vater bleiben möchte« (BVerfG 1
BvR 421/05, S. 53).

Was zunächst mit dem Interesse des Kindes am Erhalt seiner Familie eingeleitet wird, konzentriert sich im Folgenden auf den Vater, sein Interesse an
der Abstammungskenntnis und seiner Verbundenheit mit dem Kind.

»Auch ist möglich, dass der rechtliche Vater zunächst einmal seine
Zweifel über die Abstammung des Kindes ausräumen möchte, um
sich nach Kenntnis des Ergebnisses einer entsprechenden Begutach-

tung, sollte diese seine biologische Vaterschaft nicht bestätigen, dann damit auseinanderzusetzen und sich klar darüber zu werden, welche rechtlichen Konsequenzen er daraus ziehen will« (BVerfG 1 BvR 421/05, S. 53).

Das Kind ist nun als Inhaber von Rechten und als Akteur verschwunden. Im Mittelpunkt steht der Vater, dessen Handlungsspielraum so ausgeweitet wird, dass er sich »klar werden« kann, welche »Konsequenzen« er zieht. Im Folgenden wird zurückgeschwenkt auf das Kind, indem das Vaterschafts-anfechtungsverfahren, wegen seines überschießenden Ziel der Trennung von Vater und Kind nicht den Interessen von ihnen gerecht werde:

»Dies wird weder dem väterlichen Kenntnisinteresse gerecht, das sich nur auf die Abstammung bezieht, noch dient es dem Interesse des betroffenen Kindes am Erhalt seiner rechtlichen Beziehung zu seinem Vater« (BVerfG1 BvR 421/05, S. 54).

Es ist bereits eingangs deutlich, dass der Vater meist ohnehin den Ent-schluss gefasst hat, die rechtliche Beziehung zu lösen und damit auch, dass das geschützte Interesse des Kindes in der Vaterschaftsanfechtung ein rein formelles Recht ohne praktische Auswirkung ist. Die Ausweitung wird er-reicht, indem ein vorgeschaltetes Klärungsverfahren, das dem Vater ermög-licht sich über »Konsequenzen« klar zu werden, im Ergebnis das Interesse des Kindes schützen soll. In der gesamten Passage wird, wenn die Bezie-hung zum Kind seitens des Vaters die Rede ist, nur der bestimmte Artikel verwandt (das Kind). Ist die Rede von der Beziehung des Kindes zum Vater die Rede, wird das Possessivpronomen verwendet (sein Vater).

Die Legitimität des Kindes wird damit von der Entscheidung des Vaters abhängig. Das Kind ist das »eigene«, wenn es eine gentische Abstam-mungsbeziehung zum Vater hat. Es kann, auch bei fehlender Abstammung, das eigene Kind bleiben, wenn der Vater sich für eine Fortsetzung der Rechtsbeziehung entscheidet, bzw. sich über das Ergebnis klar wird und ggf. Konsequenzen oder keine Konsequenzen daraus zieht. Es kann nicht das »eigene« bleiben, wenn die Abstammungsbeziehung nicht vorhanden ist, das Kind die Beziehung aber dennoch erhalten möchte. Damit erhält das Kind im Verfahren keine eigenständige Akteursposition.

Gleichzeitig zeigt die Öffnung der Option für den Vater, eine sozial-rechtliche Beziehung zum Kind zu erhalten, die Ambivalenz nachmoderner Vater-Kind-Beziehungen an. Die Kindzentrierung der Familie (vgl. z. B. Bühler-Niederberger 2005) führt auch für den Vater zur Notwendigkeit, sich dem Kind als Beziehungsperson zuzuwenden, um eine angemessene Vaterschaft auszubilden (vgl. Baader 2006). Dies steht jedoch im Wider-spruch zu Männlichkeitsanforderungen und erzeugt Spannungen zwischen der Modernisierung von Vaterschaft gegenüber relativ persistenten Männlichkeitsideen (vgl. Meuser 2009). Das Kind wird damit zum zweifachen Initianden des Vaters, des Vaters als modernem Vater und des Vaters als richtigem Mann, dies jedoch nur, wenn eine Abstammungsbeziehung besteht.

4. Die genetische Wahrheit

Wenn es um Abstammung geht, schreibt Sonja Orel (2008, S. 6) seien damit die intimsten Gefühle und »Moralvorstellungen wie Treue, Seitensprünge(n), Eifersucht, elterliche Liebe und Fürsorge, Vertrauen sowie familiärer Gewalt« eng verknüpft. Das Bundesverfassungsgericht (BVerfG) deutet dies in der Auffassung an, dass der Vater, wenn er die Abstammung seines Kindes kenne, nicht nur seine Identität definiere, sondern dass dies auch die Frage, wie er sich zu Mutter und Kind in Beziehung setzt, beeinflusst. Damit eröffnet das BVerfG Interpretationsspielräume, die sich nicht allein auf die Identität als Vater oder die Identität des Vaters ausdehnen, sondern die Idee zulassen, es ginge hier auch um die Beziehung zur Mutter – sprich – die Frage der ehelichen Treue. Treue und Wahrheit sind zudem in einem weiteren Aspekt von Bedeutung.

Das BVerfG befasst sich mit der Frage, ob das Kind ein Recht auf Nichtwissen habe. In diesem Zusammenhang wird die »fehlerhafte Annahme« des Kindes als Möglichkeit genannt. Damit geht das BVerfG bereits von der möglichen »wahren« oder ,falschen Abstammung aus:

> *»Insofern ist im Falle eines Verfahrens zur Klärung der Abstammung eines Kindes in Wahrheit auch nicht dessen Nichtwissen über die Abstammung betroffen, sondern sein möglicherweise nur vermeintliches Wissen über die Abstammung von seinem rechtlichen Vater, das durch die Kenntnis der wahren Abstammung erschüttert werden könnte. Ein Recht aber, das eine möglicherweise fehlerhafte Annahme schützt und das Kind vor einer Klärung der tatsächlichen Abstammung bewahrt, hätte, selbst wenn es vom Schutzbereich des Persönlichkeitsrechts umfasst wäre, grundsätzlich ein geringeres Gewicht gegenüber dem Recht auf Kenntnis der Abstammung, weil allein dieses letztlich einen dauerhaften Beitrag zur eigenen Identitätsfindung sowohl des Mannes als auch des Kindes leisten kann«* (BVerfG 1BvR 421/05, S. 42).

Die genetische Abstammung wird damit auch als »wahrer« als mögliche andere Eltern-Kind-Beziehungen benannt beziehungsweise die nur angenommene Abstammung als »möglicherweise fehlerhaft« bewertet.

Die Identität des Kindes, die gegebenenfalls an einem nicht mit genetisch verwandten Vater ausgerichtet ist, wird damit zur »fehlerhaften« Annahme, und die »wahre« Identität des Vaters, die durch Abstammungsfeststellung gefunden werden kann, zum schützenswerten Gut. Die kindliche »fehlerhaft« konstruierte Identität ist demgegenüber weniger schützenswert, so kann angenommen werden. Identitäre Kategorien werden damit an biologischer »Wahrheit« angeknüpft, sowohl die des Vaters als auch die des Kindes, ob es das will oder nicht. Gleiches gilt für die Beziehungsrealität: die Annahme einer Beziehung seitens des Kindes, die identitäre Verortung über die Eltern-Kind-Beziehung kann qua biologischer Wahrheit zu Fehler erklärt werden. Im Kontext mit der zuvor abgehandelten Möglichkeit des Beziehungserhaltes seitens des Vaters heißt dies auch, dass die kindliche Beziehungsdefinition weder hinsichtlich einer Verhinderung der Vaterschaftsanfechtung noch hinsichtlich der individuellen Identitätskonzeption von Bedeutung ist.

5. Theoretische Implikationen für die soziologische Analyse von Kindheit

Wird Kindheit als konstruierte Kategorie aufgefasst, kann das Kind in seinen Beziehungen zu Erwachsenen und in der Abgrenzung über Altersgrenzen definiert werden. In der Tradition (de-)konstruktivistischer Geschlechtersoziologie stellt sich damit die Frage der Materialität von Kindheit. Stellt sich anhand eines Gentests heraus, dass das bislang »eigene Kind« nicht von den eigenen Genen abstammt, so wird die gesamte Beziehung fraglich. Unterstützt wird dies von der Auffassung, adoptierte Kinder würden lebenslang nach den eigenen leiblichen Eltern fahnden. Für die materiale Annäherung an Kindheit bietet die Auffassung des Kindes als »genetischem Abkömmling« eine Möglichkeit, diese Konstruktionen zu analysieren und sich damit der Antwort auf die Frage nach »materialer Kindheit« einen Schritt zu nähern. Die folgenden theoretischen Ansätze bieten dafür anschlussfähige Herangehensweisen.

5.1 Entgrenzung und Abgrenzung oder Ende und Anfang von Identität

Die Gendiagnostik führt, so Thomas Lemke (2008) im Anschluss an Foucaults Begriffen des Rassismus und der Biopolitik, zur Auflösung des Individuums. Es wird, bspw. in der Debatte um verbrauchende Embryonenforschung oder auch in der Frage nach der genetischen Manipulation von

Menschen und Tieren teilbar, auf genetische Informationen und »Biomasse« reduziert. Gleichzeitig entstehen neue Formen der Identität und Vergesellschaftung, etwa durch Interessengruppen von Menschen mit genetischen Krankheitsdispositionen. Ausgehend von der Idee der Auflösung des Individuums durch zunehmende biotechnologische Forschung erscheint die Idee der Identität durch einen Abstammungstest widersinnig und gleichzeitig logisch. Die Gendiagnostik produziert eine sichere Wahrheit und gleichzeitig ein Risiko. Die Idee der genetischen Verwandtschaft macht aus dem Kind nicht nur ein Kind als »Abkömmling« oder als zu versorgendes Individuum, das Kind wird zur genetischen Fortsetzung seiner Eltern, zur Fortsetzung des Ich und impliziert damit die Unsterblichkeit der eigenen genetischen Informationen. Gleichzeitig wirft genau diese Information die Frage auf, ob das Kind wirklich die Fortsetzung meiner selbst oder womöglich die Fortsetzung eines anderen ist. Erst das »sichere« Wissen über die genetische Abstammung des Kindes ermöglicht die Abgrenzung meiner selbst und »meines eigenen« Kindes von anderen. Es ist nicht das Kind eines anderen, wobei der »andere« erst durch die Möglichkeit des Gentests als Idee auftaucht. Die Schaffung einer Identität durch genetische Abstammung impliziert das Risiko, die unsichtbaren Gene gehörten womöglich einem anderen. Die Identität durch Abstammung impliziert damit die Fortsetzung des Selbst und dessen partielle Auflösung, die Spiegelung des Selbst im Anderen (im Kind).

5.2 Richtige Kinder und richtige Männer – hegemoniale Männlichkeit und die Vater-Kind-Beziehung

Wie bereits oben angedeutet gilt das eigene Kind als Möglichkeit für den Mann, die Identität als Vater zu finden. Dies stellt das Gegenstück zu natürliche Mutterliebe dar, die auch biologisch fundiert wird. Es fällt also auf, dass die Modernisierung von Vaterschaft (deren empirisches Vorkommen auch bezweifelt wird – vgl. z. B. Tanja Mühling und Harald Rost 2007), entlang der gleichen Linie verläuft, an der sich die natürliche Mutterliebe seit dem Bürgertum entwickelt hat (vgl. Schütze 1991).

Trotz einer fundierten Kritik an materialer Geschlechtsunterschiede, an der biologischen und damit abgeschlossenen Fundierung von Identität, der generellen Kritik kategorialer Gesellschaftskonstitution scheint diese Form der Beziehungsfindung nach wie vor als persistente Ideologie zu existieren (vgl. zusammenfassend dazu Paula Villa 2003). Warum gilt dies für Väter?

Wenn Michael Meuser (2009) die Spannung von hegemonialer Männlichkeit (nach Robert Connell (2006)) und väterlicher Fürsorge beschreibt, wird ein Kampffeld des Patriarcheraltes mit den Modernisierungsanforderungen von Männern in Familien dargestellt. Ähnlich argumentiert Jörg

Fichtner (2008), indem er die Pathologisierung von kindlicher Ablehnung der Umgangskontakte über das »Parental Alienation Syndrome« (PAS) als Konsequenz einer Verortung von Vaterschaft in Trennung und Scheidung im Beziehungsgeflecht hegemonialer Männlichkeit diagnostiziert. Dies bedeutet also, wer sich als fürsorglicher Vater identifizieren will, muss dies in Abgrenzung zur Figur des männlichen Familienoberhauptes vollziehen.

Dies wird in Trennung und Scheidung umso schwieriger, als dass die sonstigen Attribute der Männlichkeit (ergebene Ehegattin, teurer Besitz, patriarchale Familienkonstruktion) wegfallen, und eine neue, intervallartige Form väterlicher Fürsorge gefunden werden muss.

Die Hinwendung zum Kind als Persönlichkeit fordert dann umgekehrt, da das Kind als Arbeitskraft oder Tauschgut in der gegenwärtigen Gesellschaftsordnung nicht genutzt werden kann, dass es die eigene Identität stützt.

»Je weniger eine Gruppe aus sozialen oder wirtschaftlichen Gründen auf Kinder verzichten kann und je wichtiger es ist, dass diese Kinder das richtige Geschlecht haben und zur richtigen Zeit vorhanden sind, umso unwichtiger wird es, wo diese Kinder herkommen« (Willekens 2006, 30).

Im Umkehrschluss bedeutet dies, dass die Herkunft an Bedeutung gewinnt, je weniger der Zeitpunkt und die Anzahl der Kinder bedeutsam ist.

6. Fazit: Kinder im Recht: Biomasse oder Erbe?

»Nature is not a good source for law. The purpose and function of parental law must therefore be examined from partly new advantage point. There is an agreement that the law on parenthood should protect the interest of the child. The question today is which interest – the interest of having legal parents, good parents or knowledge of origin« (Singer 2007, 148).

Im Anschluss an Anna Singer kann gefragt werden, ob das Abstammungsrecht der Identitätsfindung von Eltern dienen soll, und wenn ja, welche Implikationen dies für das Kind hat. Wenn das Kind als genetische Fortsetzung der eigenen Identität gilt, oder über seine Anwesenheit die Identität des Vaters als Vater eines (genetisch eigenen) Kindes generieren soll, verliert das Kind partiell seine eigene identitäre Kategorie und seinen Status als Rechtssubjekt. Es ist durch die genetische Fortsetzung nunmehr »Teilkopie« des Erwachsenen. Dies wird an folgendem Beispiel des prominenten zeitgenössischen Biologen James Watson noch eindrücklicher:

»Wer von Frauen verlangt, ein geistig behindertes Spastikerkind mit fürchterlichen Verkrampfungen zu lieben, verlangt etwas Anormales von ihnen. (...) Die Evolution hat uns nicht dazu gemacht, ein Baby zu lieben, das einen nicht einmal anblicken kann« (Watson 2001, 30 f. zitiert nach Lemke 2008, 121).

Dieser Gedanke lässt sich nahtlos in der Argumentation der Vertreter des Väteraufbruchs für Kinder fortsetzen, die es für natürlich halten, dass ein Vater ein nicht von ihm abstammendes Kind töte, da dies auch bei den Primaten vorkomme (vgl. Stn Väteraufbruch für Kinder 2006). Im Anschluss daran argumentiert das BVerfG, dass der (nicht mit dem Kind biologisch verwandte) Vater, nach einem Abstammungstest womöglich aufgrund seiner Bindung zum Kind die Vaterschaft erhalten wolle. Setzen wir Bindung an das Kind und biologische Beziehung gleich, wird das Kind in keinem Fall zum Subjekt. Es ist ein Objekt der identitären Spiegelung des Vaters, der »natürlich fundierten« Liebe oder der »dennoch vorhandenen« Bindung. Die Bindung des Kindes an den Vater, die identitäre Spiegelung des Kindes in den eigenen Eltern, ob biologisch fundiert oder nicht, spielt keine Rolle.

Ein zusätzlicher Aspekt führt diese Funktion weiter. Kinder kosten Geld und dieses Geld soll möglichst »richtig« investiert werden. Diese Argumentation taucht sowohl in der Frage auf, ob für das »eigene« Kind Unterhalt gezahlt wird oder für das eines anderen. Auf familiärer Ebene soll dies durch einen Gentest geklärt werden und ggf. berichtigt werden, denn sobald der Vater erfährt, dass das Kind nicht von ihm abstammt, kann er von Mutter oder biologischem Vater den zu Unrecht gezahlten Unterhalt verlangen und nicht mehr für das Kind aufkommen. Das Kind hat weiterhin existenzielle Bedürfnisse. Es wird jedoch in Kauf genommen, dass diese ggf. durch die Gesellschaft (auf geringem Niveau) gezahlt werden. Das Kind ist nicht mehr ein »eigenes« und somit »illegitimer« Bezieher finanzieller Ressourcen.

Zusammenfassend lässt sich festhalten, dass die Konzentration auf eine bestimmten Materialität des Kindes – nämlich die der genetischen »Teilkopie« – das Kind seine Handlungsfunktion verliert. Es ist Bezugspunkt für Identität und sei es auf Kosten der eigenen Identität, im Sinne der biologischen Wahrheit. Natürliche Liebe fließt dann, wenn die Rechtsbeziehung mit der »natürlichen« Elternschaft übereinstimmt.

Literatur

Baader, M. S. (2006): Vaterschaft im Spannungsverhältnis zwischen alter Er-
nährerrolle, neuen Erwartungen und Männlichkeitsstereotype. In: Bereswill,
M./Scheiwe K./Wolde A.(Hrsg) (2006): Vaterschaft im Wandel. Multidisziplinäre Analysen und Perspektiven aus geschlechtertheoretischer Sicht.
Weinheim/München, S. 117-136.

Bühler-Niederberger, D. (2005): Generationale Ordnung und »moralische Unternehmen«. In: Hengst, H./Zeiher H. (Hrsg.) (2005): Kindheit soziologisch.
Wiesbaden, S. 111-133.

Bundesverfassungsgericht (2007): Entscheidung zur Zulässigkeit eines ohne
Wissen von Mutter und Kind durchgeführten Vaterschaftstests im Rahmen
einer Vaterschaftsanfechtung, 1BvR 421/05.

Connell, R. W. (2006): Der gemachte Mann. Konstruktion und Krise von
Männlichkeiten. Wiesbaden.

Drinck, B. (2005): Vatertheorien. Opladen.

Fichtner, J. (2008): Elterliche Entfremdung, neue Väterlichkeit und hegemonia-
le Männlichkeit: Was macht eigentlich das PAS? In: Heiliger, A./Hack E.
(Hrsg.) (2008): Vater um jeden Preis? Zur Kritik am Sorge- und Umgangsrecht. Frankfurt a. M.

Lemke, T. (2008): Gouvernmentalität und Biopolitik. Wiesbaden.

Meuser, M. (2009): Männer und Familie. Perspektiven aus der Männlichkeits-
forschung. In: Kapella, O./Rille-Pfeffer, C./Rupp, M. u. a. (Hrsg.) (2009):
Die Vielfalt der Familie. Tagungsband zum 3. Europäischen Fachkongress
Familienforschung. Opladen, S. 145-156.

Orel S. (2008): Heimliche Vaterschaftstests. München.

Schütze, Y. (1991): Die gute Mutter. Zur Geschichte des normativen Musters
der Mutterliebe. Bielefeld.

Singer A. (2007): Between genetic and social parenthood. Establishment of legal parenthood in Sweden. In: Spickhoff, A. (Hrsg.) (2007): Streit um die
Abstammung. Ein europäischer Vergleich. Bielefeld, S. 139-148.

Väteraufbruch für Kinder e.V. (2006): Stellungnahme des Bundesvorstandes
des »Väteraufbruch für Kinder e.V.« zu den Verfassungsbeschwerdeverfah-
ren 1BvR 421/05 und 1BvR 465/05. http://www.vafk.de/themen/verein/
Stellungnahmen/061121_BVerfG_muendliche_Stellungnahme.pdf

Villa, P.-I. (2003): Judith Butler. Frankfurt/New York.

Willekens, H. (2006): In: Bereswill, M./Scheiwe, K./Wolde, A. (Hrsg.) (2006):
Vaterschaft im Wandel. Multidisziplinäre Analysen und Perspektiven aus
geschlechtertheoretischer Sicht. Weinheim/München, S. 37-57.

Anna Bandt

Kinder und Politik

Annäherungen an die Untersuchung des gesellschaftspolitischen Bewusstseins von Schulkindern

1. Politisches Bewusstsein von Kindern als Leerstelle in Theorie und Praxis

Die Themen gesellschaftspolitisches Bewusstsein und Kinder scheinen auf den ersten Blick unvereinbar zu sein. Es stellt sich die Frage, woran das liegen könnte. Eine Erklärung bietet sicherlich die Scheu vor der ohnehin schwierigen und jahrhundertelangen Auseinandersetzung mit dem menschlichen Bewusstsein,[1] die hauptsächlich aus philosophischer und psychologischer Perspektive[2] bearbeitet wurde. Beide Disziplinen beschränken sich auf das Bewusstsein Erwachsener. Aus Sicht der Philosophie ergibt sich die Einschränkung aus der Fragestellung. Das Ziel ist eher die Bestimmung des Bewusstseins als Phänomen als die Entwicklung des Bewusstseins in der Ontogenese. Psychologische Herangehensweisen sind demgegenüber meist davon gekennzeichnet, dass sie die kognitiven Fähigkeiten der Kinder, die als Voraussetzung des Bewusstseins gehandelt werden, von vornherein bezweifeln.

Kindliche Wahrnehmungs- und Deutungsmuster gesellschaftspolitischer Zusammenhänge werden bislang in der empirischen Kindheitsforschung unzureichend berücksichtigt, nicht zuletzt aufgrund der Annahme, dass Kinder erstens nicht von Politik betroffen sind und zweitens nichts davon

---

1 Neben der Tatsache, dass unter Bewusstsein sehr unterschiedliche Kontexte und Konnotationen verstanden werden, d.h. Bewusstsein nicht als einheitliches Phänomen (vgl. Bieri 1994) begriffen werden kann, existieren in vielen Sprachen keine Äquivalente dafür (vgl. Wilkes 1988).

2 Die klassische Psychologie beschäftigt sich mit dem menschlichen Bewusstsein als individuelle Kategorie. Drei Perspektiven lassen sich grob unterscheiden: Dem Zugang über die Phänomenologie (Bewusstsein als Intention), über die Gehirnforschung (Bewusstsein als Vorgang im Nervensystem) und über die Kognitionspsychologie (Bewusstsein als Informationsverarbeitung).

verstehen – quasi unpolitische Wesen sind. Bereits im Jahr 1971 konstatiert
Tudor, dass »it is surprising that so little work has been done on the development of class awareness« (Tudor 1971, S. 470). Zu einer ähnlichen Einschätzung kommt van Deth 40 Jahre später, »empirical research on political
orientations of young children remains scarce« (van Deth 2010, S. 3).

Seit dem Jahrhundertwechsel kann die politische Sozialisationsforschung dennoch auf einige interessante Ergebnisse bezüglich der Thematik
Kinder und Politik zurückgreifen (vgl. Bock 2000; Fried/Büttner 2001;
Moll 2001; Reinhardt/Tillmann 2001; Connoly u. a. 2002; Connell 2004;
Götz 2004; Krüger u. a. 2004).[3] Wenn gewagt wurde, sich gegen die tra-
dierte Meinung[4] zu stellen, dass Kinder nicht in der Lage sind, über komplexe Themen wie Ökonomie (vgl. Feldmann 2002) oder das Verhältnis
von Armut und Reichtum (vgl. Ramsey 2007) zu sprechen, konnte durch-
weg gezeigt werden, dass Kinder sehr viel früher als angenommen auf
komplexe Sachverhalte Bezug nehmen, d.h. eine Meinung und ein Verständnis davon haben.[5]

Dieser Tatbestand lässt sich in Bezug auf das Thema Kinder und Politik
mit der aktuellen Studie von van Deth am Mannheimer Institut für Sozialforschung bestätigen und kann daher als Ausgangspunkt für weitere Überlegungen gelten (vgl. van Deth 2007).

Die Studie »Kinder und Politik« beleuchtet einen »weißen Fleck auf der
Landkarte« (van Deth 2007, S. 7) politischer Sozialisation von Grundschulkindern. In dieser groß angelegten Studie mit ca. 700 Kindern konnte gezeigt werden, dass Schulanfänger über erhebliches politisches Wissen und
politische Einstellungen verfügen und bereitwillig zum Ausdruck bringen
(vgl. van Deth 2010), wenn sie gefragt werden. »Politik ist zu kompliziert
und zu abstrakt, man muss erst kognitive Kompetenzen entwickeln, (um)
mit solch schwierigen Sachen irgendwie umzugehen. Das stimmt in keinem
Fall! Die politischen Kenntnisse sind bereits bei sehr jungen Kindern vorhanden« (van Deth 2007a). So haben beispielsweise »Vier von fünf Kin-

---

3 Aufgeführt sind hier ausschließlich neuere Studien. Vertiefend wären noch ältere
   Forschungen der 1930er Jahre aus der Arbeiterbewegung (vgl. Schneckenburger
   1932) und den Diskussionen der 1960/70er Jahre (vgl. Raspe 1972) hinzu zu ziehen.
4 Bezug nehmend auf Piaget (1969) und Kohlberg (1987) werden die kognitiven
   Kompetenzen und die moralischen Fähigkeiten von Kindern, als Voraussetzung sich
   politisch äußern   zu können, häufig bezweifelt.
5 Der renommierte Entwicklungspsychologe Oerter äußert sich dazu wie folgt: »Wenn
   man die Frage stellt, ob Kinder über ihre Zukunft entscheiden können, so lässt sich
   diese einhellig bejahen. Das Hauptargument, Kinder an Entscheidungsprozessen in
   ihrer eigenen Entwicklung und an ihrer eigenen Zukunft zu wenig teilhaben zu lassen, liegt in der voreiligen naivpsychologischen Annahme, Kinder seien noch unfä-
   hig, Entscheidungen über sich zu treffen, weil sie (a) noch nicht richtig denken können und (b) die Folgen ihrer Entscheidungen noch nicht übersehen würden« (Oer-
   ter/Montada 1995, S.106).

dern schon einmal [...] von Arbeitslosigkeit (81,5 Prozent) und Migration (88,9 Prozent) gehört. Das Thema Terrorismus ist am wenigsten bekannt, allerdings kennen 58,5 Prozent der befragten Kinder auch dieses Thema« (Tausendpfund 2008, S. 7).

Trotzdem muss differenziert werden, welche Themen und Begrifflichkeiten für die Kinder eine Rolle spielen. Abendschön und Vollmer bemerken, dass »Kinder das ›Zeug‹ zum jungen Staatsbürger (haben) mit ihrem politischen Vorverständnis, ihrem Interesse und ihrer Begeisterungsfähigkeit können sie ihre Meinungen und Einstellungen kund tun« (Abendschön/Vollmer 2007, S. 223). Allerdings scheint sich das kindliche Verständnis weniger auf konkrete Begriffe »die meisten der von uns befragten Kinder wusste beispielsweise weder zu Beginn noch zu Ende der ersten Klasse mit den Begriffen ›Parteien‹ oder ›Politiker‹ etwas anzufangen« (Abendschön/Vollmer 2007, S. 223) zu beziehen, als auf das Bewusstsein sozialer Unterschiede, gesellschaftlicher Verhältnisse und das Bedürfnis sich zu diesen zu äußern.

Dies wird unterstützt von den in letzter Zeit zunehmenden Befunden zur Partizipation von Kindern[6], explizit Grundschülern[7]. Auch wenn sich die meisten Ergebnisse auf die institutionalisierten Formen der Partizipation, wie Klassenräte und Kinderparlamente[8] beziehen, ist der Trend »*Kinder* als *autonome* Konstrukteure ihrer eigenen Lebenswelt« (Lange 2006) mit eigenen Bedürfnissen und Rechten[9] ernst zu nehmen seit dem Paradigmenwechsel in der (neuen) Kindheitsforschung[10] in verschiedenen Bereichen zu beobachten.

Die politische Sozialisationsforschung hat sich in den letzten Jahren vermehrt auf die Adoleszenz (vgl. Pfaff/Krüger 2006) beschränkt, gleichwohl gibt es mittlerweile zahlreiche Befunde die sich mit dem Leben von Kindern im Sinne der neuen Kindheitsforschung beschäftigen (vgl. Bühler-

---

6   Zu nennen sind hier besonders der positive Bezug auf Partizipation und der postulierte Zusammenhang von Partizipation und Bildung im Kindergartenbereich (http://www.partizipation-und-bildung.de/; Sturzenhecker 2005).

7   Beispiele für aktuelle Partizipationsprojekte in der Schule sind: »Demokratie lernen und leben« oder »Net- Part- Schule«.

8   Siehe den Beitrag von Ilka Hutschenreuter in diesem Band.

9   In der UN-Kinderrechtskonvention wurden zum ersten Mal rechtskräftig »persönliche, politische, wirtschaftliche, soziale und kulturelle Rechte aus Sicht von Minderjährigen in einem internationalen Übereinkommen zusammengestellt« (Arnold/Wüstendörfer 1994, S. 23).

10   Mit »neuer Kindheitsforschung« ist der Paradigmenwechsel in der Kinderforschung seit dem Beginn der 1990 Jahre gemeint. Im Gegensatz zur Forschung »über« Kinder, »sucht [die Neue Kindheitsforschung] die Annäherung an die Perspektiven der Kinder, sie versucht die Welt von Kindern und ihre Weltsicht [...] zu erfassen. Sie betont die Gleichwertigkeit und Eigenständigkeit von Kindheit [...], fragt nach der Eigenlogik und Andersartigkeit kindlicher Erfahrungen und Welten im Hier und Jetzt« (Prengel/Breidenstein 2005, S. 8).

Niederberger 2005) und zeigen, dass eine derartige Beschränkung auf die Jugendphase nicht ausreicht, bzw. nicht angebracht ist. Auch die Diskussion um die Konstruktion von Kindheit (vgl. Scholz 1994; Corsaro 2005), der Blick auf die generationale Ordnung[11] von Kindheit und die veränderten Lebensbedingungen von Kindern[12] (vgl. Dencik 1989; Honig 1999; Lauterbach/Lange 2000; Sünker 1991) in unserer Gesellschaft lassen vermuten, dass das Postulat einer Kindheitsphase einschließlich der Beschränkungen auf besondere Kinderthemen, Kinderfähigkeiten und spezielle Kinderwünsche und -ängste[13] nicht gerechtfertigt ist.

Die Beschäftigung mit der Entwicklung des kindlichen Bewusstseins von gesellschaftspolitischen Verhältnissen ist vor dem Hintergrund dieser Forschungsergebnisse nicht nur sinnvoll und notwendig im Sinne der Kinderpolitik, sondern ist eine Kernfrage der gesellschaftlichen Entwicklung, wenn davon ausgegangen wird, dass »eine weitere Demokratisierung der [...] Gesellschaft aufbaut auf den Kompetenzen der nachwachsenden Generation(en)« (Güthoff/Sünker 2001, S. 9). Das Bewusstsein und Verständnis von Gesellschaft ist die Voraussetzung für politisches Handeln und eine emanzipatorische Veränderung der Gesellschaft als Lebensbasis aller Menschen.

Besonders bedeutsam erscheint in dem Zusammenhang die Frage, wie sich das gesellschaftspolitische Wissen und Bewusstsein von Kindern entwickelt und welche Prozesse oder Faktoren es beeinflussen. Dabei ist die Frage »wie sich kindliche Subjektivität konstituiert, [...] die Voraussetzung für einen Perspektivwechsel sowohl für die Analyse kindheitstheoretischer und kindheitspolitischer Beiträge als auch für die Entwicklung weiterführender Argumente, um angesichts gesellschaftlicher Entwicklungen und

---

11 Alanen hat 1994 das Konzept des »generationing« in die Diskussion über Kindheit aus soziologischer Perspektive eingebracht (vgl. Orth/Schwietring/Weiß 2003). Mit dem Konzept lässt sich Kindheit unter Aspekten der generationalen Differenzierung beschreiben. Der Ansatz ist von neueren Kindheitswissenschaftlern dahingehend kritisiert worden, dass auch für den Bereich der Kindheit die Produktion von Ungleichheit und ihre Dimensionen, Klasse, Gender und Ethnizität beachtet und einbezogen werden müssen.

12 Auf der einen Seite sind Kinder mit einer größeren Variabilität von Lebensbedingungen und Möglichkeiten der Vergesellschaftung konfrontiert, die erweiterte Handlungsspielräume und Freiheiten suggerieren. Auf der anderen Seite besitzen Individualisierung und Fragmentierung der Lebensbedingungen von Kindern, z. B. durch die veränderten familiären Konstellationen, ein großes Unsicherheitspotential.

13 Interessanterweise differieren die Ängste der Kinder sehr stark je nach Klasse oder Herkunftsschicht. So haben Kinder aus der Oberschicht eher Angst vor Umweltverschmutzung oder Armut in Deutschland, während z. B. Umweltverschmutzung für Kinder aus den unteren Schichten eine geringere Rolle spielt als Angst vor Arbeitslosigkeit und Armut der Eltern. Auch persönliche Ängste, wie Schulversagen oder Angst vor Schlägen werden genannt (vgl. Schneekloth/Leven 2007).

[...] Vergesellschaftungsmodi den Umgang mit dem Kinder- Thema aus vorherrschenden [...] Restriktionen zu befreien« (Sünker 1991, S. 7).

Die Untersuchung der politischen Subjektentwicklung und der aktuellen Vergesellschaftungsmodi von Kindern erfordern die Klärung des Verhältnisses von Kindern und Politik, d.h. von Individuum und Gesellschaft.

2. Individuum und Gesellschaft oder die Gesellschaftlichkeit von Kindern

Die Klärung des Verhältnisses von Kindern zur Politik berührt eine der Kernfragen der Sozialisationsforschung und damit auch des Verständnisses von Sozialisation und Vergesellschaftung des Menschen. Die Frage ist, ob Kindern »die Gesellschaftlichkeit erst nach und nach anerzogen werden muss« (Schlemm 2001) oder »ab wann« Kinder gesellschaftliche Wesen sind.

> *»Halb bewußt, halb unbewußt tragen bis heute die meisten Menschen einen eigentümlichen Schöpfungsmythos mit sich: Sie stellen sich vor, daß am ›Anfang‹ zunächst ein einzelner Mensch in die Welt trat und daß sich andere Menschen erst nachträglich zu ihm gesellten. So steht es bereits in der Bibel. Aber Nachklänge dieser Bewußtseinsform zeigen sich heute auch in mancherlei anderen Fassungen (...) Es sieht so aus, als ob den erwachsenen Menschen beim Nachdenken über ihren Ursprung die Tatsache, daß sie selbst, daß alle erwachsenen Menschen als kleine Kinder zur Welt kamen, unwillkürlich entschwände. Immer von neuem, bei den wissenschaftlichen Ursprungsmythen nicht anders als bei den religiösen, fühlen sie sich zu der Vorstellung gedrängt: Am Anfang war ein einzelner Mensch, und zwar ein einzelner Erwachsener.(...) Mehr noch: Jeder einzelne Mensch ist von Natur so beschaffen, daß er anderer Menschen, die vor ihm da waren, bedarf, um aufwachsen zu können. Zu den Grundbeständen der menschlichen Existenz gehört das gleichzeitige Dasein mehrerer Menschen in Beziehung zueinander.«* (Elias 1996, S. 39).

Elias beschreibt sehr anschaulich die Tatsache, dass die menschliche Natur genuin gesellschaftlich ist.[14] Jenseits der Bedürftigkeit des Menschen geht

---

14 Die gesellschaftliche Natur des Menschen steht gegen bestimmte Positionen, wie Psychoanalyse oder biologistische Konzeptionen, in denen dem Menschen die Gesellschaftlichkeit gegen die Triebhaftigkeit oder biologische Funktionalitäten, d.h.

es auch darum, dass die individuelle Entwicklung des Menschen erst durch
den sozialen (Gesellschafts)-bezug möglich wird (vgl. Elias 1996), Natur
und Gesellschaft kein Antagonismus sind, sondern das menschliche Leben
das Ergebnis der Naturgeschichte ist (vgl. Osterkamp 2000).»Wir haben
insofern eine gesellschaftliche Natur, als wir grundsätzlich in der Lage sind,
uns selber zu vergesellschaften, was subjektiv bedeutet, dass wir Verfügung
über unsere Lebensumstände gewinnen, handlungsfähig und in diesem Sinne ›frei‹ werden wollen« (Markard 2003).

Die Frage ist nun, welche Konsequenzen diese Tatsache für die Vorstellung von Sozialisation[15] und kindlicher Subjektentwicklung beinhalten und
wie sie sich auf die Entwicklung des kindlichen (gesellschaftspolitischen)
Bewusstseins auswirken womit das Untersuchungsfeld sich nicht auf die
individuelle Kind und sein Umfeld beschränken darf, sondern die gesellschaftlichen Bedingungen mitreflektieren muss.

2.1 Politische Sozialisation von Schulanfängern

Aus der Perspektive der Sozialisationsforschung wird unter der politischen
Sozialisation von Schulkindern die »politische Subjektentwicklung« (Ohlmeier 2007, S. 54) verstanden, d.h. u. a. die »Entwicklung von politisch re-
levanten Bewusstseinsstrukturen« (Ohlmeier 2007, S. 54) oder »die politische Persönlichkeitsentwicklung« (Ohlmeier 2007, S. 55). Diese Entwicklung verläuft als ständiger Auseinandersetzungs- und Abhängigkeitsprozess
mit den jeweiligen Lebensbedingungen. Die Politisierungsinstanzen,[16] Familie, Schule, Medien und Peers werden als Vermittler zwischen dem Subjekt und dem soziopolitischen System betrachtet (vgl. Ohlmeier 2007).[17]

Die Untersuchung des gesellschaftspolitischen Bewusstseins von Kindern wäre nach Ohlmeier (2007) als »Politisierung aus der Innenperspekti-
ve (Bewusstsein), bezogen auf Politik im weiteren Sinne (gesellschaftspolitisches Verständnis,)« (Ohlmeier 2007, S. 60f., Anmerkung AB) zu verste-

---

gegen die Natur erst »anerzogen« werden müsste (vgl. Markard 2009; Schlemm
2004).
15 Alternativ zum Sozialisationsbegriff, schlägt Holzkamp den Begriff der individuellen Vergesellschaftung vor, da er der Gesellschaftlichkeit des Menschen Rechnung
trägt und den aktiven Auseinandersetzungsprozess des Kindes einbezieht (vgl.
Holzkamp 1985).
16 Der Begriff der Politisierung wird teilweise im negativen Sinne von Instrumentalisierung (vgl. Tenorth/Kudella/Paetz 1996) und teilweise mit positiven Konnotationen im Sinne einer Rückbindung der Erforschung der politischen Sozialisation an
die Sphäre der Politik verstanden. (vgl. Geißler 1996).
17 Generell wird von der Homologiethese, d.h. dass alle Instanzen, Familie, Schule,
Peers und Massenmedien einen ungefähr gleich großen Einfluss ausüben, ausgegangen. Empirisch gibt einzelne Untersuchungen die sich zugunsten eines bestimmten
Einflusses aussprechen. Dieser Sachverhalt ist nicht eindeutig geklärt.

hen. Die Trennung von Politik im engeren und weiteren Sinne soll »demnach nicht eine Auflösung des Politischen im Sozialen (sein), sondern gerade das Aufspüren politischer Aspekte in sozialen Zusammenhängen« (Ohlmeier 2007, S. 58) thematisieren. Vorliegende Untersuchungen über das politische Verständnis von Kindern (vgl. van Deth 2007; Ohlmeier 2007) deuten an, dass die politischen Orientierungen und Handlungen von Kindern im Grundschulalter eher dem Bereich der latenten oder ruhenden Politik (vgl. Ohlmeier 2007) zuzuordnen sind. Dies entspricht der Eingangs postulierten These, dass Kinder im Grundschulalter bereits politisch orientiert und beeinflusst sind, mit den konkreten politischen Begriffen, wie »Politiker« oder »wählen gehen« aber nicht umgehen können (vgl. Abendschön/Vollmer 2007).

In dem Zusammenhang stellt sich die Frage, ob das am fehlenden oder »falschen« Wissen oder Bewusstsein der Kinder liegt, d.h. Kinder noch nicht explizit politisch denken können oder ob das zugrunde liegende Politikverständnis, Politik als vom Menschen losgelöstes Wissen zu betrachten, zusammenhängt.

Da die vorliegende Untersuchung auf die qualitativen Bewusstseinsstrukturen und -entwicklungen abzielt, ist die Bestimmung der Hauptinstanzen der politischen Sozialisation, bspw. die Frage nach der Gewichtung des Schul- oder Familieneinflusses nebenrangig.

Es ist davon auszugehen, dass Schulanfänger maßgeblich von der Familie beeinflusst sind, obwohl die veränderten Bedingungen kindlichen Aufwachsens auch andere Möglichkeiten offen lassen. Gerade der immer größer werdende Einfluss der Institutionalisierung von Kindheit (vgl. Zeiher 2009)[18] und der sozialen Kontrolle von Kindern durch Raum und Zeit (vgl. Bühler-Niederberger 2005) in verschiedenen Lebenslagen[19] dürfte die Entwicklung des politischen Bewusstseins verändern. Verhäuslichung von Kindern, d.h. die relativ strikte Trennung von der privat-familiären und der gesellschaftlichen Sphäre galt häufig als ein Argument dafür, dass Kinder bestimmte gesellschaftspolitische Prozesse noch nicht verstehen können (vgl. Holzkamp 1985). Inwiefern die Institutionalisierung – von der frühen kindlichen musischen Förderung bis zur Ganztagsbetreuung in Kita und Hort- und die veränderten familiären Bedingungen, z. B. Patchworkfamilien, diese Grenzen verschwimmen lassen und die Kinder bedingungslo-

---

18 Kindheit findet heute mehr denn je, von früh bis spät in bestimmten Institutionen der Kinderbetreuung statt (vgl. Leu 2002).

19 Heute gibt es akzeptierte »Kinderplätze« zu jeder Tageszeit, morgens die Schule, nachmittags der Hort, Jugendclub, Spielplatz, Sportverein o.ä. Während es früher üblich war, dass sich Kinder draußen aufhalten ohne dass sie »verdächtig« wirken, gelten »herumlungernde Kinder und Jugendliche« auf der Straße heute als Kennzeichen von Problemkitzen (vgl. Bühler-Niederberger/Sünker 2009)

gisch gezwungen sind, sich vermehrt mit anderen Realitäten auseinanderzusetzen und sich diese anzueignen, ist theoretisch und empirisch offen.
Trotzdem dürfte der familiäre Einfluss, aufgrund der größtenteils noch
üblichen Ordnung der Familie in Kleingruppen von Vater, Mutter, Kind
bzw. Kinder bei Schulanfängern dominieren. Besonders interessant erscheint in dem Zusammenhang die Verbindung von Sozialisations- mit Ha-
bituskonzepten (vgl. Bourdieu 1987), d.h. inwiefern sich der Habitus der
Eltern tradiert. Viel versprechende Ansätze finden sich bei Lareau (2009)
und ihren Mitarbeitern (vgl. Weininger/Lareau 2003), die sich u. a. mit dem
Zusammenhang von elterlichem Habitus und kindlichem Verhalten gegenüber Autoritäten beschäftigt haben (vgl. Lareau 2009a). Ihre Studien zeig-
en, »that childrearing strategies tend to vary according to parents` class lo-
cation« (Lareau 2009a, S. 685). Diese Untersuchungen geben bedeutsame
Hinweise in Bezug auf die Entwicklung des kindlichen Bewusstseins und
den Einfluss von Position und Klasse der Eltern in der Gesellschaft.

Um die Zusammenhänge von Vergesellschaftung im Elternhaus und politischem Bewusstsein präziser auszuführen, sollen nun ausgehend von der
kindlichen Lebenswelt, seinen Strukturen und Beziehungen, Anknüpfungs-
punkte für die Untersuchung der Bewusstseinsentwicklung heraus gearbei-
tet werden.

2.2 Subjektentwicklung von Kindern als Widerspruchsverarbeitung

Wie lässt sich die politische Sozialisation, als Subjektentwicklung im Elternhaus aus einer materialistischen Perspektive näher präzisieren?

Ohne den deterministischen Verortungen einiger Theoretiker, die von
einer Gleichsetzung von Klassenlage und Klassenbewusstsein (vgl. Lorenz
1972) ausgehen, zu erliegen, soll im Folgenden exemplarisch der komplexe
Zusammenhang von sozialem Lebensstandort und Bewusstseinsentwicklung (vgl. Krauss 1994) in der Ontogenese skizziert werden.

Obwohl die Entwicklung anfangs durch die Einschränkung auf das familiäre Zuhause geprägt ist, sind die gesellschaftlichen Verhältnisse »zu
keinem Zeitpunkt der Ontogenese suspendiert, sondern für das Kind vom
ersten Lebenstage an präsent« (Holzkamp 1985, S. 458). Bezogen auf die
kindliche Entwicklung geht es darum, wie sich die Beschränkungen der
Erwachsenen »zwischen Anforderungserfüllung und der Realisierung subjektiver Lebens- und Glücksansprüche« (Holzkamp 1997, S. 103) z. B.
durch ihre Arbeit im kindlichen Leben niederschlagen. Dabei geht es um
die Einschränkungen und die Widersprüchlichkeiten der Handlungsfähig-

keit[20] vom Standpunkt der Erwachsenen aus in dem Maße, wie sie für die Kinder in ihrer Lebenswelt erfahrbar werden. Die kindliche Subjektivität vermittelt sich mit der Gesellschaft über die »Kind-Erwachsenen-Koordination« (vgl. Holzkamp 1979),[21] d.h. die Beziehung mit den Hauptbezugspersonen.

Bezogen auf die Entwicklung der kindlichen Subjektivität und somit auch auf die Entwicklung des gesellschaftspolitischen Bewusstseins stellt sich die Frage, wie die individuelle Vergesellschaftung vonstatten geht, d.h. welche Entwicklungsschritte als Voraussetzung der Realisierung der gesellschaftlichen Subjektivität[22] des Menschen nötig sind.

Richtungweisend bei der Analyse der Subjektentwicklung ist das menschliche Bedürfnis der »Erweiterung der bewusst-vorsorgenden Kontrolle über die Lebensbedingungen« (Holzkamp 1979a, S. 10),[23] Da sich die Entwicklung des Kindes im Verhältnis von subjektiven Möglichkeiten und Behinderungen bewegt, geht es um die Analyse der Widersprüche zwischen der empfundenen Selbst- bzw. Weltsicht und den vorstellbaren Möglichkei-

---

20 Handlungsfähigkeit ist ein von Holzkamp geprägter Begriff zur Klärung des Verhältnisses von Mensch und Gesellschaft. Er ist als analytische Kategorie gedacht und nicht in seiner wörtlichen Bedeutung zu verstehen. Dementsprechend kommt Handlungsfähigkeit dem Menschen immer zu und ist nicht quantifizierbar. Auf der konkreten Beschreibungsebene lässt sich Handlungsfähigkeit in Handlungsmöglichkeiten und Handlungsbehinderungen des Menschen in bestimmten historisch-gesellschaftlichen Bedingungen differenzieren.

21 Kind-Erwachsenen-Koordination ist als Gegenstück für den Erziehungsbegriff konzipiert (vgl. Holzkamp 1985).

22 Subjektivität ist ein spezifisch menschliches Merkmal, begründet in der menschlichen Erkenntnismöglichkeit des bewussten Verhaltens zu den gesellschaftlichen Möglichkeiten. Die Spezifik menschlicher Existenz besteht nach marxistischer Auffassung darin, dass sich die Menschen – im Gegensatz zu allen Tierarten – nicht nur den jeweils gegebenen Lebensbedingungen anpassen, sondern sich auf der Grundlage erkannter Handlungsmöglichkeiten prinzipiell zu diesen »verhalten«, d.h. diese gemäß den eigenen Erkenntnissen und Bedürfnissen verändern können (vgl. Osterkamp 2000).

23 Der Mensch ist ein soziales, handlungsfähiges Wesen, das durch Arbeit seine Lebensbedingungen selbst schafft. Während die Menschen früher unmittelbar an der Schaffung ihrer Lebensmittel und deren Gebrauch zur Lebenssicherung beteiligt waren, ist diese Unmittelbarkeit durch die Trennung von Arbeit und Existenzsicherung durchbrochen. Mit dem Entstehen der menschlichen Gesellschaft ist das einzelne Individuum nicht mehr unmittelbar für seine Lebenserhaltung verantwortlich. Es bieten sich ihm bestimmte Handlungsmöglichkeiten bzw. -notwendigkeiten der Teilhabe an der Schaffung und Sicherung menschlicher Existenz. »Die Teilhabe an der Verfügung über die gesellschaftlichen Lebensbedingungen ist also kein Selbstzweck, sondern wesentliche Qualität der menschlichen Weise individueller Bedürfnisbefriedigung und Daseinserfüllung« (Holzkamp 1985, S. 243). Das Verhältnis zwischen gesellschaftlicher und individueller Handlungsnotwendigkeit ist von der ökonomischen Struktur der Gesellschaft, der Klassenzugehörigkeit des Individuums und seiner Stellung in der Arbeitsteilung und den vorhandenen Machtstrukturen abhängig.

ten der gesellschaftlichen Lebensbedingungen. Diese subjektive Widerspruchsverarbeitung (vgl. Krauss 1994a) bildet die Grundlage für die Formierung des Bewusstseins.[24]

Obwohl die Kinder von Geburt an gesellschaftliche Wesen sind müssen sie bestimmte Aneignungsprozesse erst vollziehen, bevor sie in dem Maße wie Erwachsene lebens- und handlungsfähig sind.

Holzkamp geht davon aus, dass einer der wesentlichen Bestimmungsmomente der Sozialisation, das Lernen der Spezifizierung von Gegenständen in der Welt[25] und sozialer Intentionalität[26] ist, da Kinder ihre Umwelt zunächst unspezifisch erfahren. Der Spezifizierungsprozess findet über die Sprache statt und transportiert dadurch die gesellschaftlichen Bedeutungen und Verallgemeinerungen. »Der Mensch, der sich ein System der sprachlichen Bedeutungen aneignet, erwirbt zugleich auch deren allgemeineren ideologischen Inhalt, das heißt deren Bedeutung« (Krauss 1994a). Dadurch lernt das Kind keine »adäquat verkörperten objektiven Bedeutungen« (Leontjew 1982, S. 149) was wiederum »die Möglichkeit (schafft), in sein Bewusstsein entstellte oder phantastische Vorstellungen und Ideen hineinzutragen, [...] die in der realen praktischen Lebenserfahrung keinerlei realen Boden haben« (Leontjew 1982, S. 149).

Die Widersprüchlichkeiten, die sich aus den gesellschaftlichen Bedingungen ergeben, drücken sich in gesellschaftlichen Diskursen über Erziehung, erzieherischen Praktiken der Eltern, Lebenserfahrung der Eltern aus und können eine adäquate Bedeutungsaneignung durch das Kind erschweren. Bspw. können frühzeitige Interpretationen kindlichen Verhaltens, wie: »das Kind schreit, weil es mich ärgern möchte«, wenn das Kind die gegenseitige Intentionalität noch nicht verstanden hat, zu großer Verwirrung und Aggression beim Kind gegenüber den Erwachsenen führen. Für das Kind müssen Zuschreibungen von Emotionen bevor es gelernt hat, dass jeder Mensch seine Emotionen zielgerichtet einsetzen kann, willkürlich und unverständlich erscheinen. Die Schulgefühle, die sich entwickeln können, müssen unterdrückt werden, da das Kind von den Erwachsenen abhängig ist. Ambivalente oder intransparente Erfahrungen begünstigen, dass das Kind bei Autoritätskonflikten eher dazu tendiert die Autoritäten anzuerkennen und sich in den Verhältnissen so gut wie möglich einzurichten. Insofern

---

24 Krauss (1994a) und Holzkamp (1985) beziehen sich beide ausgehend von der doppelten Möglichkeit des Menschen (Holzkamp 1985) sich entweder einzurichten in den gesellschaftlichen Verhältnissen oder diese zu verändern, auf entsprechende Denkformen. Holzkamp nennt die Pole »begreifendes« und »deutendes« Denken (vgl. Holzkamp 1985, S. 383).

25 Beispielsweise ist ein Löffel zur Nahrungsaufnahme geeignet.

26 Mit Sozialintentionalität ist gemeint, dass die Bezugsperson eigene Absichten, Pläne und Ziele hat.

stellen emotionale als auch kognitive Erfahrungen eine Basis für die Bewusstseinsentwicklung von Kindern dar.[27]

Wenn die Kinder die Bedeutung der Gegenstände und der sozialen Beziehungen »gelernt« haben, d.h. sich gesellschaftliche Bedingungen durch die Bedeutungen für das Leben der Eltern anzueignen, besteht der nächste große Entwicklungsschritt darin, die Spezifizierung auf sozialer Ebene aufzubrechen, indem sie sich die gesellschaftliche Vermitteltheit der Beziehungen aneignen. Menschliche Beziehungen, d.h. auch die Beziehung zwischen Eltern und Kind gestaltet sich nicht allein durch die sozialen Bezüge – diese Person mag ich –, sondern auch durch gesellschaftliche Dimensionen. Der gesellschaftliche Bezug ist für ein Kind nicht ohne weiteres ersichtlich, da die Lebenswelt des Kindes zumeist auf einen kleinen Personenkreis beschränkt ist und Eltern dazu neigen, dem Kind, wenn möglich nicht ihre konkreten Handlungsgründe darzulegen, sondern »kindgerechte« Erklärungen zu finden. Trotzdem ist anzunehmen, dass z. B. Kinder sehr früh merken, dass es einen Unterschied macht, ob die Mutter mit einer Freundin ins Kino geht, d.h. der soziale Aspekt im Vordergrund steht oder ob sie arbeiten gehen muss, d.h. ihr Handeln gesellschaftlich vermittelt ist.

Dieser Prozess beinhaltet m.E. eine bedeutsame Frage für die Entwicklung des gesellschaftspolitischen Bewusstseins von Kindern. Wenn die Voraussetzung für das Begreifen der gesellschaftlichen Vermitteltheit, d.h. auch für das Begreifen von politischen Verhältnissen die Überwindung des sozial- individuellen Verständnisses ist, kann davon ausgegangen werden, dass der aktuelle Umgang mit Kindern, in Familie und Schule über die Mechanismen der Pädagogisierung, Individualisierung, Moralisierung ein großes Hindernis für das Begreifen politischer Prozesse darstellen. Durch die pädagogische Betrachtung von Konflikten, z. B. das Kind möchte auf dem Spielplatz bleiben, die Mutter nach Hause gehen, wird das Konfliktpotential als interpersoneller Beziehungskonflikt betrachtet – das Kind will nicht, was die Bezugsperson möchte, mag sie also nicht – und die Lösung des Konflikts ist auf der emotional- pädagogischen Ebene angesiedelt. Damit wird eine sachlich-gegenstandsbezogene Verhandlung über unterschiedliche Interessen und Bedürfnisse unwahrscheinlich, was Frust auf Seiten der Mutter und Aggressionen beim Kind nahe legt. Eine auf die Bedürfnisse der

---

27 Holzkamp geht von einer erkenntnisdienlichen Funktion der Emotionen für die Bewusstseinsbildung aus. Den Ausgangspunkt bildet der Widerspruch zwischen dem emotionalen Empfinden und der kognitiven Verarbeitung der Realität. Die emotionalen Bewertungen können in der Logik der »Möglichkeits- Beziehung zu sich selbst« (Holzkamp, 1985, S.319) als Erkenntnismittel dienen »den subjektiven Realitätsgehalt der eigenen Emotionen zu prüfen und im Denkprozess zu berücksichtigen« (Holzkamp, 1985, S. 319). Je nachdem, wie die Bewertung und Klärung dieses Widerspruchs ausfällt, wird sie zu einer generellen Handlungsbereitschaft und in Handeln umgesetzt.

einzelnen Menschen ausgerichtete Kommunikation und Deutung der Situation legt die Interessen dagegen offen, nimmt sie ernst und lässt Möglichkeit der Aushandlung und des Widerstands zu.

Diese Ausführungen sollen nicht dazu dienen die kindliche Subjektentwicklung in der Ontogenese nachzuvollziehen, sondern exemplarisch zeigen, inwiefern Kinder in politischen Verhältnissen leben und diese nach und nach – entsprechend ihren Lebensräumen und Möglichkeiten – begreifen lernen. »Kindheit (ist) heute eine eigenständige, in die gesellschaftlichen Veränderungsprozesse eingebundene von diesen geprägte wie diese prägende Lebensphase. Ein Er- und Verleben der Kindheit außerhalb der gesellschaftlichen Modernisierungs- und Verwertungszusammenhänge ist heute keinem Kind mehr möglich.« (Hornstein/Thole 2005, S. 533).

2.3 Subjektentwicklung und Schule

Für die Untersuchung des gesellschaftspolitischen Bewusstseins von Schulkindern stellt sich die Frage, wie der Schuleintritt das Leben der Kinder und damit die Bewusstseinsentwicklung beeinflusst. Ausgangspunkt sind wieder die gesellschaftlichen Bedingungen des kindlichen Lebens, die sozialen Beziehungen des Kindes in der Zeit und die ausgeübten Tätigkeiten über die sich die Aneignung der Realität vollzieht.

Die Schule ist die erste Instanz, die gesellschaftliche Anforderungen an das Kind stellt, denen das Kind und die Erwachsenen nachzukommen haben. Die Aktivitäten in der Schule sind anders als das Spiel in der Familie eine eigenständige Arbeit des Kindes[28] (vgl. Breidenstein/Jergus 2005). Leontjew charakterisiert diese neue Situation des Schulkindes in der Familie wie folgt: »Das Kind, das sich zuhause auf den Unterricht vorbereitet, hat vielleicht erstmalig das Gefühl mit einer ernsthaften Sache beschäftigt zu sein. Die jüngeren Kinder dürfen das Geschwister nicht ablenken, und auch die Erwachsenen verzichten auf viele Dinge, um es ungestört lernen zu lassen. [...]. Es ändert die Stellung des Kindes in der Welt der Erwachsenen« (Leontjew 1985, S 306). Das Kind ist aufgrund der schulischen Aufgaben mit neuen Handlungsmöglichkeiten und -behinderungen konfrontiert, die zu komplett neuen Widersprüchen für das Kind führen müssen. Während es sich vor dem Schuleintritt mit den Gegenständen in der Umwelt idealer weise in dem Maße beschäftigt hat, wie es sich für etwas interessiert und »solange geforscht hat, bis es wusste, was es wissen wollte«

---

28 Breidenstein hat den Begriff des »Schülerjobs« geprägt. Die Auseinandersetzung mit dem Alltag des Schülers und seiner Bedeutung für den Schüler war ein Hauptuntersuchungsfeld während der zahlreichen ethnograhischen Forschungen Breidensteins an deutschen Schulen (vgl. Breidenstein/Prengel 2005).

(Ulmann 2003, S. 170), bestimmt der Lehrer bzw. die Schule von nun an den Lerngegenstand und die Methode der Annäherung an ihn.

Durch die objektiven Bedingungen der Erweiterung des Lebensraumes mit seinen potenziellen Möglichkeiten muss der gesellschaftliche Aspekt, die Vermitteltheit menschlicher Existenz innerhalb gesellschaftlicher Möglichkeitsräume tendenziell greifbarer werden. Z. B. kann das Kind erleben, dass der Lehrer nicht frei wählen kann, was er mit den Kindern machen will, sondern sich auf die Schulordnung beruft. Dazu gehört, dass auch die Begrenztheit der Handlungsmöglichkeiten durch die gesellschaftlichen Strukturen präsenter wird. Mit dem Schuleintritt ergeben sich folglich gänzlich neue Auseinandersetzungsnotwendigkeiten für die Kinder.

Da die Rahmenbedingungen der kindlichen Entwicklung als Schulanfänger über den privaten Familienzusammenhang hinausgehen, ist es für die Untersuchung des gesellschaftspolitischen Bewusstseins von Kindern unerlässlich zwischen den Analyseebenen zu differenzieren. Bisher lag der Fokus auf der individuellen Entwicklung, d.h. dem subjektiven Lebenszusammenhang eines Kindes. Diese Ebene muss für eine umfassende Untersuchung des Bewusstseins von Schulanfängern durch die organisationstheoretische Perspektive ergänzt werden, da nur so die formspezifischen Bedingungen der gesellschaftlichen Institution Schule und ihre Bedeutung für das einzelne Subjekt nachvollziehbar und analysierbar werden. Bspw. ist die Frage, wie Kinder die Vorgaben aus schulischen Curricula im Schulalltag und subjektivem Erleben erfahren.

Ergänzend müssen die Diskurse über Schule und Bildung, insbesondere die Funktion von Bildung und Erziehung in der Gesellschaft einbezogen und in ihrer Bedeutung für das kindliche Leben artikuliert und analysiert werden.

Obwohl Bildung immer wieder als emanzipatorisches Moment (vgl. Mende/Müller 2009) und als Ausgangspunkt einer tief greifenden Veränderung der Gesellschaft gehandelt wurde ist »bis heute noch immer in einem überwiegenden Maße von einer Reproduktionsfunktion des Bildungssystems für den Erhalt des gesellschaftlichen Status Quo auszugehen« (Sünker 2000, S. 160). Die Hoffnung einer kritischen Funktion von Bildung als »richtiges Leben im falschen« (Adorno 2001, S. 59), d.h. die Auseinandersetzung zwischen Emanzipation und Instrumentalisierung von Bildung in den staatlichen Institutionen kann an dieser Stelle nur als Frage aufgeworfen werden. Markard thematisiert in seinem Aufsatz »Wer braucht Erziehung« (2006) den Umstand, dass Menschen (k)einer Erziehung bedürfen, da »Erziehung dazu tendiert, gesellschaftliche Strukturprobleme pädagogisch, wenn nicht zu lösen, so doch in den Griff kriegen zu wollen, so letzten Endes die gesellschaftliche Ebene auszublenden bzw. in der Erzieher-Zögling- Interaktion (zu) personalisieren« (Markard 2006, S. 437).

Gerade wegen der widersprüchlichen Funktion von Bildung, Erziehung und
Emanzipation ist die Auseinandersetzung über das Verständnis der Begriffe
sowie den konkreten Umgang mit Kindern in Bezug auf eine kritische Praxis in Familie und Schule sehr wichtig. Grundlegend dafür sind die Vorstellungen vom kindlichen Bewusstsein und wie es sich entsprechend seinen
Möglichkeiten oder Potentialen entwickelt.

3. Gesellschaftspolitisches Bewusstsein

Die beschriebenen Entwicklungsbedingungen des kindlichen Lebens und
ihre Nahelegungen für die Bewusstseinsbildung wurden bisher nur in
Grundzügen dargelegt. Außerdem kann davon ausgegangen werden, dass es
sich lediglich um Vorläufer des tatsächlichen Bewusstseins, im Sinne von
bewusstem Handeln und bewusstem Sein, d.h. auch bewusstem Verhalten
handeln kann.

> *»Die wesentliche Bestimmung des Bewusstseins in seiner menschli-*
> *chen Spezifik ist vielmehr die auf der materiellen Grundlage der ge-*
> *samtgesellschaftlichen Vermitteltheit individueller Existenzsicherung*
> *entstehende ›gnostische‹ Welt- und Selbstbeziehung, in welcher die*
> *Menschen sich zu den Bedeutungsbezügen als ihnen gegebenen*
> *Handlungsmöglichkeiten bewusst ›verhalten‹ können, damit nicht*
> *mehr in den unmittelbaren Erfordernissen ihrer Lebenserhaltung be-*
> *fangen sind, sondern fähig werden, den übergreifenden Zusammen-*
> *hang zwischen den [...] Entwicklungsumständen und dem gesamtge-*
> *sellschaftlichen Prozeß [...] menschlicher Lebensmittel/-bedin-*
> *gungen zu erfassen«* (Holzkamp 1985, S. 237).

Daher soll nun konkreter auf die Frage eingegangen werden, welches Verständnis von Bewusstsein hier zugrunde gelegt wird und wodurch es bestimmt wird. Den Ausgangspunkt bildet auch hier die Gesellschaftlichkeit
des Menschen. Das Problem, was sich ergibt, wenn das Bewusstsein als in-
dividuelles Phänomen begriffen wird, ist dass »die Erforschung des Bewusstseins (nicht) als Widerspiegelung der Welt in Abhängigkeit von den
sich entwickelnden tatsächlichen Lebensbeziehungen des Subjekts« (Leontjew 1982, S. 123) verstanden wird.
    »Bewußtsein hat zunächst einmal etwas mit Selbstwissen zu tun, d.h.
mit der Fähigkeit mancher Wesen, nicht nur ihre Umwelt, sondern auch
sich selbst, ihre eigenen Zustände und Handlungen zu repräsentieren« (Beckermann 1997, S. 1). Dementsprechend reduziert sich Bewusstsein auf
»Wissen über etwas«. Der Zusammenhang zum Sozialen, zum menschlichen Leben wird ausgeklammert. Leontjew dagegen versteht unter Be-

wusstsein die Beziehung des Menschen zur Welt, vermittelt über die Bedeutung und den Sinn, d.h. das Motiv des Menschen, welches nur aus dem Lebenszusammenhang des Einzelnen, der subjektiven Widerspiegelung der Welt stammen kann (vgl. Leontjew 1982).

Bedeutung und Sinn sind zentrale Begriffe in der Definition. Bedeutung wird als »Verallgemeinerung der Wirklichkeit [...] als Kristallisierung der gesellschaftlichen Erfahrung, der gesellschaftlichen Praxis des Menschen« (Leontjew 1982, S. 124) im Individuum verstanden. Darin eingeschlossen ist die Aneignung der Bedeutung, die alle menschlichen Generationen vor ihm gemacht haben. Leontjew verdeutlicht dass am Robinsonbeispiel, der Mensch erkennt die Welt nicht als ein Robinson (vgl. Leontjew 1982), sondern eignet sich das Wissen und die Bedeutung ganzer Generationen an, findet »ein bereits fertiges, historisch entstandenes Bedeutungssystem vor und macht es sich ebenso zu eigen, wie er sich ein Werkzeug [...] zu eigen macht« (Leontjew 1982, S. 125).

Dagegen steht Sinn für den persönlichen Sinn, für die angeeignete Bedeutung, d.h. die subjektive Beziehung zu den gesellschaftlichen Bedeutungen. Diese Unterscheidung ist sehr zentral für das Verständnis des gesellschaftspolitischen Bewusstseins, da jegliches Bewusstsein durch die subjektive Aneignung, durch ein »der Welt einen Sinn geben« entsteht. Die Unterscheidung ist auch insofern relevant, als dass Sinn, d.h. die subjektive Beziehung des Einzelnen zur Welt nicht gelernt oder gelehrt werden kann. Damit wird auch deutlich, wieso Bewusstsein immer als etwas erscheint, dass sich der unmittelbaren Betrachtung und Analyse entzieht. Es entwickelt sich und kennzeichnet sich aus durch die Vermitteltheit des Menschen zur Welt.

Da Bewusstsein also das Konglomerat der menschlichen Vermitteltheit und der menschlichen Beziehungen ist, ist es per Definition gesellschaftlich und bildet gesellschaftliche Bedingungen und Prozesse in der individuellen Bewusstseinsstruktur ab. Demnach spielt es für die Untersuchung des gesellschaftspolitischen Bewusstseins von Kindern eine geringe Rolle, ob diese schon adäquat mit explizit politischen Begriffen umgehen können. Entscheidend ist, wie sich ihr politisches Bewusstsein durch die Beziehungen zur Welt strukturiert hat und welche Lebenszusammenhänge sie sich bereits aneignen konnten.

4. Resümee

Die vorangegangenen Überlegungen dienen der Annäherung an die Untersuchung des gesellschaftspolitischen Bewusstseins von Kindern. Das Ziel des Artikels ist die Öffnung des Forschungsfeldes für ein wenig bearbeitetes und vor dem Hintergrund aktueller gesellschaftlicher Entwicklungen und Veränderungen bedeutendes Thema. Dementsprechend beabsichtigt er, Fragen zu provozieren und Denkmöglichkeiten anzustoßen, anstatt Antworten zu geben und Thesen zu postulieren. Es ist das Anliegen, sich aus einer kritischen, subjektwissenschaftlich- materialistischen Perspektive mit dem politischen Bewusstsein von Kindern auseinanderzusetzen, um einen Beitrag zum Verständnis von Kinderleben und kindlicher Vergesellschaftung heute zu leisten. Ausgegangen wurde hier von der Annahme, dass Kinder autonome gesellschaftliche Akteure sind, die sich mit ihren Lebensbedingungen auseinandersetzen und dazu äußern können. Die politische Subjektentwicklung wird als aktiver Verarbeitungsprozess und Auseinandersetzung mit der gesellschaftlichen Realität verstanden. Dieser Prozess und die Entwicklung des gesellschaftspolitischen Bewusstseins erfahren mit dem Schuleintritt eine grundlegende Veränderung durch den Eintritt des Kindes in die Schule. Bewusstsein wird beschreiben als Konglomerat der menschlichen Vermitteltheit, der zwischenmenschlichen Beziehungen zur Welt.

Im Sinne der Annäherung an die Thematik ‚politisches Bewusstsein von Kindern' ist es m.E. von zentraler Bedeutung, ausgehend von den gesellschaftlichen Lebensverhältnissen der Kinder, die Möglichkeiten als auch Hindernisse der Aneignung der widersprüchlichen Realität, in der sie leben, zu betrachten. Kinder sind Gesellschaftsmitglieder – die nicht nur von ihr betroffen sind, sondern sie auch in ihren Möglichkeiten verstehen, sich zu ihr verhalten und dazu äußern können.

Literaturverzeichnis:

Abendschön, S./Vollmer, M. (2007): Können Kinder »Demokratie leben lernen«? In: van Deth, J./Abendschön, S./Rathke, J. u. a. (Hrsg.) (2007): Kinder und Politik. Politische Einstellungen von jungen Kindern im ersten Grundschuljahr. Wiesbaden, S. 205-223.

Adorno, T. W. (2001): Minima Moralia. Reflexionen aus dem beschädigten Leben. Frankfurt a. M.

Arnold, T./Wüstendörfer, W. (1994): Auf der Seite der Kinder. Kinderbeauftragte in Deutschland. Herausgegeben vom Institut für Sozialarbeit und Sozialpädagogik. Frankfurt a. M.

Beckermann, A. (1997): Was macht Bewußtsein für Philosophen zum Problem? In: Logos, 1997, Heft 4, S. 1-19.

Bieri, P. (1994): Was macht Bewusstsein zu einem Rätsel? In: Singer, W. (Hrsg.) (1994): Gehirn und Bewusstsein. Heidelberg, S. 172-180.

Bock, K. (2000): Politische Sozialisation in der Drei-Generationen-Familie. Eine qualitative Studie aus Ostdeutschland. Opladen.

Bourdieu, P. (1987): Die feinen Unterschiede. Kritik der gesellschaftlichen Urteilskraft. Frankfurt a. M.

Breidenstein, G./Jergus, K. (2005): Schule als »Job«. Beobachtungen aus der achten Klasse. In: Breidenstein, G./Prengel, A. (Hrsg.) (2005): Schulforschung und Kindheitsforschung – ein Gegensatz? Wiesbaden, S. 177-200.

Breidenstein, G./Prengel, A. (Hrsg.) (2005): Schulforschung und Kindheitsforschung – ein Gegensatz? Wiesbaden.

Bühler- Niederberger, D. (2005): Kindheit und die Ordnung der Verhältnisse. München.

Bühler-Niederberger, D./Sünker, H. (2009): Gesellschaftliche Organisation von Kindheit und Kindheitspolitik. In Honig, M.-S. (Hrsg.) (2009): Ordnungen der Kindheit. Weinheim/München, S. 155-183.

Claußen, B. (1996): Die Politisierung des Menschen und die Instanzen politischer Sozialisation: Problemfelder gesellschaftlicher Alltagspraxis und sozialwissenschaftlicher Theoriebildung. In: Claußen, B./Geißler, R. (Hrsg.) (1996): Die Politisierung des Menschen. Instanzen politischer Sozialisation. Ein Handbuch. Opladen, S. 15-48.

Connell, R.W. (2004): Vorstellungen junger Kinder über Politik. In: Fried, L./Büttner, G. (Hrsg.) (2001): Weltwissen von Kindern. Zum Forschungsstand über die Aneignung sozialen Wissens bei Krippen- und Kindergartenkindern. Weinheim, S. 141-150

Connolly, P. u. a. (Hrsg.) (2002): Too young too notice? The cultural and political awareness of 3-6-year old in Northern Ireland. http://www. paulconnolly .net/publications/pdf./too_young_to_notice.pdf (Zugriff: 29.05.2010).

Corsaro, W. A. (2005): The Sociology of Childhood. Thousand Oaks.

Demokratie lernen und leben. (2002-2007). http://www.blk-demokratie.de/ index.php?id=83 (Zugriff: 10.07.2008).

Dencik, L. (1989). Growing Up in the Post-Modern Age: On the Child's Situation in the Modern Family, and on the Position of the Family in the Modern Weifare State. In: Acta Sociologica, 32 Jg. (1989), Heft 2, S. 155-180.

Elias, N. (1996): Die Gesellschaft der Individuen. Frankfurt a. M.

Feldmann, K. (2002): Die Entwicklung des ökonomischen Bewußtseins von Kindern und Jugendlichen. Hannover.

Fried, L./Büttner, G. (Hrsg.) (2004): Weltwissen von Kindern. Zum Forschungsstand über die Aneignung sozialen Wissens bei Krippen- und Kindergartenkindern. Weinheim.

Geißler, R. (1996): Politische Sozialisation in der Familie. In: Claußen, B./Geißler, R. (Hrsg.) (1996): Die Politisierung des Menschen. Instanzen politischer Sozialisation. Ein Handbuch. Opladen, S. 51-70.

Götz, M. (2004): Kriegsnachrichten im Kinderfernsehen. In:. Büttner, C./von Gottenberg, J./Kladzinski M. (Hrsg.) (2004): Krieg in Bildschirmmedien. Zur politischen Orientierung Jugendlicher zwischen Inszenierung und Wirklichkeit. München, S. 149-164.

Güthoff , F./Sünker, H. (Hrsg.) (2001): Handbuch Kinderrechte. Partizipation, Kinderpolitik, Kinderkultur. Münster.

Holzkamp, K. (1979): Zur kritisch-psychologischen Theorie der Subjektivität II: Das Verhältnis individueller Subjekte zu gesellschaftlichen Subjekten und die frühkindliche Genese der Subjektivität. In: Forum Kritische Psychologie (1979) Sonderband 41. Berlin, S. 7-46.

Holzkamp, K. (1985): Grundlegung der Psychologie. Frankfurt a. M.

Holzkamp, K. (1997): Schriften I. Normierung, Ausgrenzung, Widerstand. Berlin.

Holzkamp, K. (1997a): Was kann man von Karl Marx über Erziehung lernen? Oder: Über die Widersprüchlichkeit fortschrittlicher Erziehung in der bürgerlichen Gesellschaft. In: Holzkamp K. (Hrsg.) (1997). Schriften I. Normierung, Ausgrenzung, Widerstand. Berlin, S. 136-158.

Honig, M.-S. (1999): Entwurf einer Theorie der Kindheit. Frankfurt a. M.

Hornstein, W./Thole, W. (2005): Kindheit. In: Kreft, D./Mielenz, I. (Hrsg.) (2005): Wörterbuch Soziale Arbeit. Aufgaben, Praxisfelder, Begriffe und Methoden der Sozialarbeit und Sozialpädagogik. Weinheim/München.

Kohlberg, L. (1987): Moralische Entwicklung und demokratische Erziehung. In: Georg L./Raschert, J. (Hrsg.) (1987). Moralische Urteilsfähigkeit. Eine Auseinandersetzung mit Lawrence Kohlberg über Moral, Erziehung und Demokratie. Weinheim/Basel.

Krauss, H. (1994): Subjektive Widerspruchsverarbeitung und die Möglichkeit »praktisch-kritischer« Bewußtseinsentwicklung. Zur Formierung widerständiger Subjektivität in kritisch-marxistischer Perspektive – Teil I. http://www.glasnost.de/autoren/krauss/wid1.html (Zugriff: 12.05.2010).

Krauss, H. (1994a): Subjektive Widerspruchsverarbeitung und die Möglichkeit »praktisch-kritischer« Bewußtseinsentwicklung. Zur Formierung widerständiger Subjektivität in kritisch-marxistischer Perspektive (Teil III). http://www.glasnost.de/autoren/krauss/wid3.html (Zugriff: 12.05.2010).

Krüger H. H./Pfaff, N. (2004): Entpolitisierung von Jugendkulturen. In: Helsper, W./Kamp, M./Stelmaszyk, B. (Hrsg.) (2004): Schule und Jugendforschung zum 20. Jahrhundert. Wiesbaden, S. 230-249.

Krüger, H.-H./Fritzsche, S./Pfaff, N. u. a. (2006): Zur Relevanz des Politischen in Jugendkulturen – Geschlecht, Migration, Generation als Differenzierungskriterien. In: Helsper, W./Krüger, H.-H./Fritzsche, S. (Hrsg.) 2006: Unpolitische Jugend? Eine Studie zum Verhältnis von Schule, Anerkennung und Politik. Wiesbaden, S. 341-360.

Lange, A./Lauterbach, W. (Hrsg.) (2000): Kinder in Familie und Gesellschaft zu Beginn des 21.Jahrhunderts. Stuttgart.

Lange, A. (2006): Kinderwelten heute – Ein soziologischer Panoramablick. http://www.akf-bonn.de/sonderseiten-la.html (Zugriff: 26.07.2009).

Lareau, A. (2003): Unequal Childhoods. Class, Race and Family Life. Berkeley/Los Angeles

Lareau, A./Weininger, E. (2003): Translating Bourdieu into the American Context: The Questions of Social Class and Family-School Relationships. In: Poetics, 31. Jg. (2003), S. 375-402.

Leontjew, A. N. (1982): Tätigkeit, Bewußtsein, Persönlichkeit. In: Haug, F. (Hrsg.) (1982): Studien zur Kritischen Psychologie. Köln. Auch verfügbar über: http://www.kritische-psychologie.de/texte/al1982ein.html (Zugriff: 10.05.2010).

Leontjew, A. N. (1985): Probleme der Entwicklung des Psychischen. Berlin.

Leu, H. R. (2002): Tageseinrichtungen für Kinder – Wege zur Institutionalisierung von Kindheit. In: Uhlendorff, H./Oswald, H. (Hrsg.) (2002). Wege zum Selbst. Soziale Herausforderungen für Kinder und Jugendliche. Stuttgart.

Lorenz, L. (1972): Arbeiterfamilie und Klassenbewußtsein. Zum Zusammenhang von der Klassenlage der Familie, der familiären Sozialisation der Kinder und dem Klassenbewußtsein des Arbeiters. Giessen.

Markard, M. (2003): We don't need no education! – Kann man zur Freiheit erzogen werden? http://www.gegenentwurf-muenchen.de/mormar.htm (Zugriff: 2.05.2010).

Markard, M. (2006): Wer braucht Erziehung? In: Utopie kreativ, 2006, Heft 187, S. 437- 448.

Markard, M. (2009): Einführung in die Kritische Psychologie. Hamburg.

Mende, J./Müller, S. (Hrsg.) (2009): Emanzipation in der politischen Bildung: Theorien – Konzepte – Möglichkeiten. Schwalbach.

Moll, A. (2001): Was Kinder denken. Zum Gesellschaftsverständnis von Grundschulkindern. Schwalbach.

Net- Part- Schule. Verfügbar über: http://www.net-part.schule.rlp.de (Zugriff: 03.07.2008).

Oerter, R./Montada, L. (Hrsg.) (1995): Entwicklungspsychologie. Weinheim.

Ohlmeier, B. (2007): Politische Sozialisation im Grundschulalter. In: Richter, D. (Hrsg.) (2007): Politische Bildung von Anfang an. Bonn, S. 54-72.

Orth, B./Schwietring, T./Weiß, J. (Hrsg.) (2003). Soziologische Forschung. Stand und Perspektiven. Opladen.

Osterkamp, U. (2000): Hat der Marxismus die Natur des Menschen verkannt oder: Sind die Menschen für den Sozialismus nicht geschaffen? In: Kommunistische Streitpunkte – Zirkularblätter –, 2000, Heft 6. Verfügbar über: http:// www.mxks.de/files/streitpunkte/Osterkamp.Menschenbild.html (Zugriff: 20.07.2009).

Pfaff, N. (2006): Jugendkultur und Politisierung. Eine multimethodische Studie zur Entwicklung politischer Orientierungen im Jugendalter. Wiesbaden.

Piaget, J. (1969): Das Erwachen der Intelligenz beim Kinde. München.

Prout, A. (2003): Participation, policy and the changing conditions of childhood. In: Hallet, C./Prout, A. (Hrsg.) (2003): Hearing the Voices of children. London/New York.

Ramsey, P. (2004): Wie kleine Kinder Klassenunterschiede wahrnehmen und verstehen. In: Fried, L./Büttner, G. (Hrsg.) (2004): Weltwissen von Kindern. Zum Forschungsstand über die Aneignung sozialen Wissens bei Krippen- und Kindergartenkindern. Weinheim, S. 167-182.

Reinhardt, S./ Tillmann, F. (Hrsg.) (2001): Politische Orientierungen Jugendlicher. Ergebnisse und Interpretationen der Sachsen-Anhalt-Studie »Jugend und Demokratie«. In: Aus Politik und Zeitgeschichte, 2001,Beilage 45 zur Wochenzeitung Das Parlament, S. 3-13.

Rosenberger, K. (2005): Kindgemäßheit im Kontext. Zur Normierung der (schul)pädagogischen Praxis. Wiesbaden.

Schlemm, A. (2001): Erziehung. http://www.thur.de/philo/kp/erziehung.htm (Zugriff: 27.07.2009).

Schlemm, A. (2004): Lernen. http://www.thur.de/philo/kp/lernen.htm (Zugriff: 25.05.2010).

Schneckenburger, H. (1932): Die Altersentwicklung und Milieubedingtheit des sozialetischen Verständnisses beim proletarischen Kind. In: Zeitschrift für angewandte Psychologie, 1932, Heft 42, S. 369-447.

Schneekloth, U./Leven, I. (2007): Wünsche, Ängste und erste politische Interessen. In: Hurrelmann, K./Andresen, S. (2007): TNS Infratest Sozialforschung. Kinder in Deutschland 2007. 1. World Vision Kinderstudie. Frankfurt a. M., S. 201-226.

Scholz, G. (2006): Was ist eigentlich ein Schüler? In: Andresen, S./Diehm, I. (Hrsg.) (2006): Kinder, Kindheiten, Konstruktionen. Wiesbaden.

Sturzenhecker, B. (2005): Begründungen und Qualitätsstandards von Partizipation – auch für Ganztagsschule. http://politikundpartizipaton.de/uploads/File/material/Aktuelles/Sturzenhecker_Partizipation_Ganztagsschule.pdf.pdf (Zugriff: 10.06.2008).

Sünker, H. (1991): Das Kind als Subjekt? Notizen zu Kindheit und Kinderleben heute. In: Widersprüche, 1991, Heft 38, Offenbach, S. 7-18.

Sünker, H. (2000): Kann Erziehung die Gesellschaft verändern? In: Hamburger u. a. (Hrsg.), Pädagogische Praxis und erziehungswissenschaftliche Theorie zwischen Lokalität und Globalität. Frankfurt a. M., S. 159-175.

Tausendpfund, M. (2008): Demokratie Leben Lernen – Erste Ergebnisse der dritten Welle: Politische Orientierungen von Kindern im vierten Grundschuljahr. In: Arbeitspapiere – Mannheimer Zentrum für Europäische Sozialforschung, Nr. 116. Mannheim.

Tenorth, H.-E./Kudella, S./Paetz, A. (1996): Politisierung im Schulalltag der DDR. Durchsetzung und Scheitern einer Erziehungsambition. Weinheim.

Tudor, J.F. (1971): The Developement of class awareness in children. In: Social Forces, 1971, 49, S. 470- 476.

Ulmann, G. (2003): Über den Umgang mit Kindern. Orientierungshilfen für den Erziehungsalltag. Berlin.

van Deth, J. (2007): Vorwort. In: van Deth, J./Abendschön, S./Rathke, J. u. a. (Hrsg.) (2007). Kinder und Politik. Politische Einstellungen von jungen Kindern im ersten Grundschuljahr. Wiesbaden.

van Deth, J. (2007a): Das haben alle unterschätzt! Ein Interview mit Jan van Deth. http://www.txte.de/fp-content/attachs/Interview-mit-van-Deth-Seite-1.pdf (Zugriff: 15.12.2009).

van Deth, J. u. a. (Hrsg.) (2010). Children and politics: An empirical reassessment of early political socialisation. Unveröffentlichtes Dokument als Vorlage für Political Psychology (im Druck).

Wacker, A. (1979): Die Entwicklung des Gesellschaftsverständnisses bei Kindern. Frankfurt a. M./New York.

Weininger, E./Lareau, A. (2009): Class and Child Rearing: An Ethnographic Extension of Kohn. In: Journal of Marriage and Family, 2009, Heft 71, S. 680-695.

Wilkes, K.V. (1988): yìshì, duh, um, and consciousness. In: Marcel, A.J./Bisiach E. (Hrsg.) (1988): Consciousness in Contemporary Science. Oxford.

Zeiher, H. (2009): Ambivalenzen und Widersprüche der Institutionalisierung von Kindheit. In: Honig, M.- S. (Hrsg.) (2009): Ordnungen der Kindheit. Problemstellungen und Perspektiven der Kindheitsforschung. Weinheim/München.

Dima Zito

Kindersoldaten, Kindheitsbilder und Kinderrechte

Betrachtungen eines Spannungsverhältnisses

1. Einleitung

Kindersoldaten verkörpern das Gegenbild zum Ideal der modernen Kindheit als Schutz- und Bildungsmoratorium. Kinder werden Soldaten in Gesellschaften, in denen teilweise andere Konzeptionen von Kindheit oder dem Übergang zum Erwachsenenstatus vorliegen. Dennoch handelt es sich beim Einsatz von Kindern als Soldaten keineswegs um kulturelle Traditionen quasi vormoderner Gesellschaften. Die massenhafte Beteiligung von Kindern an bewaffneten Konflikten hängt mit dem Entstehen von Gewaltmärkten im Kontext einer globalisierten kapitalistischen Weltordnung zusammen. In den sogenannten »Neuen Kriegen« um Rohstoffe und Ressourcen ist der Einsatz von Kindersoldaten profitabel.

Eine differenzierte Analyse des Phänomens »Kindersoldaten« impliziert weder die Übertragung normativer westlicher Kindheitsbilder auf andere Gesellschaften noch eine kulturalistische Relativierung von Missbrauch und Gewalt. Eine gesellschaftskritische Kindheitsforschung muss sowohl strukturelle Zusammenhänge herausarbeiten als auch die betroffenen Kinder als Akteure ernst nehmen. Ein Ausgangspunkt für einen subjektzentrierten und kinderrechtsorientierten Umgang mit dem Thema Kindersoldaten ist die UN-Kinderrechtkonvention.[1]

---

1   In diesem Aufsatz können nicht sämtliche Facetten des Themas »Kindersoldaten« behandelt werden. Bezüglich psychosozialer Aspekte, insbesondere Traumatisierung und Traumabewältigung, verweise ich auf weitere Publikationen, die im Literaturverzeichnis aufgeführt sind.

2. Der Einsatz von Kindern als Soldaten

Nach der gängigen, von Menschen- und Kinderrechtsorganisationen, den Vereinten Nationen und in internationalen Abkommen verwendeten Definition sind Kindersoldaten alle ...

> *... Personen unter 18 Jahren, die von Streitkräften oder bewaffneten Gruppen rekrutiert oder benutzt werden oder wurden, egal in welcher Funktion oder Rolle, darunter Kinder, die als Kämpfer, Köche, Träger, Nachrichtenübermittler, Spione oder zu sexuellen Zwecken benutzt wurden.«* (Pariser Prinzipien 2007)

Der Einsatz von Kindern als Soldaten ist kein neues Phänomen. Wo immer es zu bewaffneten Konflikten kam oder kommt, waren bzw. sind mit großer Wahrscheinlichkeit auch Kinder und Jugendliche involviert. Als Massenphänomen traten Kindersoldaten zum ersten Mal während des Dreißigjährigen Krieges (1618-1648) in Erscheinung, als sich zehntausende von Kindern und Jugendlichen den Reiterarmeen und Söldnerheeren anschlossen (vgl. Hahn 2001).

Noch im 20. Jahrhundert waren hunderttausende Unter-18-Jährige in Europa an kriegerischen Auseinandersetzungen beteiligt: z. B. als Soldaten während des ersten und zweiten Weltkrieges, beim »Volkssturm«[2] zur Verteidigung Nazideutschlands oder in den Widerstands- und Partisanenbewegungen gegen die deutsche Besatzung. In den 1970er und 80er Jahren agierten Kinder und Jugendliche in Befreiungs- und Guerillabewegungen in Ländern des Südens. Auch Regierungsarmeen setzen Kinder als Soldaten ein, beispielsweise während des ersten Golfkrieges (1980-1988) zwischen dem Iran und dem Irak.

In den 1990er Jahren spitzte sich der Einsatz von Kindersoldaten mit massenhaften, gezielten (Zwangs-)Rekrutierungen vor allem in afrikanischen Ländern quantitativ sowie qualitativ zu. Rebellenbewegungen in Mozambique, Uganda und Sierra Leone entführten über 100.000 Kinder, die nicht nur gegen gegnerische Soldaten, sondern vor allem auch zu Gewalttaten gegen die Zivilbevölkerung eingesetzt wurden (vgl. Machel 1996). Diesbezüglich schätzt der ehemalige Sonderbeauftragte der Vereinten Nationen für den Arbeitsbereich »Kinder in bewaffneten Konflikten«, Olara Otunnu, dass in der Dekade zwischen 1990 und 2000 zwei Millionen Kinder als Soldaten gefallen sind, sechs Millionen zu Invaliden wurden und zehn Millionen schwere seelische Schäden erlitten haben (vgl. Russmann 2004).

---

2   1943-1945 wurden 200.000 15 bis 17jährige »Flak-Helfer« eingesetzt. 12 bis 14-jährige »Hitlerjungen« wurden als sogenanntes »letztes Aufgebot« in den Kampf geschickt (vgl. Hahn 2001; Pittwald 2008).

Der Einsatz von Kindern als Soldaten wird inzwischen durch eine Reihe internationaler Abkommen geächtet.[3] Dies hat mit dazu beigetragen, dass ihre Zahl seit der Jahrtausendwende leicht gesunken ist, derzeit wird von rund 250.000 aktiven Kindersoldaten ausgegangen (vgl. Weltreport Kindersoldaten 2008).[4]

3. Globalisierung, »Neue Kriege« und Kindersoldaten

Die Ursache des zunehmenden systematischen Einsatzes von Kindern als Soldaten liegt nicht alleine in den betroffenen Kriegsgebieten, sondern muss im größeren politischen und ökonomischen Kontext gesehen werden.

»Dass in Kriegen immer mehr Kinder eingesetzt werden, hat im Wesentlichen zwei Gründe. Zum einen gibt es immer mehr innerstaatliche Kriege, in denen Konflikte gewaltsam ausgetragen werden und nicht länger zwischen Kombattanten und Zivilisten unterschieden wird. Nach einer vielzitierten Statistik waren im Ersten Weltkrieg nur 5 Prozent der Toten Zivilisten, im Zweiten Weltkrieg waren es schon 48, heute sind es weltweit 90 Prozent.« (Wilke-Launer 2001, S. 5)

Zum anderen ermöglicht die Verfügbarkeit zahlloser leichter und einfach zu bedienender Kleinwaffen die massenhafte Beteiligung von Kindern an Kriegshandlungen.[5]

Darüber hinaus wird der verstärkte Einsatz von Kindersoldaten mit dem Aufkommen der sogenannten »Neuen Kriege« nach dem Ende der Ost-

---

3   Wichtigster Bezugspunkt ist dabei die UN-Kinderrechtskonvention von 1989 und das Zusatzprotokoll von 2002.(Optional Protocol to the Convention on the Rights of the Child on the involvement of children in armed conflict. Informationen zu weiteren Abkommen finden sich beispielsweise auf der Internetseite von terre des hommes: http://www.tdh.de/content/themen/weitere/kindersoldaten/kinderrekrutierung. htm (Stand Dezember 2009) oder bei Zito 2009a.

4   Zwischen 2004 und 2007 ist die Zahl der bewaffneten Konflikte, in denen Kinder direkt beteiligt sind, von 27 auf 19 gesunken. Kindersoldaten wurden in den folgenden Ländern eingesetzt: Afghanistan, Burma, Burundi, Demokratische Republik Kongo, Elfenbeinküste, Indien, Idonesien, Irak, Israel und den Besetzten Palästinensischen Gebieten, Kolumbien, Nepal, Philippinen, Somalia, Sri Lanka, Sudan und Südsudan, Thailand, Tschad, Uganda, Zentralafrikanische Republik (vgl. Weltreport Kindersoldaten 2008).

5   Über 7 Millionen G3 Gewehre der deutsch-englischen Firma Heckler & Koch und insgesamt 50-80 Millionen AK 47 Gewehre (Kalaschnikows) sind schätzungsweise weltweit im Umlauf. Führende Exporteure von Kleinwaffen sind vor allem westliche Industriestaaten: USA, Italien, Deutschland, Brasilien, Österreich und Belgien (vgl. Small arms survey 2009).

West-Konfrontation in Verbindung gebracht (vgl. Pittwald 2008; Russmann 2004). Nach der Auflösung der Sowjetunion und des Warschauer Paktes blieben die USA nach 1990/91 als einzige »Supermacht« und der Kapitalismus als einzig denkbares Gesellschaftsmodell zurück. Infolgedessen konnte sich die Ideologie des Neoliberalismus in weiten Teilen der Welt durchsetzen. Zentrales Element war die »Deregulierung«, d.h. Entstaatlichung und Privatisierung nahezu aller gesellschaftlichen Bereiche. Damit verbunden war auch die teilweise Privatisierung vormals staatlich monopolisierter Gewalt und Kriegsführung.[6] In den »Neuen Kriegen« geht es nicht um die Eroberung staatlicher Territorien, sondern vielmehr um die Kontrolle von Einkommensquellen und Ressourcen, z. B. Diamanten, Öl oder Drogen. Diese Kriegsökonomien sind eingebunden in die globalisierte Marktwirtschaft (vgl. Aust 2003; Azzellini 2003; Pittwald 2008; Seibert 2003).

Die Zwangsrekrutierung von Kindern – vor allem der Gegenpartei, um diese zu schwächen – ist Teil von Kriegsstrategien. Nichtstaatliche bewaffnete Gruppen haben zudem keinen legalen Zugang zu Wehrpflichtigen. Wenn sich zu wenige Erwachsene dem Kampf anschließen, werden Minderjährige rekrutiert, um die Kampffähigkeit aufrecht erhalten zu können (vgl. Pittwald 2008; Russmann 2004). Gleichzeitig sind die unter dem Druck wirtschaftlicher Krisen im Zuge der Globalisierung zerbrechenden Gemeinschaften immer weniger in der Lage, Kinder vor bewaffneten Konflikten zu schützen (vgl. Honwana 2006).

4. Zwischen Zwang und Entscheidung – Kindersoldaten als AkteurInnen

Ein großer Teil der Unter-18-Jährigen wird zur Teilnahme an bewaffneten Konflikten gezwungen, aber es gibt auch freiwillige Beitritte (vgl. Brett; Specht 2004). In bewaffneten Widerstandsgruppen sind oft gerade Jugendliche aktiv. Häufig mischen sich politische und ökonomische Motivationen. Mangelnde (Aus-) Bildungs- und Anstellungsmöglichkeiten führten besonders in afrikanischen Ländern zur sogenannten »Krise der Jugend«[7]: Das verlorene Vertrauen in die Versprechungen von »Demokratie« und »Entwicklung« führte zur vermehrten Beteiligung junger Menschen an bewaff-

---

6 In den Industriestaaten drückt sich die Privatisierung der Kriegführung vor allem durch den zunehmenden Einsatz privater Militärunternehmen (Private Military Companies) aus, die Söldner, militärische Ausrüstung und Versorgung bereitstellen und Regierungen beraten (vgl. Azzellini/ Kanzleitner 2003).

7 (vgl. Lee 2009 mit Verweis auf McIntyre 2003; Richards 1995; 1996; Ebo 2004; Abdullah et al. 1997; Fayemi 2004.)

neten Oppositionsbewegungen (vgl. Lee 2009). Der Beitritt zu bewaffneten Gruppen stellt dabei eine Möglichkeit des sozialen Aufstiegs dar:

>*»Most young people have taken up arms only when this macro-level crisis personally impacted them and impressed a particular social meaning upon them. [...] Socioeconomic decline and growing inequalities from the late 1970s and onwards shrank the urban middle-class populations und thus made modern commodities increasingly inaccessable to young people. In this situation, two paths to modernity were available accordings to popular imagination and understanding: migration to Europe or the US where modern facilities were available to all, or the use of violence and rebellion to force themselves into the national elite space.«* (Lee 2009, S. 23)

Der Beitritt zu einer bewaffneten Gruppen kann also auf ‚strategischen Entscheidungen' beruhen und als eine Form des aktiven, taktischen Umgangs mit gesellschaftlichen Bedingungen interpretiert werden (vgl. Lee 2009). Der Grad an Entscheidungsfreiheit misst sich jedoch daran, welche anderen Handlungsoptionen einem Kind oder Jugendlichen (z. B. in einem militarisierten Umfeld oder einer eskalierten Kriegssituation) zur Verfügung stehen; dahingehend problematisiert Pittwald 2003:

>*»Allgemein ist die Unterscheidung zwischen Freiwilligkeit und Zwang, z. B. gesellschaftlichem Zwang, problematisch; und diese Unterscheidung ist unter Kriegs- bzw. Bürgerkriegsbedingungen mit zusätzlichen Problemen behaftet. Einerseits gibt es z. B. »Rekrutierung« aufgrund unmittelbarer und physisch gewaltsamer Verschleppung. Andererseits kann Rekrutierung auf »struktureller Gewalt« beruhen, wie beispielsweise auf Armut, Hunger, sonstigen unerträglichen Lebensbedingungen, oder aber auf ideologischer (politischer, religiöser, ethnischer) Motivation«* (Pittwald 2008, S. 30f).

Das Einorden ‚freiwilliger' Beitritte von Kindern und Jugendlichen zu bewaffneten Verbänden ist daher ein komplexes Unterfangen. Konsens unter den Vertretern der neueren Kindheitsforschung ist dass Kinder nicht nur Opfer gesellschaftlicher Umstände, sondern auch Handelnde und Mitgestaltende soziokultureller Umwelten sind (vgl. Zinnecker in Bühler-Niederberger 2005). Eine angemessene kindheitssoziologische Analyse muss also die Sicht der betroffenen Kinder und Jugendlichen ebenso berücksichtigen wie strukturelle, soziokulturelle und -ökonomische Faktoren,

>*»... denn die Frage nach Interessen an Kindern und Verantwortung für Kinder lässt sich heute nicht mehr ohne Berücksichtigung gesamtgesellschaftlicher Kontexte thematisieren und beantworten.«* (Bühler-Niederberger/Sünker 2005, S. 182)

5. Kindersoldaten als Gegenbild »moderner Kindheit«

Die internationalen Vereinbarungen und Kampagnen zum Schutz von Kindern in bewaffneten Konflikten basieren auf einer Konzeption von Kindern und Kindheit, in der das Kind

> »wegen seiner mangelnden körperlichen und geistigen Reife besonderen Schutzes und besonderer Fürsorge«

bedarf und seinen Platz hat in

> »der Familie als Grundeinheit der Gesellschaft und natürlicher Umgebung für das Wachsen und Gedeihen aller ihrer Mitglieder« (Präambel der UN-Kinderrechtskonvention).

Diese Konzeption von Kindern und die Vorstellung von deren »natürliche Umgebung« hat sich (vor allem im westlichen Kulturkreis) historisch entwickelt. Bei den als »natürlich« wahrgenommenen Gruppen »Kinder« und »Erwachsene« handelt es sich um gesellschaftlich produzierte, soziale Kategorien im Rahmen einer ‚generationalen Ordnung' (vgl. Bühler-Niederberger 2005).

Im Europa des Mittelalters gab es noch keine strikte Trennung zwischen dem »Kinderstatus« und dem eines »Erwachsenen«. Kinder gingen, sobald sie sich unabhängig bewegen konnten, den gleichen Tätigkeiten wie Erwachsene nach und hielten sich an den gleichen Orten auf. Mit der sich im 15. und 16. Jahrhundert entwickelnden »Familie«, die die Lebensform der Stammes- und Sippenverbände ablöste, und der sich später herausbildenden »bürgerlichen Kleinfamilie«, veränderte sich die Stellung von Kindern. Die Vorstellung von Erziehung entwickelte sich erst im ausgehenden Mittelalter (vgl. Ariès 1978/1990). Insbesondere die Reformatoren um Martin Luther engagierten sich für eine »Straffung und Disziplinierung des Generationenverhältnisses« im Interesse einer »ordentlichen Gesellschaft« (vgl. Bühler-Niederberger 2005). Sozialreformer und Moralisten entwarfen das Bild des zunächst »unschuldigen Kindes«, das einerseits genau dadurch gefährdet sei und sich andererseits jedoch auch zu einer Gefahr für die Gesellschaft entwickeln könnte, wenn es den Freiheiten und Einflüssen der Straße überlassen werde. Stattdessen müsse es in der Familie mit (väterlicher) Autorität und (mütterlicher) Liebe sowie in der Schule mit Disziplin beaufsichtigt, angeleitet und zu einem nützlichen Mitglied der Gesellschaft geformt werden. Die Durchsetzung des allgemeinen Schulsystems und des Arbeitsverbots für Kinder trugen entscheidend zur Entwicklung der modernen, abhängigen Kindheit in der heutigen Form bei (vgl. Ariès 1978/1990).

In der modernen Konzeption von Kindheit werden Kinder von der Teilnahme an gesellschaftlichem Leben weitgehend ausgeschlossen und auf spezifisch für sie vorgesehene Orte und Institutionen (Schulen, Kindergärten, Freizeiteinrichtungen) und den Bereich der Privatheit (Familie) verwiesen. Kindheit findet in einem klar eingegrenzten institutionellen Rahmen statt, dem Kinder in totaler Abhängigkeit lückenlos unterstellt sind. Kindheit ist so »entökonomisiert«: Kinder tragen nicht zur Sicherung des Lebensunterhalts bei sondern ‚Kindheit' wird als Lebensphase des Spiels und der Ausbildung definiert (vgl. Bühler-Niederberger 2005).

Das Leben von Kindersoldaten weicht an vielen Punkten signifikant von einem so gezeichneten »Muster moderner Kindheit« als »pädagogisches Moratorium« und Schon- und Schutzraum ab. Die charakteristische Separierung einer »kindlichen« Lebenswelt von der Erwachsenenwelt findet nicht statt. Kindersoldaten leben nicht bei ihren Familien oder in pädagogisch vorstrukturierten Räumen, sondern in Militärcamps oder bei sich fortbewegenden Rebelleneinheiten. Sie halten sich an Orten auf, die nach pädagogischen Kriterien des Schutzes, Versorgung und der Bildung sicherlich die am wenigsten »kindgerechten« sind: Orte, an denen Menschen verletzt oder getötet werden und an denen sie mit großer Wahrscheinlichkeit selbst zu Opfern werden. Ihre Hauptbeschäftigung liegt nicht bei Spiel und Schulunterricht. Sie erhalten vielmehr (meist informellen) Unterricht im Überleben, im effizientem Kämpfen, Zerstören und Töten. Kindersoldaten werden sowohl Zeugen als auch Täter extremer Gewalt; sie nehmen häufig in erster Frontlinie an Kämpfen und Massakern teil. Und nicht zuletzt erwerben sie über diese Handlungen oftmals ihren eigenen Lebensunterhalt durch Sold oder Plünderungen, d.h. das oben genannte Kriterium einer »entökonomisierten Lebensphase« wird hier stringent unterlaufen (vgl. Coalition to Stop the Use of Child Soldiers 2008; Druba 2000; Essiomle 2005; Machel 1996; Zito 2009a).

Die »Institutionalisierung von Kindheit« ist bei Kindersoldaten aufgehoben: Kinder werden »Kindersoldaten« zumeist in Gesellschaften, in denen soziale Strukturen auseinander brechen (s.o.). Häufig werden sie rekrutiert in Situationen, in denen sie ihre Familien verloren haben, in denen Gemeinschaften durch Kriegshandlungen zerstört worden sind. Im Militär finden Kinder und Jugendliche ebenso wie Erwachsene sich in einer »totalen Institution« (vgl. Goffman 1973) wieder. Die absolute Abhängigkeit und Unterworfenheit ist bei Kindersoldaten in militärischen Strukturen auch gegeben, allerdings handelt es sich hierbei nicht um »kindheitsspezifische« Institutionen. Das Ausmaß an Ausgeliefertsein und Ausweglosigkeit ist in vielen bewaffneten Gruppen durch Sanktionierungen von »Ungehorsam« mit körperlichen Strafen, Folter und Tod ausgeprägter als in pädagogisch ausgerichteten Institutionen.

Die Lebensrealitäten von Kindersoldaten machen deutlich, dass Kindheit und kindliche Eigenschaften sozial, kulturell und historisch gebunden sind. Welche Schlüsse sind aus dieser Erkenntnis zu ziehen? Sind Kinder-

soldaten Repräsentanten anderer Kindheitskonzeptionen, die genauso gut
oder schlecht wie die moderne Westliche sind? Bedeutet ein praktisches
sowie theoretisches Engagement gegen den Einsatz von Kindern als Soldaten eine unzulässige Übertragung westlicher Normen auf andere Gesellschaften?

6. Kindersoldaten als Repräsentanten anderer Kindheitskonzeptionen?

In der Dissertationsarbeit *»Understanding and Addressing the Phenomenon
of ›Child Soldiers‹: The Gap between the Global Humanitarian Discourse
and the Local Understandings and Experiences of Young People's Military
Recruitment«* hinterfragt Lee (2009) die Übertragbarkeit westlicher Kindheitskonzeptionen und Kinderschutznormen auf andere Gesellschaften und
Kulturen, in denen Kindersoldaten derzeit agieren. Aus ethnologischer Perspektive muss die Beteiligung von Kindern an bewaffneten Konflikten im
jeweiligen soziokulturellen Kontext gesehen und analysiert werden. Dabei
ergeben sich zwangsläufig eine Reihe möglicher Differenzen zur dem »im
globalen humanitären Diskurs« als Maßstab angelegten »Muster moderner
Kindheit«.

So wird jede Person unter 18 Jahren unter Bezugnahme auf die UN-
Kinderrechtskonvention als »Kind« bzw. als »Kindersoldat« definiert, obwohl die lokalen Verständnisse des Übergangs zum Erwachsenenalter oder
des angemessenen Alters zum Militäreintritt durchaus differieren können.
Lee führt aus, dass die Grenze zwischen »Kindheit« und »Erwachsenenstatus« in vielen afrikanischen Gesellschaften weniger durch ein chronologi-
sches Alter als vielmehr durch soziale Bedingungen definiert sei.[8] Wenn
der traditionelle Übertritt in den Erwachsenenstatus, der durch das Erringen
ökonomischer Unabhängigkeit und sozialer Verantwortung markiert sei,
durch wirtschaftliche Krisen erschwert werde, könne die militärische Rekrutierung einen alternativen Weg darstellen, den sozialen Erwachsenenstatus zu erlangen (vgl. Lee 2009).

Lee zieht darüber hinaus Parallelen zwischen soziokulturell verankerten
ökonomischen Tätigkeiten von Kindern und Jugendlichen und deren Einsatz in bewaffneten Konflikten. Mit Verweis auf eine Reihe ethnographi-

---

8   Vielerorts wird das Geburtsdatum Neugeborener nicht festgehalten, so dass viele
    Menschen ihr genaues Alter nicht kennen (Lee 2009). In einigen indigenen
    lateinamerikanischen Gesellschaften werden »Kinder« und Erwachsene nicht als
    getrennte Kategorien behandelt. Kinder sind hier »kleine Menschen«, die ebenso
    wie Erwachsene Verantwortung in der Gemeinschaft übernehmen (Recknagel 2007).

scher Studien (vgl. Little 1951; Stovel 2006; Francis 2007; Shepler 2004; Ferme 2001; Bledsoe 1990) wird beispielhaft dargestellt, dass Kinder in Sierra Leone, insbesondere in den ärmeren ländlichen Regionen, üblicherweise mit den Erwachsenen mitarbeiten. Vor diesem Hintergrund sei auch die Beteiligung von Kindern an militärischen Aufgaben zu verstehen. Da Kinder im zivilen Leben üblicherweise für Reproduktionstätigkeiten (Haushalt, Kochen etc.) eingesetzt würden, rekrutierten auch bewaffnete Verbände sie für diese Aufgaben. Spionage- und Kuriertätigkeiten entsprächen ferner den üblichen Botengängen von Kindern für Erwachsene in Friedenszeiten.

Lee beschreibt die Trennung von Kindern von ihren Eltern als übliche Praxis in Sierra Leone: Häufig wüchsen Kinder bei Verwandten oder in Pflegefamilien auf, da sie dort eine bessere (Aus)Bildung oder materielle Versorgung als in der Herkunftsfamilie erhielten. Selbst die Entführung von Kindern durch Rebellenverbände könne – so Lee – eingeordnet werden in das sozial akzeptierte Arrangement der »Pflegschaft« (fosterage). So hätten Kommandanten häufig Kinder unter ihre »Obhut« genommen und im »Handwerk« der Kriegsführung ausgebildet (vgl. Lee 2009). Daher argumentiert Lee, dass die militärische Rekrutierung von Kindern und Jugendlichen in bestimmten gesellschaftlichen Konstellationen von den Beteiligten selbst als sinnvoll eingestuft wird.

Eine möglicherweise daraus abzuleitende generelle Kritik an internationalen Kampagnen und Abkommen zum Schutz von Kindern in bewaffneten Konflikten greift allerdings aus verschiedenen Gründen zu kurz: Zum einen kann der Verweis auf »lokale Verständnisse« der Sinnhaftigkeit des Beitritts von Kindern zu bewaffneten Verbänden den Eindruck erwecken, es handele sich dabei um Phänomene lokaler Begrenztheit. Globale Zusammenhänge werden so ignoriert. Die ethnologisch begründete Kritik universalistischer Ansprüche von Kinderschutznormen, die rein auf der Diskursebene angesiedelt ist, ignoriert darüber hinaus, dass den internationalen Bemühungen, den Einsatz von Kindern in bewaffneten Konflikten zu unterbinden, eine Zuspitzung des Problems vorausging: Kinder wurden in Mozambique, Angola, Uganda und Sierra Leone zu Zehntausenden entführt und gezwungen, Verbrechen zu begehen – unter anderem ihre Heimatdörfer niederzubrennen, Zivilisten – teilweise ihre eigenen Angehörigen – zu ermorden, Menschen zu verstümmeln, Frauen zu vergewaltigen (vgl. Machel 1996; International Coalition 2004). Diese »Praktiken« sind in keinem dieser Länder »kulturell üblich« oder akzeptiert.

Darüber hinaus stellt sich die Frage, ob der massenhafte Einsatz von Kindern als Soldaten, der sich Ende des 20. Jahrhunderts entwickelt hat, überhaupt in den Kontext soziokulturell üblicher Praxen eingeordnet werden kann.[9] Auch wenn es in Afrika Gesellschaften gibt, in denen es traditionelle Praxis ist, dass männliche Jugendliche im Alter von 14 bis 15 Jahren Initiationsriten durchlaufen, nach denen sie als »Männer« gelten und somit auch Waffen zur Jagd tragen und als Krieger zur Verteidigung des Dorfes agieren dürfen, gibt es laut Pittwald keine spezifisch afrikanische Tradition des Einsatzen von Kindern als Soldaten.

»Während in Europa das Phänomen der Kindersoldaten in größerem Ausmaß seit dem Dreißigjährigen Krieg (1618-1648) existiert, kann man bezogen auf das vorkoloniale Afrika sagen, dass dort keine spezifische Tradition von Kindersoldaten anzutreffen war. Kindersoldaten traten in nennenswerter Zahl dort erst im Zuge der postkolonialen Kriege auf. Gegen eine spezifisch afrikanische Tradition, Kinder in Kämpfe zu schicken, sprechen auch die dort heute so hohe Zahl von Zwangsrekrutierungen und die vorrangig aus struktureller Gewalt resultierende ‚freiwillige' Teilnahme Minderjähriger an bewaffneten Kämpfen.« (Pittwald 2008, S. 33)

7. Kindersoldaten und Kinderrechte

Insgesamt lässt sich festhalten, dass Kinder zumeist unter dem Druck struktureller oder direkter physischer Gewalt zu Soldaten werden – in Situationen also, in denen weder die allgemeinen Menschenrechte noch spezielle Kinderrechte geachtet werden. Diese Missachtung verschärft sich im Rahmen militärischer Verbände und bewaffneter Auseinandersetzungen.

Im Zuge der Rekrutierung und des Einsatzes von Kindersoldaten werden zahlreiche Artikel der UN-Kinderrechtskonvention (KRK)[10] direkt oder indirekt verletzt, zum Beispiel das Recht auf Leben (Art. 6), das Recht auf Berücksichtigung des Kindeswillens (Art. 12), das Recht auf Schutz vor Gewaltanwendung, Misshandlung und Verwahrlosung (Art. 19), das Recht auf Gesundheitsversorgung (Art. 24), das Recht auf Bildung (Art. 28), das Recht, vor wirtschaftlicher Ausbeutung geschützt zu werden (Artikel 32), das Recht auf Maßnahmen gegen Entführung und Kinderhandel (Art. 35).

---

9 Es ist fraglich, ob sich kulturell übliche Praktiken in Friedenszeiten wirklich auf Handlungen in eskalierten Kriegssituationen übertragen lassen. Kann beispielsweise die planvolle und zeitlich begrenzte Trennung von den Eltern und die Unterbringung bei wohlhabenderen Verwandten oder in Pflegefamilien zum Zwecke besserer Ausbildung und Versorgung gleichgesetzt werden mit der (erzwungenen) Rekrutierung und Beteiligung an militärischen Handlungen?

10 Das *Übereinkommen über die Rechte des Kindes* (Resolution 44/25 der Generalversammlung der Vereinten Nationen) wurde von allen Staaten der Erde außer den USA und Somalia ratifiziert.

Artikel 38 der KRK schreibt ausdrücklich das Recht auf Schutz bei bewaffneten Konflikten fest.[11]

Trotz aller Kritik an den darin enthaltenen normativen Kindheitsbildern bietet die UN-Kinderrechtskonvention einen elementaren Ausgangspunkt für die Entwicklung einer subjektorientierten, kinderrechtsbasierten Perspektive bezogen auf Kinder, die als Soldaten rekrutiert wurden oder von der Rekrutierung bedroht sind. Die Kinderrechtskonvention kann...

> »... *als relevanter Beitrag zur Neurelationierung des Verhältnisses von Schutz, Versorgung und Partizipation verstanden werden, dies mit einer Privilegierung von letzterer. Die in einem emanzipatorischen gesellschaftspolitischen Interesse interpretierbaren Positionierungen sind anschlussfähig für Fragen von Kindheitstheorie – mit dem Zentrum ›kindliche Subjektivität‹ – und Kinderpolitik – mit der Priorität von ›Partizipation‹ anstelle von ›Stellvertretung‹; zusammengenommen handelt es sich um eine bildungs- wie politikpraktische Unterfütterung von Reflexivität, Urteilskraft und Handlungsfähigkeit.«* (Bühler-Niederberger/Sünker 2005, S. 182)

Während in der Geschichte der Menschenrechte vorrangig (bürgerliche) Freiheitsrechte im Mittelpunkt standen, drehten sich die Debatten um Kinderrechte zumeist um die Verpflichtung Erwachsener zum Kinderschutz, z. B. durch das Verbot von Kinderarbeit oder die Pflicht zum Schulbesuch. Ein Verständnis von Kinderrechten als eigenständige Rechte von Kindern selbst z. B. auf Selbstbestimmung und aktive gesellschaftliche Teilhabe, ist relativ neu (vgl. Liebel 2007). Ein wesentlicher Akteur in diesen Debatten sind Organisationen arbeitender Kinder, die seit den 1970er Jahren in Lateinamerika und seit den 1990 Jahren auch in Indien und Afrika entstanden (vgl. Liebel 2007).[12] Vor dem Hintergrund ihrer ökonomisch aktiven Rolle prangern sie an,

> »*systematisch von gesellschaftlicher Mitwirkung ausgeschlossen zu werden und dass dies mit ihrer vermeintlich altersbedingten ›Unreife‹ [...] legitimiert wird«* (Liebel 2007, S. 14).

---

11 Ausgerechnet aber für die militärische Rekrutierung und den Kampfeinsatz von Kindern wurde darin das Mindestalter von nur 15 Jahren festgelegt. Diese Altersgrenze entsprach den Bestimmungen des humanitären Völkerrechts in den Zusatzprotokollen von 1977 zur Genfer Konvention von 1949. 2002 trat das »*Fakultativprotokoll zur UN-Kinderrechtskonvention über die Beteiligung von Kindern an bewaffneten Konflikten«* in Kraft. Nichtstaatliche bewaffnete Gruppierungen dürfen nunmehr keine Unter-18-Jährigen rekrutieren, staatliche Armeen hingegen dürfen weiterhin Minderjährige auf freiwilliger Basis rekrutieren und ausbilden, sie jedoch noch nicht an Kriegseinsätzen teilnehmen lassen.

12 Als Vorläufer dieser Bewegungen nennt Liebel (2007) Organisationen arbeitender Kinder im 19. Jahrhundert und Kinderrechtsbewegungen im Kontext revolutionärer politischer und sozialer Bewegungen.

Sie bestehen darauf, bei allen sie betreffenden Entscheidungen einbezogen zu werden.[13] Diese Bewegungen, die ein »Recht auf Arbeit« statt eines Arbeitsverbots für Kinder fordern, wehren sich gegen »ausbeuterische Kinderarbeit« ebenso wie gegen den Einsatz von Kindern als Soldaten, den sie als »Verbrechen« und nicht als »Arbeit« bezeichnen.[14]

> *»Wir protestieren sowohl gegen alle Kriege und Aggressionen, die Kinder in der Welt erleben müssen und die für Millionen von uns Leiden und Tod bringen [...] Wir weigern uns, an Aktionen teilzunehmen, die gegen die Würde und das Leben als höchstem Wert gerichtet sind.«* (Abschlusserklärung des II. Welttreffens arbeitender Kinder, Berlin 2004)

Die (zwangsweise) Rekrutierung von Kindern ist also nicht nur vor dem Hintergrund westlicher Kinderschutznormen zu verurteilen. Sie verstößt auch gegen das von Kinderrechtsbewegungen eingeforderte und in der UN-Kinderrechtskonvention garantierte Recht auf Selbstbestimmung und aktive Partizipation von Kindern.

Eine kinderrechtsorientierte Kindheitspolitik muss an gesellschaftlichen Strukturen ansetzen, in denen Kinder und Jugendliche dazu gezwungen werden, sich bewaffneten Gruppen anzuschließen oder in denen ihre Handlungsspielräume zur Verbesserung ihrer Lebenssituation so gering sind, dass sie keine Handlungsalternativen zum bewaffneten Kampf sehen. Kinder müssen als Subjekte, die Gesellschaft mitgestalten, ernst genommen werden. Eine konsequente Umsetzung der UN-Kinderrechtskonvention ist dazu ein erster und weitreichender Schritt.

Literatur

Apelt, M. (2004): Militärische Sozialisation. In: Gareis, S.P./Klein, P. (Hrsg.) (2004): Handbuch Militär und Sozialwissenschaft. Wiesbaden, S. 26-39. http://www2.hsu-hh.de/wbox0148/apelt-militaerische-sozialisation.pdf (Zugriff: Dezember 2009).
Ariès, P. (1960/2003): Geschichte der Kindheit. München.
Aust, B. (2003): »Feindliche Übernahme« – Ökonomische Interessen und »militärisches Unternehmertum« im Kongo. In: Azzellini, D./Kanzleitner, B. (Hrsg.) (2003): Das Unternehmen Krieg – Paramilitärs, Warlords und Privatarmeen als Akteure der neuen Kriegsordnung. Berlin/Hamburg, S. 143-159.

---

13 Vgl. Abschlusserklärungen der Welttreffen der Arbeitenden Kinder 1996, 2004 und 2006, einsehbar im Internet unter: http://www.pronats.de/ (Stand Dezember 2009)
14 Vgl. Erklärung des VI. Treffens der arbeitenden Kinder und Jugendlichen Lateinamerikas und der Karibik, Asunción, Paraguay, 2001, einsehbar im Internet unter: http://www.pronats.de/index.php?id=91 (Stand Dezember 2009).

Azzellini, D./Kanzleitner, B. (2003): Das Unternehmen Krieg. In: Azzellini, D./Kanzleitner, B. (Hrsg.) (2003): Das Unternehmen Krieg – Paramilitärs, Warlords und Privatarmeen als Akteure der neuen Kriegsordnung. Berlin/Hamburg, S. 7-12.

Brett, R./Specht, I. (2004): Young Soldiers – why they choose to fight. Boulder/London.

Bühler-Nieberberger, D./Sünker, H. (2009): Gesellschaftliche Organisation von Kindheit und Kindheitspolitik. In: Honig, M.-S. (Hrsg.) (2009): Ordnungen der Kindheit – Problemstellungen und Perspektiven der Kindheitsforschung. Weinheim/München, S. 155-182.

Bundesministerium für Familie, Senioren, Frauen und Jugend (Hrsg.) (1996): Übereinkommen über die Rechte des Kindes – UN-Kinderrechtskonvention im Wortlaut mit Materialien – Texte in amtlicher Übersetzung. Bonn. http://www.bmfsfj.de/Politikbereiche/kinder-und-jugend,did=19892.html (Zugriff: Dezember 2009).

Coalition to Stop the Use of Child Soldiers (2008): Child Soldiers Global Report 2008. London: Coalition to Stop the Use of Child Soldiers. http://www.childsoldiersglobalreport.org/ (Zugriff: Dezember 2009).

Druba, V. (2000): Kindersoldaten : eine erziehungswissenschaftliche Untersuchung unter diskursanalytischer Perspektive. Heidelberger Dokumentenserver. http://www.ub.uni-heidelberg.de/archiv/670 (Zugriff: Dezember 2009).

Ephraime Junior, B. (2007): Psychotherapie mit Kindersoldaten in Mosambik: auf der Suche nach Wirkfaktoren. Aachen.

Essiomle, Y. O. (2005): Psychologische Betreuung ehemaliger Kindersoldaten in Westafrika. Dissertationsarbeit am Fachbereich Erziehungswissenschaft und Psychologie. Freie Universität Berlin, Archivserver der Deutschen Nationalbilbliothek, http://deposit.ddb.de/cgi-bin/dokserv?idn=976008823 (Zugriff Dezember 2009).

Fakultativprotokoll zum Übereinkommen über die Rechte des Kindes betreffend die Beteiligung von Kindern an bewaffneten Konflikten. http://www.tdh.de/content/themen/schwerpunkte/kinderrechte/fakulationspro tokoll.htm (Zugriff: Dezember 2009).

Graduate Institute of International and Development Studies, Genf (2009): Small arms survey 2009. http://www.smallarmssurvey.org/files/sas/publi cations/year_b_pdf/2009/GER/Cover-sheet-GER.pdf (Zugriff: Dezember 2009).

Güthoff, F./Sünker, H. (Hrsg.) (2001): Handbuch Kinderrechte – Partizipation, Kinderpolitik, Kinderkultur. Münster.

Hahn, P.-M. (2001): Die bösen Buben der Söldnerheere – im Dreißigjährigen Krieg suchten viele Kinder in Armeen Zuflucht. In: Wilke-Launer, R. (Hrsg.) (2001): »Kindersoldaten – Täter und Opfer zugleich«, Der Überblick. Hamburg, S. 38-41.

Honwana, A. (2006): Child Soldiers in Africa – Ethnography of Political Violence, Philadelphia/Pennsylvania.

Honig, M.-S. (Hrsg.) (2009): Ordnungen der Kindheit – Problemstellungen und Perspektiven der Kindheitsforschung. Weinheim/München.

Internationale Arbeitsorganisation (1999): Übereinkommen 182: Übereinkommen über das Verbot und unverzügliche Maßnahmen zur Beseitigung der schlimmsten Formen der Kinderarbeit. http://www.ilo.org/ilolex/german/docs/gc182.htm (Zugriff: Dezember 2009).

Lee, A.-J. (2009): Understanding and Addressing the Phenomenon of ›Child Soldiers‹: The Gap between the Global Humanitarian Discourse and the Local Understandings and Experiences of Young People's Military Recruitment. University of Oxford, Department of International Development, Refugee Studies Centre, Working Paper Series No. 52. http://www. rsc.ox.ac.uk/PDFs/RSCworkingpaper52.pdf (Zugriff: Dezember 2009).

Liebel, M. (2007): Wozu Kinderrechte – Grundlagen und Perspektiven. Weinheim/München.

Liebel, M. (1994): Wir sind die Gegenwart – Kinderarbeit und Kinderbewegungen in Lateinamerika. Frankfurt a. M.

Machel, G. (1996): The Impact of Armed Conflict on Children. http://www.unicef.org/graca/a51-306_en.pdf (Zugriff: Dezember 2009).

Pariser Prinzipien und Richtlinien zu Kindern, die mit nationalen Streitkräften und nichtstaatlichen bewaffneten Gruppen assoziiert sind (2007). http://www.child-soldiers.org/childsoldiers/Paris Principles_March_2007 .pdf (Zugriff: Dezember 2009).

Pittwald, M. (2008): Kindersoldaten, neue Kriege und Gewaltmärkte. Belm-Vehrte.

Recknagel, A. (2007): Zwischen universellem Anspruch und lokaler Vielfalt. In: Liebel, M. (Hrsg.) (2007): Wozu Kinderrechte – Grundlagen und Perspektiven. Weinheim/München, S. 51-60.

Russmann, P. (2004): Kindersoldaten als Akteure der neuen Kriege. In: Der Bürger im Staat, 2004, Heft 4, S. 205-209.

Seibert, T. (2003): Die neue Kriegsordnung Der globale Kapitalismus und seine barbarisierte Rückseite. In: Azzellini, D./Kanzleitner, B. (Hrsg.) (2003): Das Unternehmen Krieg – Paramilitärs, Warlords und Privatarmeen als Akteure der neuen Kriegsordnung. Berlin/Hamburg, S. 13-28.

Steudner, P. (2001): Die soziale Eingliederung von Kindersoldaten – Konzepte und Erfahrungen aus Mosambik. In: Berghof Report, 2001, Heft 6.

Sünker, H. (2004): Kindheitsforschung, Kinderpolitik und Bildungspolitik. In: Otto; Coelen (Hrsg.) (2004): Grundbegriffe Ganztagsbildung. Wiesbaden.

UNICEF Deutschland (2007): Zynischer Missbrauch – Kritische Bilanz von UNICEF zum 5. Jahrestag des Zusatzprotokolls zur UN-Kinderrechts konvention. http://www.unicef.de/index.php?id=4258 (Zugriff: Dezember 2009).

Zito, D. (2009a): Zwischen Angst und Hoffnung – Kindersoldaten als Flüchtlinge in Deutschland. Osnabrück.

Zito, D. (2009b): Kindersoldaten als Flüchtlinge in Deutschland. In: Gahleitner, S. B./Gunderson, C. L. (Hrsg.) (2009): Gender – Trauma – Sucht. Neues aus Forschung, Diagnostik und Praxis. Kröning.

Zito, D. (2009c): Psychische Belastung und Therapie bei jungen Flüchtlingen. In: P. Dieckhoff (Hrsg.) (2009): Kinderflüchtlinge – theoretische Grundlagen und berufliches Handeln. Wiesbaden.

Christian Piontek

»Also ich find das jetzt (…) nicht so toll, (…) hin und her zu pendeln«

Wie Kinder ihre trennungs- und scheidungsbedingte Mobilität bewerten – ein Fallbeispiel

1. Einleitung

Im Mittelpunkt dieses Beitrags steht die Frage, wie Kinder ihre Mobilität zwischen ihren getrennt bzw. geschieden lebenden Eltern bewerten. Anhand einer ausgewählten Paarsequenz[1] aus einem offenen Leitfadeninterview – aus dem Forschungsprojekt des Autors – mit einem elfjährigen Mädchen soll der Frage nachgegangen werden, wie die Interviewpartnerin ihr »mobil sein« (müssen) zwischen den Eltern beurteilt, und ob sie in ihrer Stellungnahme auch auf Deutungsmuster in ihrer Argumentation rekurriert. Carsten G. Ulrich (1999) hat in seinen Darlegungen zur Deutungsmusteranalyse im Zusammenhang mit der Methode des diskursiven Interviews die zentrale Bedeutung von Aufforderungen zu Begründungen und Stellungnahmen zu einem Thema im Interview hervorgehoben. Durch die explizite Veranlassung von Bewertungen durch Interviewfragen können zwar nicht die latenten sozialen Deutungsmuster (vgl. Oevermann 2001a, 2001b), aber die individuellen Derivationen dieser Deutungsmuster methodisch fokussiert werden.[2] Ulrich gibt aber auch zu bedenken, dass eine gezielte Erfas-

---

1   Als Paarsequenz wird innerhalb der formalen Gliederungsstruktur des Leitfadeninterviews die Unterteilung von Frage (Interviewereinlassung) und Antwort (verbaler Reaktion des Befragten) verstanden (vgl. Kleemann u. a. 2009, S. 216).

2   Unter Derivationen versteht Ulrich Handlungsrationalisierungen, welche einen Bezug zu sozial geteilten Deutungsmustern aufweisen. Sie sind »kommunizierte Konkretisierungen oder Adaptionen von Deutungsmustern« (Ulrich 1999, S. 430) mit dem Ziel eigenes Handeln und Situationsdefinitionen gegenüber dem Interviewpartner zu erklären und zu begründen. »Was sich [im Gegensatz zu latenten sozialen Deutungsmustern,] dem alltagsweltlichen Interaktionspartner wie dem sozialwissenschaftlichen Interpreten dagegen bei einer solchen Begründungsaufforderung offenbart, sind zunächst individuelle Beobachtungen,

sung und Rekonstruktion von lebensweltlich verankerten Deutungsmustern nur dann am wahrscheinlichsten ist, »… wenn das Ziel der Analyse nicht in der Rekonstruktion einzelner oder gar eines einzelnen Deutungsmusters besteht, sondern in der vollständigen Typologie aller konkurrierenden Deutungsmuster bezüglich eines vorab (aber vorläufig) definierten ›Bezugsproblems.‹« (Ulrich 1999, S. 432) Dieser methodische Anspruch kann in diesem Beitrag nicht eingelöst werden.[3] Im Vordergrund der Rekonstruktion des Interviewausschnittes steht die Frage nach Orientierungen, Beobachtungen und Bewertungen der Interviewpartnerin hinsichtlich des »Bezugsproblems«, d. h. trennungs- und scheidungsbedingte Mobilität, wobei in der Argumentation auch Derivationen vorkommen können.

In einem ersten Schritt wird in aller gebotenen Kürze auf das rahmende Forschungsprojekt eingegangen (2.). Es folgt die Darstellung der inhaltlichen und formalanalytischen Interpretation des ausgewählten Interviewabschnittes (3.). In einem letzten Schritt werden dann vorläufige Schlussfolgerungen aus der Rekonstruktion der Interviewpassage zu Beobachtungen, Orientierungen und Bewertungen der Interviewpartnerin, die möglicherweise auch auf Derivationen verweisen, gezogen (4.).

2. Mobilität von Kindern – zum Forschungsprojekt

Die statistische Zunahme von Trennungen und Scheidungen in Deutschland seit den 1960er ist *eine* zentrale Ursache für die Pluralisierung familialer Lebensformen[4] (»Pluralität in Grenzen«) (vgl. Peuckert 2008, S. 183; kritisch: Nave-Herz 1997). Die Pluralisierungsthese bezieht sich dabei auf eine quantitative Verlagerung bereits bestehender familialer Lebensformen, nicht aber auf eine Erhöhung der Vielfalt und Anzahl unterschiedlicher familialer Lebensformen (vgl. Lauterbach 2000; Wagner/Franzmann 2000).

Interpretationen und Bewertungen, auf deren Basis eine Situation oder ein Handeln erklärt und gerechtfertigt wird. Insofern Akteure dabei auf Deutungsmuster rekurrieren, sollen die entsprechenden individuell-situativen Adaptionen dieser Deutungsmuster als Derivationen bezeichnet werden.« (Ulrich 1999, S. 430, Anmerkungen CP).

3   Im Unterschied zur Methode des diskursiven Interviews wird im Leitfadeninterview des Forschungsprojekts nur eine explizite Frage im Schlussteil des Interviews zur Bewertung des Bezugproblems gestellt. Somit verringert sich die Möglichkeit – abgesehen von möglichen Deutungsmustern in anderen Textpassagen – durch explizite Aufforderungen zu Stellungnahmen und Begründungen mögliche Derivationen auf Seiten des Interviewpartners zu erhalten. (vgl. Ulrich 1999, S. 437ff.).

4   Zu den Begriffen »Lebensformen« und »familiale Lebensformen«, als ein Spezifikum von Lebensformen sei hier verwiesen auf Nave-Herz (2006, S. 23ff.) und Huinink/Konietzka (2007, S. 24ff.).

Im Jahr 1972 bestanden noch 32,5 Prozent aller Privathaushalte aus Ehepaaren mit minderjährigen Kindern. Dieser Anteil ist 2008 auf 15,3 Prozent gesunken (vgl. Engstler/Menning 2003; Statistisches Bundesamt 2010; eigene Berechnung). Bedingt durch Trennung und Scheidung kommt es zu unterschiedlichen »Fortsetzungsfamilien« wie Ein-Eltern-Familien (alleinerziehende Mütter und Väter mit Kind) (vgl. Schneider u. a. 2001; Peuckert 2008, S. 186ff.) und unterschiedlichen Formen von Stieffamilien[5] (vgl. Bien u. a. 2002). Nach Berechnungen von Klaus Schneewind und Sabine Walper auf Grundlage der Mikrozensus-Daten für 2005 gab es 22,7 Prozent Haushalte – gemessen an der Gesamtzahl aller Privathaushalte in Deutschland – in denen Kinder unter 18 Jahren lebten. Die überwiegende Mehrheit der minderjährigen Kinder (Stief-, Adoptions- und Pflegekinder mit eingeschlossen) in den alten und neuen Bundesländern lebte 2005 bei den verheirateten Eltern (Westdeutschland: 74 Prozent; Ostdeutschland: 62 Prozent). Weiterhin lebten 5,4 Prozent der minderjährigen Kinder in nichtehelichen Lebensgemeinschaften (gleichgeschlechtliche Partnerschaften inbegriffen) sowie 12,6 Prozent in Ein-Eltern-Familien, wobei 87 Prozent bei den allein erziehenden Müttern lebten. Folglich lebt weiterhin der überwiegende Teil der minderjährigen Kinder mit den verheirateten Eltern zusammen (vgl. Schneewind/Walper 2008, S. 571f.).

Die Zahl der Ehescheidungen in Deutschland stieg von 136 317 im Jahr 1991 um 41 Prozent auf 191 948 im Jahr 2008. Die Zahl der durch Scheidung betroffenen minderjährigen Kinder stieg im Vergleich der Jahre 1991 und 2008 von 99 268 (1991) um 51 Prozent auf 150 187 (2008). Den bisherigen Höchstwert erreichten die Scheidungszahlen und die Zahl der von Scheidung betroffenen minderjährigen Kinder im Jahr 2003 (Ehescheidungen: 213 975; betroffene minderjährige Kinder: 170 256). Vergleicht man hingegen die Zahlen von 2003 mit 2008, kann ein Rückgang, sowohl der Zahl der Ehescheidungen um 12 Prozent als auch der durch Scheidung betroffenen minderjährigen Kindern um 13 Prozent, konstatiert werden (vgl.

---

5 Da sich Stieffamilien im Gegensatz zu traditionellen Kernfamilien über mehrere Haushalte erstrecken und eine hohe Komplexität und Variabilität familialer Strukturen aufweisen, können nach Bien und Kolleginnen drei Typen von Stieffamilien unterschieden werden: 1.) Einfache Stieffamilien, in denen ein Partner Kinder in die Beziehung mitbringt. Es leben keine weiteren gemeinsamen Kinder im Haushalt. Es gibt einen leiblichen Elternteil und einen Stiefelternteil. 2.) Zusammengesetzte Stieffamilien, d. h. die neuen Partner bringen Kinder in die Beziehung mit. Es gibt keine weiteren gemeinsamen Kinder im Haushalt. Somit sind beide Partner zugleich leibliche Elternteile und Stiefelternteile. 3.) Komplexe Stieffamilien, d. h. Die Partner haben neben den jeweiligen leiblichen Kindern und Stiefkindern auch gemeinsame leibliche Kinder. (vgl. Bien u. a. 2002, S. 11) Haben die jeweiligen Kinder Kontakt – zumeist an Wochenenden und in den Ferien – zum abwesenden leiblichen Elternteil mit eigenem Haushalt, kann für die Kinder von einer weiteren »Wochenendfamilie« (vgl. Bien u. a. 2002, S. 11) oder »sekundären Stieffamilie« (vgl. Schneewind/Walper 2008, S. 592) gesprochen werden.

Statistisches Bundesamt 2010; eigene Berechnungen). Nach Heribert Engstler und Sonja Menning ist damit zu rechnen,»... dass rund ein Fünftel der
der in den 1990er Jahren geborenen Kinder von Ehepaaren (einschl. vor-
ehelich geborener Kinder) im Laufe der ersten beiden Lebensjahrzehnte mit
der Scheidung der Eltern konfrontiert (sein) wird.« (Engstler/Menning
2003, S. 84) Auf Grundlage von Schätzungen kann davon ausgegangen
werden, dass circa 6 Prozent der Kinder aus nichtehelichen Lebensgemeinschaften eine Trennung der Eltern erleben werden (vgl. Schwarz 1995).

Nicht erst, aber auch seit der Novellierung des Kindschaftsrechts (Kind-
schaftsrechtsreformgesetz 1998) mit gesetzlichen Neuregelungen zur elterlichen Sorge und zum Besuchs- und Umgangsrecht zum Wohle des Kindes
– mit Recht auf regelmäßigen Umgang mit beiden Elternteilen sowie der
Pflicht und Berechtigung beider Elternteile zum Umgang mit dem Kind
(vgl. BGB 2009, Familienrecht § 1684, § 1685) – sind Fragen gelingender
Umgangs- und Besuchsregelungen für Trennungs- und Scheidungskinder
von besonderer Relevanz. Da es keine genauen gesetzlichen Regelungen für
die Ausgestaltung des Umgangs gibt, obliegt es den Eltern mit alleinigem
oder gemeinsamen Sorgerecht – abgesehen von Kontaktabbrüchen, Hilfen
durch Familiengerichte und Jugendämter bei Nichteinigung – für angemessene Besuchs- und Umgangsregelungen im Interesse des Kindes zu sorgen
(vgl. Schneider u. a. 2001, S. 232ff.; Proksch 2002, S. 132ff.).

Eine Reihe von Studien zeigen, dass es dort einen gelingenden Umgang
gibt, wo die ehemaligen Partner trotz allen negativen Erfahrungen durch
Trennung und Scheidung das gemeinsame Sorge- und Umgangsrecht für
das Kind wahrnehmen, ihre Elternrolle gestalten und miteinander zum
Wohle des Kindes kooperieren (vgl. Napp-Peters 1995; Proksch 2002; Zartler u. a. 2004). So können unterschiedliche Arrangements des »co-
parenting« (vgl. Smart u. a. 2001) auftreten, die durch verschiedene Arten
von Fortsetzungsfamilien (vgl. Napp-Peters 1995; Walper/Wild 2002;
Schneewind/Walper 2008) gerahmt sind. Da die ehemaligen Partner nach
Trennung und Scheidung an unterschiedlichen Orten ihr Leben neu ausrichten (vgl. Beck-Gernsheim 1994, S. 129ff.), können in diesem Zusammenhang unterschiedliche Mobilitätsanforderungen und daraus resultierend
auch neue Mobilitätsrisiken für die betreffenden Kinder auftreten, wenn die
Kinder zwischen beiden Eltern pendeln (vgl. Jensen 2007, 2008).

Vor diesem Hintergrund und in Bezug auf die Mobilität von Kindern
fragt das hier skizzierte Promotionsprojekt danach, wie Kinder aus (Nach-)
Trennungs- und Scheidungsfamilien ihre Mobilität zwischen den Eltern o-
der anderen Sorgeberechtigten erfahren und bewältigen. Ausgangspunkt
sind vielfältige Mobilitätssettings der Kinder, die sich – im Spektrum kleiner bis größerer Distanzen – zwischen ihren Eltern allein oder mit Betreu-
ungspersonen hin und her bewegen. Gefragt wird nach der Relevanz bzw.
Nicht-Relevanz von (nach-)scheidungs- und trennungsbedingter Mobilität

als Teil alltäglicher Lebensführung (vgl. Voß/Weihrich 2001; Schweizer 2007, S. 443ff.) der Kinder. Im Rahmen des Forschungsprojektes werden qualitative Interviews – offene Leitfadeninterviews und Foto-Interviews – mit Kindern im Alter von 9 bis 13 Jahren durchgeführt. Hintergrundfolien für die Fallauswahl sind vorerst Alter, Geschlecht, verschiedene »Mobilitätssettings« (zu Fuß, Fahrrad, Bus, Auto, Bahn, Flugzeug u. a.), Häufigkeit der Mobilität (regelmäßig, oft, selten) sowie Distanzen der Mobilität (kleine/nahe Strecken – große/weite Strecken).

Der Mobilitätsbegriff im Kontext von Nach-Trennungs- und Nach-Scheidungsfamilien wird heuristisch im Sinne geografisch-räumlicher Mobilität verwendet. Als Unterformen von räumlicher Mobilität lassen sich Bewegungen unterscheiden, die zum einen mit einem ständigen Wechsel des Wohnsitzes verbunden sind (Migration, residentielle Mobilität) und Bewegungen, die nur vorübergehend mit einem Wechsel verbunden sind. Letzterer Aspekt geografisch-räumlicher Mobilität wird auch als Zirkulation oder zirkuläre Mobilität bezeichnet. Der Begriff geht auf den amerikanischen Geografen Wilbur Zelinsky zurück, welcher zirkuläre Mobilität definierte als »(...) a great variety of movements, usually short-term, repetitive, or cyclical in nature, but all having in common the lack of any declared intention of a permanent or long-lasting change in resistance.« (Zelinsky 1971 S. 226) In diesem Sinne wird der Begriff der räumlich zirkulären Mobilität im Forschungsprojekt verwendet.

3. Bewertung trennungs- und scheidungsbedingter Mobilität aus Kindersicht – ein Fallbeispiel

Im folgenden Abschnitt wird eine ausgewählte Paarsequenz aus einem offenen Leitfadeninterview mit einem elfjährigen Mädchen aus einer Nach-Scheidungsfamilie mittels formal- und inhaltsanalytischer Sequenzanalyse rekonstruiert. Die Interviewfrage zielt explizit auf eine Bewertung trennungs- und scheidungsbedingter Mobilität ab. Welche individuellen Beobachtungen, Interpretationen und Bewertungen, die möglicherweise auch auf Derivationen rekurrieren, finden sich in der Stellungnahme der Interviewpartnerin wieder?

3.1 Fallbeschreibung Sabine[6]

Vor der Interpretation des ausgewählten Interviewausschnittes soll an dieser Stelle eine kurze Fallbeschreibung geben werden: Das interviewte Kind Sa-

---

6 Der Vorname des interviewten Kindes sowie die Ortsangaben wurden anonymisiert.

bine ist zum Zeitpunkt des Interviews 11 Jahre alt. Sie hat ihren Hauptaufenthaltsort bei der Mutter, mit der sie und ihrem größeren Bruder (17 Jahre alt) in einer deutschen Großstadt (S-Stadt) lebt. Ihre Eltern haben sich 2003 getrennt und 2008 scheiden lassen. Beide Eltern haben das gemeinsame Sorgerecht für die Kinder. Sabine ist jedes zweite Wochenende im Monat und in den Schulferien bei ihrem Vater. Außerdem kommt ihr Vater montags für einen Tag zu Besuch nach S-Stadt. Ihr Vater lebt in einer deutschen Kleinstadt (T-Stadt), die etwa 200 Kilometer von S-Stadt entfernt liegt, mit seiner neuen Lebensgefährtin. Sabine pendelt seit 2005 zwischen ihren Eltern. Nach der Trennung der Eltern ist ihr Vater noch für eine Zeit in S-Stadt geblieben. Die neue Lebenspartnerin des Vaters wohnte zu dieser Zeit noch in einer deutschen Großstadt (F-Stadt). Die gemeinsamen Wochenenden mit den Kindern wurden deshalb zeitweise in F-Stadt verbracht. Nach dem berufsbedingten Umzug der Lebensgefährtin des Vaters nach T-Stadt zog auch der Vater von Sabine nach T-Stadt. Sabine hat den Wunsch beide Eltern zu sehen. Sie pendelt alle 14 Tage in Begleitung ihres älteren Bruders freitags mit dem Zug zum Vater und sonntags mit ihrem Bruder zurück zur Mutter nach S-Stadt. Wenn Sabines älterer Bruder keine Zeit zum gemeinsamen Pendeln hat, fährt sie mit ihrem Vater, der freitags von seinem Arbeitsort in A-Stadt zurückkommt, und über S-Stadt nach T-Stadt fährt. Beide treffen sich dann am Bahnhof oder im Zug. Zu einem früheren Zeitpunkt holte der Vater die Kinder noch mit dem Auto von S-Stadt ab. Da der zeitliche und räumliche Aufwand für ein Abholen und Bringen der Kinder zu groß sei, pendeln Sabine und ihr größerer Bruder deshalb mit dem Zug zwischen den Eltern.

Die Möglichkeit zum Interview mit Sabine ergab sich aus Schneeballeffekten. Es wurde in der Wohnung des Vaters und seiner Lebensgefährtin in T-Stadt Ende 2009 durchgeführt. Das Leitfadeninterview mit ihr dauerte circa 30 Minuten.

3.2 Formalanalytische und inhaltliche Interpretation[7] einer ausgewählten Paarsequenz[8] zur Bewertung trennungs- und scheidungsbedingter Mobilität

Im Folgenden wird nun eine Paarsequenz aus dem offenen Leitfadeninterview mit Sabine zur Bewertung der Mobilität vorgestellt und mittels Sequenzanalyse ausgewertet. Der Fokus richtet sich auf individuelle Beobachtungen, Interpretationen und Bewertungen der Befragten zum Thema, die möglicherweise auch auf Derivationen rekurrieren. Die hier vorgestellte Paarsequenz findet sich im letzten Drittel des Leitfadeninterviews. Während die Fragen im ersten Teil des Leitfadeninterviews eher als Erzählaufforderungen zu verstehen sind, die auf Mobilitätserfahrungen abzielen, wurde eine Frage zur Stellungnahme zum Thema (Bewertung der eigenen trennungs- und scheidungsbedingten Mobilität) –unabhängig von den Erzählaufforderungen – im letzten Teil des Interviews gestellt.

> *Im: Gu:t (1) dann erzähl mir bitte mal äh ( ) wie du das hin und her reisen zwischen deinen Eltern so findest; (1)*
> *Sf: Also ich find das jetzt ehrlich gesagt nicht so toll (.) immer zwischen den einen hin und her zu pendeln (.) weil es wär eigentlich schon schöner wenn man wenn die noch in der gleichen Stadt mindestens wohnen würden. (.) aber (1) kann man ja auch nichts dran ändern. (1) //mhm// ich akzeptiere das jetzt so wie es ist (.) und dann (.) ist mir das und dann denke ich da auch nicht mehr drüber nach, (.) //mhm// also; (.) das ist halt nen bisschen blöd weil (.) wenn ich zum Beispiel bei meinem Vater bin würd ich lieber bei grad bei meiner Mutter sein (.) oder wenn ich grad bei meiner Mutter bin will auch manchmal lieber mit meinem Vater (.) manchmal hab ich auch gar=nicht soviel Lust wieder zu pendeln und will einfach nur irgendwie (.) da erstmal bleiben für irgendwie ne Woche wo ich gerade bin (.) //hm// (2) und nicht irgendwie direkt schon wieder nach zwei Tagen abzureisen und dann wieder (.) nochmal von vorne anfangen (.) sich wieder dran zu gewöhnen und so (.) //hm// (2)*
> *Im: Also möchtest dann lieber mal (.) für ne längere Zeit an einem Ort sein?*

---

7 Bei der Wiedergabe der Interpretation wird auf eine strikte Trennung von formalanalytischer und inhaltlicher Interpretation (vgl. Kleemann u. a., S. 208ff.) verzichtet.

8 Für die Übertragung des aufgezeichneten Interviewmaterials in die Textform wurde das Transkriptionssystem »Talk in Qualitative Research (TiQ)« verwendet. (vgl. Przyborski/Wohlrab-Sahr 2008; S. 164ff.) Die Abkürzungen »Im« und »Sf« stehen für Interviewer masculin sowie für den pseudonymisierten Vornamen Sabine der femininen Befragten.

Sf: Ja das ist ein bisschen doof (.) man hat sich gerade an den Ort so gewöhnt (.) //mhm// und dann muss man d- direkt eigentlich schon wieder abfahrn (.) //hm// (1) ja

Es folgt die formalanalytische und inhaltliche Interpretation der Paarsequenz.

Im: Gu:t (1) dann erzähl mir bitte mal äh (.) wie du das hin und her reisen zwischen deinen Eltern so findest; (1)

Der Interviewer (Im) stellt hier eine initiierende Frage. Es wird ein neues Thema angesprochen, nämlich zu erzählen, wie Sabine (Sf) »das hin und her reisen zwischen (ihren) Eltern so findet«. In der vorherigen Paarsequenz wurde vom Interviewer eine initiierende Frage zu Veränderungen für die Lebenssituation von Sf gestellt, seitdem sie zwischen den Eltern pendelt. Der Interviewer gibt sich mit den Antworten von Sf dazu zufrieden (»Gu:t (1)«) und stellt daraufhin eine Frage, die explizit auf eine Bewertung der Befragten zum Thema abzielt. Mit der Aufforderung zu einer Stellungnahme zum Thema wird die Wahrscheinlichkeit erhöht, dass der Interviewpartner in seinen Antworten auf Deutungsmuster in Form von Derivationen zurückgreift (vgl. Ulrich 1999, S. 438). Mit der Frage wird eine Aufforderung zur Erzählung verbunden, nicht nach dem »hin und her reisen«, sondern wie Sabine das »hin und her reisen« »so findet«. In diesem Zusammenhang stellt sich die Frage, ob man eine Bewertung erzählen kann. Bewertungen werden weitgehend in Form von Argumentationen sprachlich verfasst. (vgl. Lucius-Hoene/Deppermann 2004, S. 162ff.) Eine vereinfachte Frage nach der Bewertung hätte verkürzt so gestellt werden können: »Wie findest du das hin und her reisen zwischen deinen Eltern?« »Erzählen« wird in der Frageformulierung in einer undifferenzierten alltagssprachlichen Verwendung, synonym zu mitteilen, erläutern etc., benutzt (vgl. Lucius-Hoene/Deppermann 2004, S. 145). Die Interviewerfrage ist direkt, aber ohne Vorgabe von Bewertungsmaßstäben, gestellt.

Sf: Also ich find das jetzt ehrlich gesagt nicht so toll (.)

Mit der Formulierung »Also ich find« subjektiviert die Interviewpartnerin die nachfolgenden Aussagen und macht deutlich, dass sie aus ihrer Perspektive, für sich als Person und aus einer gegenwärtigen raum-zeitlichen Position (»jetzt«) spricht. Mit dem Relativpronomen »das« bleibt dabei offen, ob sie die Art und Weise des Reisens oder den Akt des Reisens als negativ empfindet, oder ob sie den Umstand des Reisens insgesamt als »nicht so toll« bewertet oder gar, etwas weitgehender interpretiert, den Grund ihres Reisens, die Trennung der Eltern. Die Interviewte gibt zudem eine Antwort die sie als »ehrlich« bezeichnet. Die Bewertung »nicht so toll« ist vielleicht der erste Weg zu sagen, was der Fall ist, also ehrlich zu sagen, wie man das findet. Auf die Interviewfrage antwortet Sabine mit einer Proposition, d. h.: auf die Frage nach einer Bewertung für das »hin und her reisen zwischen den Eltern« gibt die Interviewpartnerin eine persönliche Evaluation (»nicht so toll«) ab, wobei das Wort »so« eine relativierende Bedeutung aufweist.

immer zwischen den einen hin und her zu pendeln (.)

In dieser Sequenz wird eine Konkretisierung dessen vorgenommen, was als »nicht so toll« bewertet wird. Es ist nicht das »hin und her reisen zwischen den Eltern«, sondern das Pendeln, welches thematisiert wird. Die Interviewte benutzt hier ausdrücklich den Begriff des Pendelns und nimmt nicht den Begriff des »hin und her reisen« aus der initiierenden Interviewfrage auf. Pendeln, als eine zirkuläre (»hin und her«), wiederholende (»immer«) Bewegung zwischen zwei Polen impliziert, dass es kein dauerhaftes Ankommen, keine »Verortung« an einem der zwei Pole gibt, zwischen denen eine Bewegung stattfindet. Auch wählt Sabine hier die Formulierung »zwischen den einen«. Damit unterschlägt sie gewissermaßen »einen anderen« (als Person, als Ort), macht diesen also nicht explizit. Mit der Äußerung »den einen« werden zwei Pole (Personen, Orte) als eine Einheit konstituiert.

weil es wär eigentlich schon schöner wenn man wenn die noch in der gleichen Stadt mindestens wohnen würden. (.)

Es folgt eine Begründung (»weil«) dafür, dass das Pendeln als »nicht so toll« bewertet wird. Das Pendeln (zwischen den getrennt lebenden Eltern) wird von Sabine als unangenehm wahrgenommen, weil, so das Argument, es einen Wechsel zwischen zwei Städten beinhaltet. Der Wunsch, welcher im Konjunktiv II (»wär«) ausgedrückt wird, »es wär eigentlich schon schöner wenn man wenn die noch in der gleichen Stadt mindestens wohnen würden. (.)«, kann hier hinsichtlich dreier Lesarten plausibilisiert werden. Erstens: als ein volles Erfüllen des Wunsches nach einem gemeinsamen Familienleben an einem Ort, möglicherweise in einem gemeinsamen Haushalt – als eine Normalitätsidee einer Kernfamilie –, der an dieser Stelle von der Interviewten nicht benannt wird und somit implizit bleibt, zweitens: als Teilerfüllung des Wunsches (»mindestens noch in der gleichen Stadt«) und drittens: als Nichterfüllung des Wunsches. Ex negativo hebt sich gerade aus der Nichterfüllung des Wunsches, dass die Eltern nicht mindestens in der gleichen Stadt wohnen, eine negative Bewertung des Pendelns heraus. Das Pendeln erhält durch Sabine eine negative Zuschreibung, weil damit ein Wechsel zwischen zwei Städten verbunden ist. Sabine artikuliert hiermit ein Bedürfnis nach räumlicher und sozialer Nähe zu den Eltern. Die Ausdrucksgestalt »wenn man wenn die« kann als Umschwenken, als Präzisierung von einem neutralen Personalpronomen »man« auf das Relativpronomen »die« dergestalt interpretiert werden, dass das Pendeln nur durch »die« (Eltern, Erwachsene) abgeändert werden kann, sei es vor allem dadurch, dass »die« in der gleichen Stadt »mindestens« wohnen würden. Ob Sf mit dem Adverb »mindestens«, als Ausdruck einer Minimalbedingung, möglicherweise auch eine Normalitätsidee von einer Kernfamilie einklagt, kann anhand dieser Textstelle nicht belegt werden. Wenigstens sollten die Eltern in der gleichen Stadt wohnen.

aber (1) kann man ja auch nichts dran ändern. (1)

Mit der oppositiven Konjunktion »aber« erfolgt eine Relativierung hinsichtlich der vorherigen Sequenz. Möglicherweise hätte die Interviewte gerne das ein »man« als »wir« an einem bestimmten Ort entsteht (»in der gleichen Stadt mindestens wohnen würden«) und nicht eines, das durch zwei Pole (zwei Städte) fragmentiert ist, zwischen denen man pendeln muss. Dieser implizite Wunsch als Annäherung an eine Normalitätsbild von Familie – das hier durch räumliche Nähe bestimmt ist – wird aber durch die getroffene formelhafte Wendung resignativ verworfen. An was kann man nichts dran ändern? Daran, dass sich beide Eltern getrennt haben, dass beide Eltern an unterschiedlichen Orten leben, dass Sabine zwischen ihren Eltern pendeln muss, um beide Eltern zu sehen? Sabine präsentiert in diesem Statement Passivität und Hilflosigkeit gegenüber der objektiven Situation. Beide Eltern haben jeweils einen Ort, ein Zuhause zwischen denen Sf pendelt. Interessant ist wiederum die Verwendung des neutralen Personalpronomens »man«, welches hier möglicherweise die Funktion einer entlastenden Entindividualisierung von problematischen Erfahrungen hat (vgl. Lucius-Hoene/Deppermann 2004, S. 223).

ich akzeptiere das jetzt so wie es ist (.) und dann (.) ist mir das
und dann denke ich da auch nicht mehr drüber nach, (.)

Hier erfolgt ein Umschwenken von einer unpersönlichen, möglicherweise entlastenden Perspektive (»man«) auf die persönliche Ebene (Pronomina »ich«), als Beziehung zum Sachverhalt »das«, (möglicherweise die Gesamtsituation: Pendeln, Eltern wohnen nicht in gleicher Stadt, Eltern haben sich getrennt), welcher von Sabine nicht explizit ausgeführt wird, der aber in seinem heutigen Zustand (»wie es ist«) hingenommen und akzeptiert wird. Präsentiert wird ein Bild der Unveränderbarkeit. Mit der Schlussfolgerung (»und dann«) wird mit dem Sachverhalt kognitiv abgeschlossen (»denke ich da auch nicht mehr drüber nach«). Der Sachverhalt ist für Sf scheinbar schmerzhafter als dargestellt. Das nicht darüber nachdenken ist möglicherweise ein Versuch, die Unfähigkeit und Ohnmacht der Nicht-Beeinflussung der Situation kognitiv abzuwenden. Mit Bezug auf die getroffene Bewertung des Pendelns als »nicht so toll«, kann diese Sequenz auch dahingehend interpretiert werden, dass das Pendeln eigentlich schrecklich sei. Da man nicht zu oft darüber nachdenken möchte, wird der

Ausdruck »nicht so toll« als Bewertung gewählt, denn alles andere ist möglicherweise belastend.

> *also; (.) das ist halt nen bisschen blöd weil (.) wenn ich zum Beispiel bei meinem Vater bin würd ich lieber grad bei meiner Mutter sein (.) oder wenn ich grad bei meiner Mutter bin will auch manchmal lieber mit meinem Vater (.)*

Mit »also« wird eine weitere Präzisierung eingeleitet, wieso das Pendeln als »nicht so toll« bewertet wird. Mit der Formulierung »das ist halt nen bisschen blöd« nimmt dann Sabine eine weitere Beurteilung vor, die einen relativierenden Charakter (»nen bisschen«) aufweist. Im Anschluss erfolgt eine Begründung (»weil«), und es wird ein Beispielargument für die Bewertung gegeben. »Blöd« ist, weil Sf beide Eltern nicht zusammen an einem Ort oder mindestens in der gleichen Stadt haben kann. Hieraus ergibt sich ein Dilemma der Selbstverortung, d.h. die Interviewpartnerin kann nicht gleichzeitig beim abwesenden Elternteil sein, wenn sie sich beim anwesenden Elternteil aufhält Der (situative) Wunsch nach Nähe zum jeweiligen anderen Elternteil (»wenn ich zum Beispiel bei meinem Vater bin würd ich lieber grad bei meiner Mutter sein (.) oder wenn ich grad bei meiner Mutter bin will auch manchmal lieber mit meinem Vater (.)«), wird durch die große räumliche Distanz zwischen den Wohnorten der Eltern verhindert. Wenn die Eltern mindestens noch in der gleichen Stadt wohnen würden, könnte das (temporäre) Bedürfnis nach sozialer Nähe zum jeweils abwesenden Elternteil partiell eingelöst werden.

> *manchmal hab ich auch gar=nicht so viel Lust wieder zu pendeln*

Mit der getroffenen Formulierung wird kein Orts- und Personenbezug hergestellt. Die Interviewte führt nicht aus: »Manchmal habe ich keine Lust meine Mutter oder meinen Vater zu sehen.« Es wird die Pendelbewegung negativ thematisiert. Das Pendeln kostet, temporär eingeschränkt (»manchmal«), Überwindung. Ankommen bedeutet gleichzeitig wieder Abfahren und vice versa.

> *und will einfach nur irgendwie (.) da erstmal bleiben für irgendwie ne Woche wo ich gerade bin (.)*

Die Interviewte führt weiter aus, wieso das Pendeln als negativ zu bewerten ist, da sie sich »einfach nur irgendwie« einen Ruhepol, einen Ort an dem sie »erstmal« bleiben, sich verorten kann, wünscht. Thema ist das Verweilen für eine Dauer an einem Ort. Unter Berücksichtigung der Kontextinformationen kann die Frage gestellt werden, wieso Sabine das Verweilen an einem Ort thematisiert, ist sie doch »nur« alle zwei Wochenenden beim Vater und während der Woche bei der Mutter, bleibt also »für irgendwie ne Woche«, zumindest bei der Mutter. Dies wird aber nicht von ihr thematisiert.

Auch die Lesart bezüglich eines Wunsches nach einem längeren Aufenthalt
von Sabine beim Vater kann nicht plausibel belegt werden, da sie nicht explizit Bezug darauf nimmt, stattdessen formuliert »wo ich gerade bin«.

und nicht irgendwie direkt schon wieder nach zwei Tagen abzurei-
sen

Die zuvor verworfene Lesart zum Aufenthalt beim Vater, unter Berücksichtigung der Kontextinformationen, kann mithilfe dieser Sequenz plausibilisiert werden. Ohne die Kontextinformationen kann jedoch interpretiert
werden, dass Sf zum ersten Mal ein »angekommen sein«, einen Ort thematisiert (»zwei Tage«). Dieses Verweilen an einem Ort wird aber durch das
Pendeln müssen (»nach zwei Tagen abzureisen«), welches sich »direkt«
und somit ohne Umwege vollzieht, wieder brüchig. Somit kann von einem
kurzweiligen, nicht ausreichenden Verweilen an einem Ort gesprochen
werden.

und dann wieder (.) nochmal von vorne anfangen (.)

Die Sequenz kann dahingehend interpretiert werden, dass hier zum einen
der latente Wunsch nach Verwurzelung, Verortung, Verlässlichkeit, Sicher-
heit und Kontinuität thematisiert wird, dass Versuche in diese Richtung
immer wieder scheitern (»nochmal von vorne anfangen«), da man durch die
Distanzüberbrückung durch das Pendeln keine Möglichkeit zur Sesshaf-
tigkeit hat, da Sf immer wieder aus dem längeren Verweilen an einem Ort
herausgerissen wird und wieder neu beginnen muss. Zum anderen kann interpretiert werden, dass mit der Formulierung auf das Pendeln als wieder-
kehrenden Prozess abgezielt wird. Bei Nichtberücksichtigung des Kontextes, dass Sabine »nur« alle zwei Wochen an den Wochenenden beim Vater
ist, können die beiden letzten Sequenzen auch insoweit interpretiert werden,
dass die Befragte alle zwei Tage zwischen Personen bzw. Orten hin und her
pendelt. Unter Nichtberücksichtigung des Kontextes, kann auch danach gefragt werden, ob sich Sabine bei ihrer Mutter nicht »verorten« kann, möglicherweise infolge divergierender Alltagszeiten des Elternteils und des
Kindes. Diese Schlussfolgerung ist aber spekulativ und nicht an diesem Datenmaterial zu erweisen. Plausibler ist die Lesart, dass Sf mit der Äußerung
die Fahrten zum Vater, den Aufenthalt beim Vater und die Abreise vom
Vater thematisiert. Die Sequenz kann auch dahingehend interpretiert werden, dass die Interviewte das wiederholte Aufbauen von Beziehungsstruktu-
ren zum jeweiligen Elternteil thematisiert. Werden die jeweiligen Konstan-
ten zur Mutter und zum Vater jeweils brüchig durch die Abwesenheit des
Kindes? Bedeutet das längere Verweilen an einem Ort das »brüchig werden« des anderen Ortes?

(.) sich wieder dran zu gewöhnen und so (.)

An was oder wen muss sich Sabine »wieder« gewöhnen? Muss sich die Interviewte wieder an ihre Eltern, den Vater und/oder die Mutter, das Pendeln oder alles zusammen gewöhnen? Wieso muss man sich eigentlich an vertraute Personen gewöhnen? Muss sich Sf wieder an den jeweiligen Ort beim Vater und/oder der Mutter gewöhnen? Die Beziehungen und Dinge am jeweiligen Ort bleiben für die Zeit der Abwesenheit nicht konserviert. Müssen die Dinge am jeweiligen Ort, die man durch die Abwesenheit verpasst hat, aufgearbeitet werden? Mit Berücksichtigung der drei letzten Sequenzen und des Kontextes trifft die Aussage zum sich wiederholenden Gewöhnungsprozess wohl eher auf den Aufenthalt beim Vater zu.

> *Im: Also möchtest dann lieber mal (.) für ne längere Zeit an einem Ort °sein?°*

Nachdem die Interviewte ihren Redebeitrag ohne Coda beendet, nimmt der Interviewer nach einer kurzen Pause das Rederecht in Anspruch und stellt eine immanente Nachfrage mit der an die Ausführungen von Sabine angeknüpft wird. Die Frage ist suggestiv gestellt, hat aber in der Situation keine negativen Intervieweffekte. Mit Bezug auf Thomas Trautmann kann zu suggestiven Fragen in Kinderinterviews festgehalten werden: »Innerhalb des Gesprächs kann es bestimmte Problemlagen geben, wo die Interviewerin zu einem Aspekt Stellung beziehen muss. Dies kann dann suggestiv erfolgen – jedoch nicht einer ›billigen Zustimmung‹ des Kindes wegen. Vielmehr kann es herausgefordert werden, nach der Stellungnahme tiefer in die Gründe der Entscheidung vorzudringen oder eine Relativierung vorzunehmen« (Trautmann 2010, S. 120) Die Befragte könnte aber auf diese geschlossene Frage auch eine kurze Antwort, z. B. »Ja«, geben und würde somit keine tiefer gehende Stellungnahme abgeben.

> *Sf: Ja das ist ein bisschen doof (.) man hat sich gerade an den Ort so gewöhnt (.) //mhm// und dann muss man d- direkt eigentlich schon wieder abfahrn (.) //hm// (1) ja*

Sabine geht in Form einer positiven Validierung auf die Frage des Interviewers ein. Ihre Antworten sind aber retardierend, d.h. der Inhalt geht nicht über bereits Gesagtes hinaus. Mit der Formulierung »das ist halt nen bisschen blöd« nimmt Sf noch einmal eine Beurteilung vor, die relativierend ist (»bisschen doof«). Mit dem neutralen Personalpronomen »man« wird wiederholt und eingeleitet, dass es keine längere Verortung hinsichtlich einer Gewöhnung geben kann, sondern, dass die Ankunft schon im Vorzeichen der Abfahrt steht (»muss man d- direkt eigentlich schon wieder abfahrn«). Im Anschluss an die vorgestellte Paarsequenz wird vom Interviewer an die Interviewpartnerin eine initiierende Frage zu ihren Wünschen für die Zukunft gestellt. In ihren Ausführungen dazu geht »Sabine« auch auf das Pendeln mit dem Zug ein. Sie wünscht sich unter anderem öfter vom Vater mit dem Auto abgeholt zu werden.

4. Schlussfolgerungen

Welche Perspektiven ergeben sich aus der Interpretation der Textpassage, deren Fragestimulus explizit auf eine Bewertung zum untersuchten Gegenstandsbereich angelegt ist. Argumentationen auf Seiten des Interviewpartners können einen Zugang zu dessen Deutungsmustern, seinen impliziten Annahmen über sich selbst und Andere und zu seinen normativen Orientierungen und Weltdeutungen eröffnen (vgl. Lucius-Hoene/Deppermann 2004, S. 165). Nach Ulrich können gerade durch Interviewfragen mit expliziter Aufforderung zu Stellungnahmen und Begründungen zu einem Thema Interpretationen, Beobachtungen und Bewertungen, die möglicherweise auf Deutungsmuster – als Derivationen – verweisen, evoziert werden (vgl. Ulrich 1999, S. 430ff.).

Derivationen konnten in der Interviewpassage nicht rekonstruiert werden. Dagegen zeigt sich eine (normative) Orientierung des Kindes an einer Familienkindheit (zur Familienkindheit: vgl. Herlth u. a. 2000; Jensen/McKee 2003; Lange 2007) – als Beziehung zu beiden Eltern – welche sich durch räumliche Nähe auszeichnet. Die Interviewpartnerin bewertet ihre trennungs- und scheidungsbedingte Mobilität eingeschränkt negativ (»nicht so toll«). Ihr erstes Argument für eine negative Bewertung bezieht sich auf die räumliche Distanz zwischen den Orten der Eltern. Sabine orientiert sich in ihrem Wunsch nach einer Minimierung der räumlichen und sozialen Distanz zu ihren Eltern (»wär schon schöner wenn man wenn die noch in der gleichen Stadt mindestens wohnen würden«) an einem Bild von Familienkindheit, welches eben durch soziale und räumliche Nähe gekennzeichnet ist. Diese Idee von Familienkindheit als räumliche und soziale Nähe wird von ihr auch einklagt (»wär schon schöner«). Ob sich hinter dem Wunsch nach räumlicher und sozialer Nähe zu beiden Eltern auch implizit eine Orientierung an einer Familienkindheit in der ursprünglichen Kernfamilie verbirgt, kann nicht belegt werden. Ulrich Schmidt-Denter und Heike Schmitz unterscheiden in ihrer Untersuchung zu »familiären Beziehungen und Strukturen sechs Jahre nach der elterlichen Trennung« im Rahmen der Kölner Längsschnittstudie mit Trennungs- und Scheidungsfamilien drei mögliche Familienkonzepte, an denen sich die Kinder als Reaktion auf die Veränderungen der Familie orientieren. So orientierten sie sich zum einen an der ursprünglichen Kernfamilie, zum anderen an der erweiterten Kernfamilie sowie an der Mutterfamilie. Nach den Autoren zeigt sich in den Angaben der Kinder zu ihrem subjektiven Familienbild, »(...) daß (sic!)

auch sechs Jahre nach der Trennung die alte Kernfamilie ihr familiäres Hauptbezugssystem darstellt. 70 % nennen beide Elternteile als ihrer Familie zugehörig und vertreten damit ein binukleares Familienkonzept« (Schmidt-Denter/Schmitz 1999, S. 77).

Die Orientierung an einem »binuklearen Familienkonzept«, welches wenigstens durch räumliche Nähe bestimmt sein sollte, wird durch die objektiven Gegebenheiten erschwert. Eine vom interviewten Kind geäußerte Normalitätsidee von Familie (»mindestens in der gleichen Stadt wohnen«) wird resignativ verworfen (formelhafte Wendung: »kann man ja auch nichts dran ändern«) und der gegenwärtige Zustand (kognitiv) akzeptiert. Familienkindheit findet in zwei weit entfernten »verinselten Lebensräumen« (Zeiher 1994) statt.

Das zweite Argument der Interviewpartnerin in der negativen Bewertung (»das ist halt nen bisschen blöd weil«) der eigenen Mobilität verweist wiederum auf ein Familienbild, welches durch soziale und räumliche Nähe bestimmt ist. Die räumliche Distanz der Eltern führt zum Dilemma, dass die Interviewpartnerin nicht der Orientierung nachkommen kann gleichzeitig beim abwesenden Elternteil zu sein, wenn sie sich beim anwesenden Elternteil aufhält. Eine weitere Orientierung der Interviewpartnerin zielt auf eine temporäre Verortung als Gegenteil zum Pendeln.

Für eine Auswertung der weiteren fallspezifischen Paarsequenzen zur Bewertung der trennungs- und scheidungsbedingten Mobilität aus der Kinderperspektive kann danach gefragt werden, ob sich ähnliche Orientierungen – zumal bei größeren Entfernungen zwischen den Elternhäusern – finden lassen. Die jeweiligen Interviewausschnitte zur Bewertung der Mobilität bieten zudem eine Möglichkeit der Kontrastierung mit dem jeweiligen fallspezifischen Datenmaterial.

Literatur

Bürgerliches Gesetzbuch ([63]2009): Stand: 1. Februar 2009. München.
Beck-Gernsheim, E. (1994): Auf dem Weg in die postfamiliale Familie – von der Notgemeinschaft zur Wahlverwandtschaft. In: Beck, U./Beck-Gernsheim, E. (Hrsg.) (1994): Riskante Freiheiten. Individualisierung in modernen Gesellschaften. Frankfurt a. M., S. 115-138.
Bien, W./Hartl, A./Teubner, M. (2002): Stieffamilien in Deutschland. Eltern und Kinder zwischen Normalität und Konflikt. Opladen.
Engstler, H./Menning, S. (2003): Die Familie im Spiegel der amtlichen Statistik. Lebensformen, Familienstrukturen, wirtschaftliche Situation der Familien und familiendemographische Entwicklung. Berlin.
Herlth, A./Engelbert, A./Mansel, J. (Hrsg.) (2000): Spannungsfeld Familienkindheit. Neue Anforderungen, Risiken und Chancen. Opladen.

Huinink, J./Konietzka, D. (2007): Familiensoziologie. Eine Einführung. Frankfurt a. M./New York.

Jensen, A (2008): Mobile Children: Small Captives of Large Structures? In: Children & Society, 23. Jg. (2008), Heft 2, S. 123-135.

Jensen, A. (2007): Mobile and Unprooted? Children and the Changing Family. In: Zeiher, H./Dympna D./Kjorholt, A.-T. (Hrsg.) (2007): Flexible Childhood? Exploring Children`s Welfare in Time And Space. Odense, S. 121-142.

Jensen, A./McKee, L. (Hrsg.) (2003): Children and the Changing Family. Between transformation and negotiation. London/New York.

Kleemann, F./Krähnke, U./Matuschek, I. (Hrsg.) (2009): Interpretative Sozialforschung. Eine praxisorientierte Einführung. Wiesbaden.

Lange, A. (2007): Kindheit und Familie. In: Ecarius, J. (Hrsg.) (2007): Handbuch Familie. Wiesbaden, S. 239-259.

Lauterbach, W. (2000): Kinder in ihren Familien. Lebensformen und Generationsgefüge im Wandel. In: Lange, A./Lauterbach, W. (Hrsg.) (2000): Kinder in Familie und Gesellschaft zu Beginn des 21sten Jahrhunderts. Stuttgart, S. 155-186.

Lucius-Hoene, G./Deppermann, A. (^{2}2004): Rekonstruktion narrativer Identität. Ein Arbeitsbuch zur Analyse narrativer Interviews. Wiesbaden.

Napp-Peters, A. (1995): Familien nach der Scheidung. München.

Nave-Herz, R. (1997): Pluralisierung familialer Lebensformen – ein Konstrukt der Wissenschaft? In: Vaskovics, L. A. (Hrsg.) (1997): Familienleitbilder und Familienrealitäten. Opladen, S. 36-49.

Nave-Herz, R. (^{2}2006): Ehe- und Familiensoziologie. Eine Einführung in Geschichte, theoretische Ansätze und empirische Befunde. Weinheim/München.

Oevermann, U. (2001a): Zur Analyse der Struktur von sozialen Deutungsmustern. In: Sozialer Sinn, 2. Jg. (2001), Heft 1, S. 3-33.

Oevermann, U. (2001b): Die Struktur sozialer Deutungsmuster – Versuch einer Aktualisierung. In: Sozialer Sinn, 2. Jg. (2001), Heft 1 S. 35-81.

Peuckert, R. (^{7}2008): Familienformen im sozialen Wandel. Wiesbaden.

Proksch, R. (2002): Rechtstatsächliche Untersuchung zur Reform des Kindschaftsrechts. Begleitforschung zur Umsetzung des Kindschaftsrechtsreformgesetzes. Köln.

Przyborski, A./Wohlrab-Sahr, M. (2008): Qualitative Sozialforschung. Ein Arbeitsbuch. München.

Schmidt-Denter, U./Schmitz, H. (1999): Familiäre Beziehungen und Strukturen sechs Jahre nach der elterlichen Trennung. In: Walper, S./Schwarz, B. (Hrsg.) (1999): Was wird aus den Kindern? Chancen und Risiken für die Entwicklung von Kindern aus Trennungs-und Stieffamilien. Weinheim/München, S. 73-90.

Schneewind, K. A./Walper, S. (2008): Kinder in verschiedenen Familienformen. In: Hasselhorn, M./Silbereisen, R. K. (Hrsg.) (2008): Entwicklungspsychologie des Säuglings- und Kindesalters. Göttingen, S. 571-616.

Schneider, N. F./Krüger, D./Lasch, V. u. a. (2001): Alleinerziehen. Vielfalt und Dynamik einer Lebensform. Weinheim/München.

Schwarz, K. (1995): In welchen Familien wachsen die Kinder und Jugendlichen in Deutschland auf? In: Zeitschrift für Bevölkerungswissenschaft, 20. Jg. (1995), S. 271-292.

Schweizer, H. (2007): Soziologie der Kindheit. Verletzlicher Eigen-Sinn. Wiesbaden.

Smart, C. u. a. (2001): The Changing Experience of Childhood. Families and Divorce. Cambridge.

Statistisches Bundesamt (2010): http://www.destatis.de /jetspeed/portal/ cms/Destatis/Internet/DE/content/Statistiken/Bevoelkerung/Eheschliessunge nScheidungen/Tabellen/content (Zugriff: 15.02. 2010)

Trautmann, T. (2010): Interviews mit Kindern. Grundlagen, Techniken, Besonderheiten, Beispiele. Wiesbaden.

Ulrich, C. G. (1999): Deutungsmusteranalyse und diskursives Interview. In: Zeitschrift für Soziologie, 28. Jg. (1999), Heft 6, S. 429 447.

Voß, G. G./Weihrich, M. (Hrsg.) (2001): tagein – tagaus. Neue Beiträge zur Soziologie alltäglicher Lebensführung. München/Mering.

Wagner, M./Franzmann, G. (2000): Die Pluralisierung der Lebensformen. In: Zeitschrift für Bevölkerungswissenschaft, 25. Jg. (2000), S. 151-173.

Walper, S./Wild, E. (2002): Wiederheirat und Stiefelternschaft. In: Hofer, M./Wild, E./Noack, P. (Hrsg.) ([2]2002): Lehrbuch Familienbeziehungen. Eltern und Kinder in der Entwicklung. Göttingen, S. 336-361.

Zartler, U./Wilk, L./Kränzl-Nagl, R. (Hrsg.) (2004): Wenn Eltern sich trennen. Wie Kinder, Frauen und Männer Scheidung erleben. Frankfurt a. M./New York.

Zeiher, H. (1994): Kindheitsräume. Zwischen Eigenständigkeit und Abhängigkeit. In: Beck, U./Beck-Gernsheim, E. (Hrsg.) (1994): Riskante Freiheiten. Individualisierung in modernen Gesellschaften. Frankfurt a. M., S. 353-375.

Zelinsky, W. (1971): The Hypothesis of the Mobility Transition. In: Geographical Review, 61. Jg. (1971), S. 219-249.

Gunda Voigts

»Wenn wir von Kindern in unserem Verband reden ...«

Die Alterskonstruktion in der Arbeit mit Kindern
in Jugendverbänden

1. Die Arbeit mit Kindern in Jugendverbänden

Jugendverbände sind in Deutschland ein entscheidender Akteur in der außerschulischen Arbeit mit Kindern und Jugendlichen. Aktuelle Untersuchungen zur Reichweite von Jugendverbandsarbeit kommen zu dem Ergebnis, dass bereits die drei größten Jugendverbände in Deutschland – die Arbeitsgemeinschaft der Evangelischen Jugend in Deutschland, der Bund der
Deutschen Katholischen Jugend und die Deutsche Sportjugend – im Alters-
spektrum der 10 bis 20-jährigen weit mehr als ein Viertel der jungen Menschen erreichen. 25% der befragten Kinder und Jugendlichen geben an, die
Angebote der Sportvereine zu nutzen, 10% die der Evangelischen Jugend
und 9% die der Katholischen Jugend (vgl. Fauser/Fischer/Münchmeier
2006, S. 83). Da bei der Erhebung dieser Daten keine Institutionen oder
Verbände namentlich genannt wurden, das Trägerspektrum für Jugendliche
oft undurchsichtig ist und der subjektive Ansatz gebot, die Definition des
»Mitmachens« den Jugendlichen zu überlassen, sind diese Zahlen eher zu
niedrig als zu hoch angesetzt (vgl. Fauser/Fischer/Münchmeier 2006, S.
85). Für Kinder bis zehn Jahre existieren keine vergleichbaren Forschungen, die valide Zahlen benennen. Diese Tatsache passt insgesamt in das
Bild der bisherigen empirischen Nicht-Beschreibung der Arbeit mit Kindern in Jugendverbänden wie insgesamt des Feldes der Jugendverbandsarbeit (vgl. BMFSFJ 2006, S. 251). Bereits die Herausgeber des »Handbuch
Jugendverbände« wiesen im Jahre 1991 darauf hin, dass Jugendverbände in
Wissenschaft und Forschung so gut wie nicht existent seien (vgl. Böh-
nisch/Gängler/Rauschenbach 1991). Daran hat sich bis heute nicht viel ge-
ändert. Und die Arbeit mit Kindern ist hier als besonderer Exot zu betrachten.

In der eigenen Außendarstellung der Jugendverbände auf Bundes-, Landes- und überregionaler Ebene steht in der Regel die Arbeit mit Jugendlichen im Fokus. Die Arbeit mit Kindern bleibt dagegen im Hintergrund. Kinder- und Jugendarbeit war auch begrifflich über Jahrzehnte einfach »Jugendarbeit«. Hierin spiegelt sich die allgemeine Entwicklung der Erziehungs- und Sozialwissenschaften wieder, in deren Forschung Kindheit als eigenständige Lebensphase keine lange Tradition hat (vgl. Bühler-Niederberger/Sünker 2009; Thole 2000; Thole/Witt 2006). In der Arbeit vor Ort sind es heute oft die Angebote mit Kindern, die den Schwerpunkt der Arbeit ausmachen. Abbrüche in der Teilnahme an Angeboten oder in der Mitgliedschaft werden vor allem beim Wechsel von der Kindheits- in die Jugendphase beschrieben. Auch konzeptionell findet sich das wieder: so existiert ein weites Feld an Praxismaterialien für die Arbeit mit Kindern – zumeist in verbandsspezifischer Form – an allgemeinen ebenenübergreifenden Verbandskonzeptionen für die Arbeit mit Kindern fehlt es aber weitgehend. (vgl. Voigts 2009).

Ziel des Dissertationsprojektes »Soziale Segmentierung als Herausforderung in der Arbeit mit Kindern in Jugendverbänden« ist es deshalb, die Arbeit mit Kindern in Jugendverbänden mit ihren unterschiedlichen Facetten empirisch näher zu beschreiben.[1] Das Forschungsdesign der Dissertation enthält einen methodischen Drei-Schritt: eine quantitative Fragenbogenerhebung bei Jugendverbänden auf Bundesebene, qualitative leitfadengestützte ExpertInnen-Interviews in Jugendverbänden auf Bundes- und Ortsebene mit hauptamtlich sowie ehrenamtlich Tätigen und eine Analyse von Materialien zur Arbeit mit Kindern in ausgewählten Jugendverbänden.

In diesem Aufsatz werden erste Erkenntnisse vorgestellt, die sich aus dem noch laufenden Projekt ergeben. Es wird der Frage nachgegangen, auf der Grundlage welcher Annahmen, Wertungen und Konzepte Jugendverbände die Altersbeschreibung der Zielgruppe Kinder für ihre Arbeit konstruieren. Dazu werden zwei Ergebnisstränge aus dem Forschungsprojekt präsentiert: Zunächst wird ein Auszug aus der quantitativen Erhebung von Jugendverbänden auf Bundesebene vorgestellt (2.), im weiteren werden Ergebnisse aus einem Themensegment der offenen, leitfadengestützten Interviews aufgezeigt (3. und 4.).

---

[1]   Es ist im Rahmen des durch die Hans-Böckler-Stiftung geförderten Kollegs »Kinder und Kindheiten im Spannungsfeld gesellschaftlicher Modernisierungen« verortet und wird an der Universität Kassel am Institut für Sozialpädagogik und Soziologie der Lebensalter im Fachbereich Sozialwesen durchgeführt.

2. Was heißt hier eigentlich Kinder...? – Ausgewählte Ergebnisse der quantitativen Befragung

Im Herbst 2008 wurden alle Jugendverbände auf Bundesebene, die aus dem Kinder- und Jugendplan des Bundes in den Programmen 10.01-10.04 eine Förderung erhalten[2], mit einem teilstandardisierten schriftlichen Fragebogen zur Arbeit mit Kindern in ihrem Verband befragt. Das sind die allgemeinen Jugendverbände, die sportliche Jugendverbandsarbeit, die politischen Jugendorganisationen und die sonstigen zentralen Jugendverbände. Diese wurden ergänzt durch einige bundesweite Jugendverbände, die nicht direkt sondern über eine Zentralstelle ihre Förderung bekommen.[3] Insgesamt sind damit 54 Jugendverbände auf Bundesebene befragt worden, der Rücklauf der Erhebung betrug 89%.

»Welche Altersgrenze wendet ihr an, wenn ihr von Kindern in eurem Verband sprecht?« lautet die Frage zur Thematik. Die ausfüllenden Personen hatten die Möglichkeit in Leerfelder, die durch die Worte »von – bis« gerahmt sind, Altersangaben einzutragen. Mit dieser Fragestellung und Antwortmöglichkeit wird auch nach Jugendlichen gefragt. Ansatzpunkt ist dabei, dass sich in Verbandsprogrammen drei Altersgruppierungen finden lassen: Kinder, Jugendliche und junge Erwachsene. Um ein Bild davon zu erhalten, wie hart oder fließend sich die Abgrenzung der Altersgruppe Kindern darstellt, wird neben den Kinder auch nach der nächsten Altersgruppe, den Jugendlichen, gefragt.

Irritierend bei den Ergebnissen kann sein, dass es kaum eine Übereinstimmung der Altersfassung bei den 48 antwortenden Jugendverbänden gibt. In der Alterszuschreibung »Kinder« sind es nur fünf Verbände, die eine Überstimmung beim Anfangs- und Höchstalter aufweisen. Die Streuung der Antworten liegt zwischen dem Startalter von null Jahren und dem Höchstalter von vierzehn Jahren. Zwischen diesen Polen zeigen sich 18 verschiedene Modelle der Altersbeschreibung »Kinder in unserem Verband«.

---

2   Der Kinder- und Jugendplan des Bundes (kurz KJP) ist das zentrale Förderinstrument für die Jugendverbandsarbeit auf Bundesebene. In den genannten Programmen des KJP ist die Förderung aller wesentlichen Aufgaben der Jugendverbände auf Bundesebene geregelt. An die Förderung aus dem KJP sind bestimmte grundlegende Kriterien wie bundesweite Aktivität oder Erreichung einer gewissen Mitgliederzahl gebunden. Das heißt, dass durch die Orientierung an diesem Förderinstrument alle wesentlichen Jugendverbände mit bundeszentraler Bedeutung in Deutschland für die Erhebung erfasst sind. Die Kriterien sind zudem von den Zusammenschlüssen der Jugendverbände akzeptiert.

3   Das ist zum Beispiel bei den konfessionellen Jugendverbänden der Fall, bei denen die Dachorganisationen Arbeitsgemeinschaft Evangelischer Jugend in Deutschland (aej) und Bund der Deutschen Katholischen Jugend (BDKJ) als Zentralstellen für ihre Mitgliedsorganisationen fungieren.

Um einen genaueren Blick auf die Altersangaben werfen zu können, muss das Anfangs- und das Endalter getrennt betrachtet werden. 41% der Jugendverbände geben an, dass sie die untere Altersgrenze sechs Jahre anwenden, wenn sie von Kindern in ihrem Verband reden. 31% geben null Jahre an, 16% benennen sieben Jahre als Anfangsalter. Einen Wert über acht Jahre nennt kein Verband (vgl. Abb. 1).

Bei der Obergrenze sind Schwerpunkte nicht in der Weise erkennbar. Alle Angaben liegen zwischen 10 und 18 Jahren. 11 Jahre geben 15% der Jugendverbände an, 12 Jahre 30% und 13 Jahre 25% (vgl. Abb. 2).

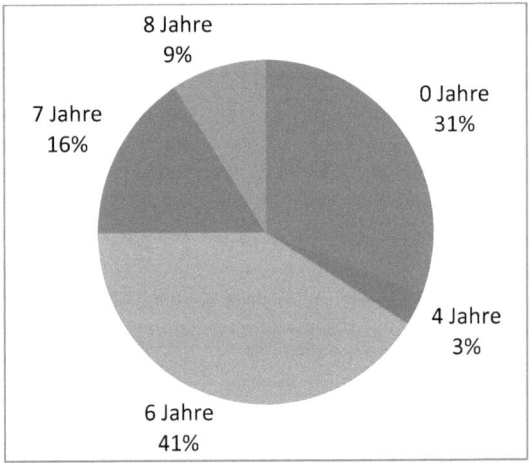

Abb. 1: Altersuntergrenze

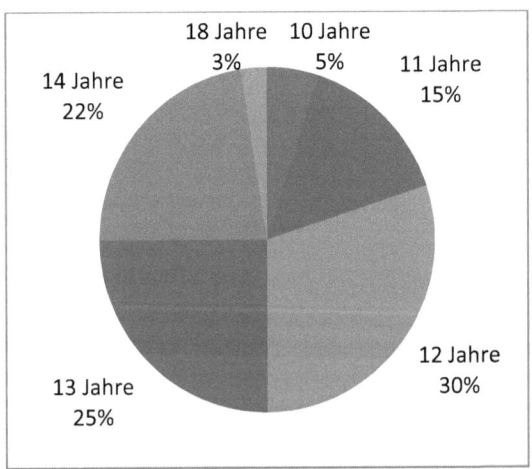

Abb. 2: Altersobergrenze

Als Ergebnis kann festgehalten werden: Jugendverbände in Deutschland lassen sich auf keinen gemeinsamen Nenner bringen, wenn es um die Altersbeschreibung der Zielgruppe Kinder geht. Zur Suche nach Erklärungen werden die ExpertenInnen-Interviews auf Bundesebene genutzt. Es liegt die These nahe, dass dies mit den sehr vielfältigen Verbandsprofilen und den unterschiedlichen Zielrichtungen der Arbeit mit Kindern in den Jugendverbänden in Zusammenhang stehen könnte. Auf den ersten Blick wenig nachvollziehbar erscheint, warum ein recht hoher Prozentsatz angibt (31%), dass die Altersdefinition bereits bei null Jahren beginnt. Eine Erklärung könnte darin liegen, dass das Verbandsverständnis als Interessen- und Lobbyorganisation sehr ernst genommen wird und auf Bundesebene eher im Blickfeld ist als die konkrete Arbeit mit Kindern vor Ort. In der Frage wird bewusst nicht nach der Arbeit mit Kindern, sondern nach Kindern ganz generell gefragt.

Als ein weiteres Ergebnis lässt sich formulieren, dass ein Drittel der antwortenden Verbände zwischen der Altersgrenze Kinder und Jugendliche einen fließenden Übergang haben. Das heißt, das Höchstalter bei der zu beschreibenden Gruppe Kinder ist zugleich die Untergrenze bei der zu beschreibenden Gruppe Jugendliche. Dies könnte darauf hinweisen, dass diese Jugendverbände die Übergänge nicht einfach funktionsbezogen oder durch ein Verbandsprofil definiert vorgegeben, sondern an der konkreten Situation einzelner Kinder oder an anderen institutionellen Sozialisationsfaktoren wie Schule orientiert vornehmen. Auch könnte angenommen werden, dass sich in der Jugendverbandsarbeit damit die theoretischen Konstrukte der Veränderungen von Kindheits- und Jugendphasen ganz pragmatisch wiederfinden lassen.

3. Die Alterskonstruktion in der Arbeit mit Kindern aus Sicht von Experten und Expertinnen

Die quantitative Untersuchung hat im Kontext der Dissertation einen explorativen Charakter. Im Folgenden wurden deshalb 19 qualitative leifadengestützte Interviews mit Experten und Expertinnen in Jugendverbänden geführt, um die mit der Fragebogenerhebung aufgeschlossenen Themenfelder tiefergehend bearbeiten zu können. Die Kriterien für die Definition des ExpertenInnen-Status waren dabei wie folgt (vgl. Przyborski/Wohlrab-Sahr 2008):

1. Die zu Interviewenden verfügen über ein spezifisches Fach- und Strukturwissen zur Arbeit mit Kindern in ihrem Jugendverband auf ihrer Strukturebene.

2. Die zu Interviewenden sind in ihrer Funktion innerhalb des Verbands an Entscheidungen, die die Arbeit mit Kindern betreffen, maßgeblich beteiligt und verantwortlich.
3. Die zu Interviewenden werden von anderen Personen im Verbandsgefüge als Experte/in für die Arbeit mit Kindern angesehen.
4. Die zu Interviewenden verstehen sich selbst als Experte/in für die Arbeit mit Kindern in ihrem Verband.

Von den 19 interviewten Personen sind 13 Personen in verschiedenen Jugendverbänden auf Bundesebene ehrenamtlich oder hauptamtlich tätig. Sechs Interviewte sind Experten oder Expertinnen für die Arbeit mit Kindern vor Ort. Alle Personen sind in den etwa zweistündigen Interviews zu einer Vielzahl von Themen befragt worden. Ein Teil des Interviewleitfadens legt den Schwerpunkt auf die Frage, von wem die ExpertInnen sprechen, wenn sie von Kindern in ihrem Verband reden und wer in den Verbandsgremien mit Kindern gemeint ist. Der Stimulus bei dieser Frage ist immer sehr ähnlich: »Wenn du von Kindern in eurem Verband redest, wen meinst du dann?« bzw. »Denkst du, dass die Mehrheit der Menschen in deinem Verband das so definieren würde?«. In einigen Interviews ergab sich das Erzählen zur Thematik im Kontext anderer durch den Experten oder die Expertin geschilderten Themen. Im Schlussteil der Interviews werden die Befragten mit einer Auswahl an Ergebnissen aus der quantitativen Erhebung konfrontiert und um Einschätzung aus ihrem Erfahrungs- und Wissenshorizont heraus gebeten. Ausgewertet werden alle Interviews mit einem inhaltsanalytisch orientierten Verfahren in Anlehnung an ein modifiziertes Modell nach Meuser und Nagel (vgl. Meuser/Nagel 1991 und 1997).

Im Folgenden werden erste mögliche Ergebnislinien aus den Interviews auf Bundesebene dargestellt und drei sich zunächst abbildende Typen von Verbandsmustern für den Umgang mit der Altersdefinition vorgestellt.

3.1 Typ I: Funktionsorientierte, fachverbandlich orientierte Altersbeschreibung auf Ortsebene mit Offenheit für die Praxisrealität – eher lobbypolitisch orientierte Beschreibung auf Bundesebene

Die Altersbeschreibung aus Sicht des Experten wird bei diesem Muster sehr deutlich und klar anhand der Tätigkeit des Verbandes beschrieben:

> »Kinder sind für mich ab da, wo sie *unsere Grundlage für die Verbandstätigkeit*[4] lernen können. Das ist mit fünf, da sind sie moto-

---

4　Zur Anonymisierung wurden verbandstypische Begriffe in den Interviewzitaten verändert. Diese Veränderungen sind dadurch zu erkennen, dass die Textstellen

risch fit, bis zwölf, dreizehn, ab da wo sie jugendliche Prioritäten
bekommen.«
»... von der Obergrenze her ist das relativ einfach, weil du nämlich
beim <u>technischen</u> Abzeichen auf die <u>höheren</u> Abzeichen flutschen
kannst«. – »und vorher, ich meine also diese Altersgruppe unter fünf
[...] das ist erst dann, wenn die <u>in unserer Tätigkeit</u> sich bewegen
so«

Die zitierte Person differenziert aber, dass es sich dabei um »keine sehr homogene Gruppe« handele, die Kinder seien »sehr unterschiedlich«. Die fachliche Altersbeschreibung wird also als strukturierend genutzt, das einzelne Kind wird dabei aber nicht aus dem Blick verloren.

Interessant ist, dass der Experte bei einer erneuten Nachfrage mit einem leicht veränderten Stimulus »Und wenn der Bundesvorstand über die Arbeit mit Kindern redet?« noch bevor die Frage beendet war mit »ab Null dann ist ab Null« antwortet. Eine starke Unterscheidung zwischen der praktischen Facharbeit des Jugendverbandes und des politischen Denkens des Verbands wird damit deutlich: »Weil da die Diskussionen ganz anders sind [...] dann geht es immer um Wahlalter«. Der Experte macht den direkten Bezug zur Frage des Wahlalters auf. Er stellt dar, dass Kinder auf der Bundesebene vor allem über die Wahlalterdiskussion präsent seien. Er unterscheidet stark die Praxiserfahrung und die Bundesdiskussion. Diese Unterscheidung lässt sich theoretisch an die unterschiedlichen Funktionen von Verbänden andocken: der Lobbytätigkeit verbunden mit der Interessenaggregation und -selektion sowie anderseits das Agieren als Fachverband (vgl. Sebaldt/Straßner 2004).

Der Experte erläutert weiter, wie es zu dieser Unterscheidung der praxisbezogenen Definition vor Ort und einer eher politisch übergreifenden Orientierung auf Bundesebene kommt:

»Deutschlandweit muss ich so denken, dass das alles dazu gehört,
weil ich sehr weit denken muss. In meinem Umfeld kann ich so den-
ken, wie es mir halt gerade von der praktischen Umsetzung passt,
aber das ist nicht die Aufgabe von der Bundesebene, sondern die
muss halt ein Feld aufmachen. [...] sondern die Jugendverbände
schreiben sich das selber auf die Fahne. Wir wollen einen Raum
schaffen zur Entwicklung und so weiter von jungen Menschen und zu
selbstbewussten und das fängt halt einfach ganz bei null an. Wir
müssen also die Umgebungsbedingungen schaffen, dass wenn ir-
gendwo ein <u>Verbandsmitglied</u> in Deutschland denkt, das wäre doch
toll ab Null, dann muss er die Möglichkeit haben, das zu machen.

---

unterstrichen wurden. Sie wurden beschreibend vorgenommen, oft steht den Formulierungen im Text nur ein spezifischer Begriff gegenüber.

Wir müssen die Strukturen für den geschaffen haben. Darum ist die Diskussion auf Bundesebene eine andere für mich als auf Landesebene.«

Die immer wiederkehrende Veränderung der Bedeutung des Begriffes Kind wird in diesem Interviewausschnitt noch einmal deutlich. Der Experte führt einen weiteren Aspekt ein: die Offenheit gegenüber dem, was die Verbandsbasis vor Ort machen will. Das könnte als eine Begründung dafür gewertet werden, warum es kein Gesamtkonzept einer genauen Alterseingrenzung geben kann. Das föderale System der Jugendverbände verbunden mit den partizipativ aufgebauten Strukturen entwickelt hier seine scheinbar logische Wirkung. Was einzelne an der Basis anbieten möchten, bleibt nicht ohne reale Folgen für die Gesamtkonzeption des Jugendverbands.

Der Experte benennt noch eine besondere Abgrenzung der unteren Altersgrenze. Er berichtet davon, dass es auch schon Angebote für Kinder unter fünf Jahren gäbe, dass die Kinder dann aber nicht allein kämen, sondern mit Eltern. Ein neuer Zweig der Arbeit von Jugendverbänden wird hier angerissen: die Eltern-Kind-Arbeit. Sie wird auch in anderen Interviews erwähnt.

Die kaum festzulegende Alterseingrenzung für das gesamtverbandliche Handeln wird am Ende der Sequenz besonders verdeutlicht. Die Interviewerin versucht zu klären, ob es möglich sei im Weiteren über die 5-12 oder die 5-14jährigen im Verband zu reden. Der Interviewte weist das zurück:

»Na vielleicht ist es, aber das kommt auf die Frage an. Ja, also vielleicht müssen wir das einfach für jede Frage klären. Das ist sicherlich, ja es ist, es kommt auf das Thema an. Auf das Thema und auf die Ebene, in der ich denke.«

Zusammenfassend kann gesagt werden, dass im Typus I auf den verschiedenen Verbandsebenen mit dem Begriff Kinder eine andere Altersgruppe beschrieben wird. Vor Ort ist die Alterspanne durch eine Orientierung an der fachlichen Ausrichtung des Verbandes und damit klar beschriebener Altersgrenzen für bestimmte Möglichkeiten der Teilnahme an Gruppen für Kinder und Jugendliche orientiert. Die aus der Facharbeit resultierende Beschreibung ist damit stark funktionsorientiert. Eine Offenheit für Bedürfnisse der Basis bleibt vorhanden. Vor Ort scheint die Altersgruppe damit eher praxisorientiert eingegrenzt zu werden. Auf Bundesebene wird die Altersbeschreibung sehr weit vorgenommen, um eine Offenheit für die Praxen der Untergliederungen zu erhalten und in der Lobbypolitik alle Kinder vertreten zu können.

3.2 Typ II: Entwicklungspsychologisch orientierte Alterszuschreibung, die durch alle Verbandsebenen hindurch Gültigkeit hat und verbandspolitisch legitimiert wird

Bei dem Interview, der diesem Typ zu Grunde liegt, wurde die Thematik nicht durch den üblichen Stimulus aktiviert, sondern ergab sich aus einem anderen Gedankengang der Interviewten. Die Interviewte spricht davon, dass es eine Alterskonzeption gäbe, die auf »entwicklungspsychologischen Grundlagen« aufgebaut sei und die sich daran orientiere, was »Bedürfnisse von Kindern heute« seien. Diese Konzeption sei relativ neu, im Verband über einige Jahre entwickelt und am Ende eines Prozesse auf Bundesebene verabschiedet worden. Sie benennt auch, dass in den letzten 30 Jahren eine Alterskonzeption zumindest auf Bundesebene nicht vorhanden gewesen sei. Weiter wird beschrieben, dass dies aber auch »gegen viele Widerstände geschehen sei«, die leider nicht näher ausgeführt werden. Die Hoffnung der hauptamtlichen Expertin ist es, dass es:

> »dann auch endlich reglementiert in die Bundes*satzung* kommt und dann in den Verband einfließt. Und das ist der nächste Schritt, das dann an die Orte zu bringen«.

Sie beschreibt den Prozess von Bundes- auf Ortsebene bei dieser konzeptionellen Frage anders als bei sonstigen Prozessen:

> »sonst ist es immer üblich, eine *Mitglieder*versammlung *auf Bundesebene* kann irgendetwas beschließen, bis es dann vor Ort ankommt das dauert. Und bis es dann, die Orte tatsächlich umsetzen [...] kennt man ja, so immer dies was interessiert mich, was die da oben sagen. Aber da haben wir jetzt tatsächlich seit einem Jahr eine Diskussion, die bis in die Orte runter reicht, weil es schon ans Eingemachte geht.«

Das »Eingemachte« umschreibt sie damit, dass es konkrete Veränderungen in dem gäbe, was sie bisher machen würden, z. B. würde es nicht als pädagogisch sinnvoll betrachtet, dass jüngere Kinder schon auf Zeltfreizeiten fahren würden, sondern sie sollten besser an Freizeiten in Häusern teilnehmen.

Aus Sicht der Expertin gibt es zwei Motive für die Entwicklung dieser Konzeption:

> »Verluste [...] in bestimmten Alters*gruppen*« bzw. »in der Mitgliederstruktur ein bisschen Schwund und dass wir auch teilweise älter werden. Also wir merken schon, dass die Mitgliedschaft insgesamt auch wie innerhalb der Bevölkerung, dass der demografische Wandel uns auch erwischt«

sowie

»insgesamt ein großes Bedürfnis im Verband« nach einem klareren »Profil« mit einer »gemeinsame[n] Beschreibung dessen, was wir tun«.

Die Entwicklung der Konzeption der Altersgruppen wird so in einen klaren Kontext zu einer Profilbildung des Jugendverbandes und der Auseinandersetzung mit Folgen des demografischen Wandels gesetzt, die sich in Brüchen zwischen den Altersgruppen finden lassen. Es wird professionell damit umgegangen, in dem es zum Überdenken und zur Schärfung des Profils innerhalb eines lang angelegten Prozesses führt. Der Verband denkt nach Aussage der Expertin auch offensiv darüber nach, wie er junge Menschen von klein auf binden kann.

»Und wenn man sich dann vorstellt, dass man irgendwie die Leute mit sieben anwirbt und die sagen, das ist toll, ich möchte gerne zu diesem Jugendverband und dann sagt, ja jetzt müssen wir für die nächsten 13 Jahre auch was vorbereiten. Und das ist glaube ich so ein Manko, weil das so ein langfristiges Programm ist, was man sozusagen vor hat und das ehrenamtlich vor Ort zu gewährleisten, ist schon eine Herausforderung. Ja, das haben wir uns vorher auch nie so unter dem Fokus angeguckt« und »da müssen sie ja auch so eine Gruppe oder als Ort irgendwie sicherstellen, dass man halt 20 Jahre Arbeit abdeckt«

Interessant ist, dass die Altersabgrenzung im Konzept nicht starr festgelegt wurde. Dem entwicklungspsychologisch orientierten Konzept folgend, werden Zeitphasen benannt:

»Ja also das ist so ein fließender Wechsel, zehn zehn-elf, also wir fangen nicht ganz früh an, also sozusagen Einschulung. Also sechs-sieben, wenn sie in die Schule kommen, die Grundschulzeit. Und dann so klassisch – und dann kommt die Orientierungsstufe – ist sozusagen also bis achte Klasse ist [...] achte Klasse also neunte Klasse von den Schuljahren her ist so die Kindergruppenzeit«.

Hier nimmt die Expertin auch eine Strukturierung an den Schulstufen, nicht wie konzeptionell begründet ausschließlich an der Entwicklungspsychologie vor. Warum der Verband nicht in der Vorschulzeit mit seinen Angeboten beginnt, wird in einer späteren Sequenz beschrieben:

»Wir hatten Leute bei uns, bei dieser Programmentwicklung, die haben gesagt, wir müssen früher anfangen, wir müssen auf Fünf gehen, weil da läuft so viel schief in der Gesellschaft, wir bieten die richtigen Antworten, lasst uns schon mit fünfjährigen anfangen. Wo wir

dann gesagt haben, ist nicht unsere Aufgabe und überfordert uns auch, dann an der Stelle auch. Und sind dann bei sieben geblieben.«

An einer anderen Stelle des Interviews bringt die Person wie auch der unter 3.1. beschriebene Typ den Bereich der Arbeit mit Kindern in Zusammenhang mit Eltern-Kind-Arbeit. Hier allerdings in der Linie, dass aus der Jugendzeit herausgewachsene Mitglieder in der Phase der Familiengründung neue Angebote kreieren.

Eine andere interviewte Person bringt den Kern dieser Typenbeschreibung auf den Punkt:

»Also unsere Grundlagen sind ja relativ klar, also das ist einfach schlicht und ergreifend entwicklungspsychologisch basiert. Da gibt es die Definition frühe Kindheit, späte Kindheit, usw. Und daran haben wir uns irgendwie orientiert, deshalb ist es auch die <u>Arbeit mit Kindern</u>.«

Zusammenfassend kann beschrieben werden, dass die Altersklassifizierung in der Arbeit mit Kindern bei diesem Typ durch alle Ebenen genau strukturiert ist. Die Alterskonzeption basiert auf entwicklungspsychologischen Überlegungen und grenzt Altersstufen relativ klar von einander ab. Die gemeinsam von Orts- und Bundesebene entwickelte Altersbeschreibung ist durch Beschlüsse verbandspolitisch legitimiert.

3.3 Typ III: Über die Ebenen beliebig bleibende Altersbeschreibung, die von Angebot zu Angebot variieren kann

Auf die Frage hin, von wem bei Kindern im Verband gesprochen wird, geht der Interviewte zunächst von den Mitgliedern des Verbandes aus. Davon unterscheidet er Teilnehmende an einer bundesweiten Kinderaktion. Er wirkt eher unsicher bei der Beantwortung der Fragestellung, schlingert entgegen des sonstigen Duktus des Interviews herum. Es werden viele Worte benutzt, die von Undeutlichkeit zeugen. Der erste Zugang lautet:

»Naja gut, erst mal müsste man sagen so die Mitglieder, also was weiß, ich die Mitglieder bis sagen wir mal bis vierzehn Jahre oder so, also kommt jetzt drauf an.«

Als nächstes wird direkt zu einer bundesweiten Kinderaktion des Verbandes geschwenkt, welche die Schwierigkeit hat, dass »Kinder« als Begriff dezidiert in der Benennung vor kommt.

»Das Wort Kinder<u>treffen</u> gibt einem ja irgendwie die Schwierigkeit es heißt Kinder<u>treffen</u>, aber wenn man da Sechszehnjährige hat.«

Zwischen diesen beiden Varianten findet der Experte eine Lösung, in dem die Kinderrechtskonvention angeführt wird, wo »es dann irgendwie bis 18 (ist)«. Als nächstes nimmt der Interviewte einen Exkurs zu einer Zeitschrift des Verbandes vor, die sich speziell an Kinder richtet. Dann wird ein weiteres Projekt auf Bundesebene angeführt. Mehr oder weniger systematisch werden alle Angebote für Kinder durchgegangen. Der Experte beschreibt nicht direkt, wovon gesprochen wird, wenn es um Kinder im Verband geht. Zunächst wird auch keine konkrete Altersangabe gemacht. Es wird einfach aufgezählt, was an Angeboten für Kinder auf Bundesebene vorhanden ist. Es ließe sich interpretieren, dass einfach alle Kinder gemeint sein könnten, die mit diesen Angeboten und Medien von Bundesebene aus erreicht werden. Diese auf einen Nenner zu bringen, scheint unmöglich zu sein. Differenziert wird aber in unterschiedlichen Textpassagen zwischen Kindern, die Mitglieder sind – selbst oder über eine Familienmitgliedschaft – und anderen Kindern.

Die Interviewerin fragt noch einmal nach:

> *»Wenn du jetzt über Kinder in deinem Verband sprechen würdest [...] denkst du ihr habt einen Konsens darüber, wen ihr damit meint? Vor allem altersmäßig auch?«*

Der Experte fragt daraufhin zurück, was gemeint sei. Die Interviewerin hackt daher ein weiteres Mal nach. Eine Differenzierung bietet der Interviewte aber nicht an:

> *»Ich kann mir schon vorstellen, dass es da gewisse Differenzen gibt. Aber ich denke so, das ist das Grundsätzliche, was ich so gesagt habe. So zu den Kinder <u>auf der bundesweiten Kinderaktion</u> zu gehen und da nicht nur die Verbandsmitglieder zu sehen, sondern darüber hinaus, das müsste eigentlich Konsens sein.«*

Es wird deutlich, dass die Interviewerin und der Experte nicht zu einander kommen. Die Expertin antwortet nicht mit einer Altersbeschreibung. Ihr entscheidendes Thema ist, dass sowohl die Verbandsmitglieder wie die teilnehmenden Kinder an einem jährlich stattfindenden Kinderevent auf Bundesebene als Kinder im Verband definiert werden sollen. Von allen bisher geführten Interviews ist dies die einzige interviewte Person, die sich nicht auf die Frage des Alters einlässt, sondern die Thematik trotz mehrerer Nachfragen auf einer anderen Ebene behandelt.

Eine andere interviewte Person dieses Typ, bringt das Dilemma in anderen Worten auf den Punkt und schildert eine Vermeidungsstrategie bei der Verwendung des Begriffes Kind:

> *»Also ich versuche eigentlich den Begriff Kind zu vermeiden. Wir sagen dann wirklich junge Menschen, ohne das Alter zu nennen.*

Weil wir haben <u>die</u> Kinder<u>aktion</u> die ja in Deu- ja auf nationaler Ebene bis sechzehn geht [...] also bei uns ist es auch schon, wo es keine klaren Grenzen eben gibt und dadurch, dass ja der Begriff Kind so unterschiedlich interpretiert werden kann, finde ich es eigentlich schwierig ihn zu verwenden.«

Zusammenfassend betrachtet wird bei diesem Typus die Altersbeschreibung der Angebotsgruppe Kinder über die Strukturen hinweg eher beliebig eingesetzt. In den Vordergrund rückt bei den Aussagen die Abgrenzung zwischen Kindern, die Mitglied im Verband sind, und Kindern, die an bundesweiten Aktionen des Jugendverbandes teilnehmen. Die offene Definition der UN-Kinderrechtskonvention bis 18 Jahre erleichtert die Definition nicht. Die Schwierigkeit die Altersspanne Kind zu fassen, ist den Interviewten bewusst.

4. »Jeder macht das, was er am besten kann« – Konfrontation der Experten und Expertinnen mit den Ergebnissen der quantitativen Erhebung

Die befragten Experten und Expertinnen wurden zu einer Einschätzung der Ergebnisse der quantitativen Befragung gebeten. Der Stimulus bei der hier interessierenden Thematik lautete in etwa:

»Wovon Jugendverbände sprechen, wenn sie von Kindern reden, lässt sich in der Altersbeschreibung kaum auf einen Nenner bringen. Wie erklärst du dir das aus deiner Erfahrung und auch aus deiner Bundessicht?«

Die Antworten zeigen verschiedene Erklärungsmöglichkeiten auf, die hier in einer strukturierenden Betrachtung zusammen gefasst und in verschiedene Optionen aufgeschlüsselt werden.

4.1 Erklärungsoption I: Jeder macht das, was er am besten kann.

Diese Erklärungsoption folgt dem Ansatz, dass es einfach gut ist, das anzubieten, was man gut kann. Dann sei man auf dem »Markt der Mitgliederwerbung« gut aufgestellt. Sie setzt nicht nur beim Verband, sondern auch beim einzelnen Akteur an. Das zeigt eine Schwierigkeit für die Bildung eines übergreifenden Verbandsprofils auf. Exemplarisch sei folgendes Zitat angeführt:

*»Nee, jeder macht das, was er am besten kann. So machen, so han-
deln wir Menschen. Ja wir machen entweder, was uns glücklich
macht, oder das, was uns Erfolg bringt. Und ich glaube, dass man
das nur so allgemein sagen kann, egal aus welchem Verband auch
immer jemand kommt.«*

4.2 Erklärungsoption II: Vielfalt und spezialisiertes Profil der Jugendverbände

Die Vielfalt der Verbände wird hier als positiv beschrieben und als Erklärungsoption für die unterschiedlichen Alterskonstruktionen angeboten:

*»Weil wir halt eine Vielfalt haben an Verbänden, gibt es auch keine
Notwendigkeit, das andere zu machen [...] weder ich als Mensch
noch unser Verband kann sich um alle kümmern. Ist ja auch überhaupt nicht unsere Aufgabe, sondern das ist ja auch eine Frage der
Profilierung vom Verband«*

In diesem Zusammenhang werden die spezialisierten Profile der Verbände
als Bereicherung, aber auch das spezialisierte Profil einzelner Akteure im
Verband als Schwierigkeit gesehen. In der folgenden Interviewpassage lässt
sich dieser Zwiespalt gut wiederfinden:

*»Ich denke es kommt durch [...] die Spezialisierung vom Thema.
Und damit ist das nämlich auch nicht mehr gebunden an Personen,
sondern das sind überdauernde Strukturen und überdauernde Herangehensweisen an die Leute und das wird, das macht es halt
schwierig auch das zu verändern ...«*

4.3 Erklärungsoption III: Differenz der politisch geprägten Altersbeschreibungen und der an der Basisarbeit orientierten

In dieser Erläuterungslinie weisen die ExpertenInnen sofort auf die Unterscheidung zwischen politisch geprägten Altersangaben und denen, die sich
aus der konkreten Arbeit mit Kindern ergeben, hin:

*»Also die Frage ist, sind es politische Zahlen oder haben sie tat-
sächlich auf die, also haben die, die es bearbeitet haben, auch auf
die Arbeit vor Ort geguckt.«*

Auch wird verdeutlicht, dass der Blickwinkel je nach Ebene variieren kann.
Hier ergibt sich ein Anschluss an Typ Eins. Aus dem eigenen Erfahrungs-
ansatz heraus wird erklärt, warum das einer nachvollziehbaren Logik folge:

»Wundert mich auch wieder überhaupt nicht, weil ich das bei uns auch so wahrnehme. Also ab Null ist der Anspruch, aber steht dem tatsächlich auch ein Angebot gegenüber? Das ist so immer meine Frage. Und auch wenn Wählen ab Null wie gesagt diskutiert wird. Aber ist ja nicht wirklich eine ernsthafte Umsetzung dahinter.«

Die Frage, ob hinter den eventuell nur politisch gedachten Alterskonstruktionen auch ein reales Angebot steht, bleibt offen.

4.4 Erklärungsoption IV: Anbindung an Erwachsenenorganisation verhindert zielgruppenorientiertes Angebot für Kinder

Hier wird die Problematik eines in der Praxisarbeit in die Erwachsenenorganisation integrierten Jugendverbands aufgemacht. Als Ansatz der Erklärung wird angeboten, dass einige Jugendverbände im Kontext eines Erwachsenverbandes stehen und dadurch ihre Angebote nicht autark entwickeln können. So können Angebote entstehen, die nicht direkt auf die Zielgruppe Kinder zugeschnitten sind, sondern altersübergreifenden Charakter haben. Damit wird die Alterseingrenzung unmöglich.

»Aber das zeigt ja, dass die Arbeit konkret nicht auf diese Altersgruppe und auf diese Entwicklungsstufe zugeschnitten läuft, sonst hätte man ja eine klare Definition. Und da sehe ich wirklich einen großen Bedarf und eine Möglichkeit. Und das ist ja insgesamt so diese Generationenarbeit, die eigentlich ja informell stattfindet, wenn ein Erwachsenenverband und ein Jugendverband praktisch in der Ortsgruppe eins sind sag ich mal, aber eigentlich konzeptionell nichts abgedeckt ist«

4.5 Erklärungsoption V: Verändern statt Erklären

Im strengen Sinn wird mit diesem Punkt keine Erklärungsoption zusammengefasst. Vielmehr leiten die Experten und Expertinnen aus den Ergebnissen der quantitativen Untersuchung einen Handlungsbedarf für eine Einigung ab. Das heißt, die Erklärung wird zugunsten einer Forderung zurückgestellt. Es wird nicht versucht zu verstehen, sondern in direkten Zug eine sich aus den Ergebnissen scheinbar ableitende notwendige Veränderung gesehen. Diese wird ausdrücklich nicht durch die Interviewerin herausgefordert.

»Ich finde eine grundlegende Forderung muss sein, dass man sich klar macht, wovon man redet. Also ich würde da nie also ich würde als Jugendverband nie mit Null, also das ist Quatsch. Also die Frage ist, wann fangen Kinder an sozusagen sich von Familie, Eltern sich

sozusagen zu lösen, und dann sozusagen, wo werden andere interes-
sant und das ist sechs–sieben, wenn es in die Schule geht.«

Die Forderung wird damit begründet, dass ansonsten eine sinnvolle Diskussion über die Arbeit mit Kindern nicht stattfinden kann. Auch wird es als
notwendig angesehen, wenn Jugendverbände gemeinsam politische Forderungen für dieses Feld aufstellen wollen.

»Also da würde ich echt sagen -,dass es so ist, also da herrscht dann
schon Handlungsbedarf. Da muss man tatsächlich auch zu einer Ei-
nigung kommen um halt, wenn man dann daraus politische Forde-
rungen oder über irgendwas überhaupt diskutieren will, das klar ist,
von welcher Altersgruppe reden wir.«

5. Zusammenfassende Betrachtung: Mögliche Folgen einer fehlenden gemeinsamen Verortung der Jugendverbände in der Alterskonstruktion in der Arbeit mit Kindern

Die dargestellten Typen ermöglichen sehr unterschiedliche Blickwinkel auf
die Frage, wer mit Kindern in Jugendverbänden gemeint sein könnte. Die
Überprüfung der Validität der Typenbildung sowie die Frage nach weiteren
Typen und der Herausbildung von Mischtypen sind mögliche Gegenstände
für weitere Auswertungen. Einen weiterführenden Charakter wird dabei sicherlich die Kontrastierung mit den auf Ortsebene geführten ExpertenInnen-Interviews haben.

Schon jetzt wird deutlich, dass der Zugang zu den Zielgruppen in der
Arbeit mit Kindern sich über die Ebenen immer wieder neu definieren kann
und wahrscheinlich muss. Die Frage der fachlichen Orientierung der Verbände spielt dabei eine wichtige Rolle. Sinnvoll könnte es sein, die Beschreibung der mit dem Begriff Kinder gemeinten Altersgruppen nach den
jeweiligen Aufgaben als Lobbyorganisation oder Fachverband zu trennen
und auch über die Differenzierung der Begrifflichkeit auf Orts- und Bundesebene nachzudenken. Die Frage einer angebrachten oder eben gerade
nicht weiterführenden Differenzierung von Mitgliedern und anderen teilnehmenden Kindern an den Programmangeboten wird dabei eine Rolle
spielen.

Von Interesse könnte es sein, die Frage nach der Verbindung der weiten
Altersdefinition der UN-Kinderrechtskonvention mit der jugendverbandli-
chen Arbeit in das Blickfeld zu nehmen – und eventuell auch kritisch zu
bewerten. Mit Blick auf Traditionslinien der Kindheitsforschung macht sich

hier ein spannendes Forschungsfeld auf: Inwieweit verorten sich Organisationen der Kinder- und Jugendhilfe in der Definition der UN-Kinderrechtskonvention? Trägt deren Definition auf allen Verbandsebenen bis in die Praxis der Arbeit mit Kindern? Welche Folgen hat das für die »best interests of the child«?

Die Benennung des für Jugendverbände zunächst aus der geschichtlichen Entwicklung heraus untypischen Feldes der Eltern-Kind-Arbeit könnte als ein Zukunftsthema betrachtet werden. Ebenso wie das Zusammenbringen der Altersstrukturfrage mit Fragen des demografischen Wandels, dem Wettbewerb der Jugendverbände untereinander und der Anforderung verstärkter Profilbildung einzelner Jugendverbände. Für die (Jugend-) Verbändeforschung heißt das, danach zu fragen, welche Einflüsse der demografische Wandel auf Verbandskulturen und Verbandsziele haben kann.

Der bisher nicht formulierte gemeinsame Nenner der Jugendverbände in der Konzeption der Arbeit mit Kindern könnte für die gemeinsamen fachpolitischen wie lobbypolitischen Vertretungsaufgaben nach den Experten und Expertinnen eine Schwierigkeit darstellen. Das dürfte vor allem die Dachorganisationen und Jugendringe betreffen. Wird das Arbeitsfeld ausdifferenziert und begründet beschrieben, kann wiederum gerade darin die Chance der Vielfalt liegen. Mit Blick auf die Kindheitsforschung heißt das, sozialisationstheoretische und entwicklungspsychologische ebenso wie sozialökologische Perspektiven in die Konzeptionierung einfließen zu lassen.

Das, was ehrenamtliche oder auch hauptamtliche Akteure vor Ort ganz pragmatisch an den Rahmenbedingungen, eigenen Bedürfnissen wie denen der Zielgruppe gestalten, scheint zum Teil nur sehr schwer in ein Gesamtprofil von Jugendverbänden einordbar zu sein. Wie die Chance der gerade in dieser partizipativen Aufstellung vorhandenen Kraft und dicht an der gesellschaftlichen Realität und den Lebenslagen einzelner verorteten Angebotsgestaltung der Arbeit mit Kinder durch alle Ebenen gewinnbringend verwendbar werden kann, bleibt zunächst offen. Die sich hieraus ergebende Forschungsfrage könnte Bezug nehmen auf die aktuellen Partizipationstheorien und die Verortung der Jugendverbandsarbeit innerhalb der gesellschaftlichen Debatten um soziale Ausgrenzung, Chancengerechtigkeit und Armutslagen von Kindern.

Die Vielfalt und die Undifferenziertheit der Alterskonstruktion in der Arbeit mit Kindern in Jugendverbänden können damit abschließend als Schwierigkeit etwas abgeschwächter als Herausforderung oder aber auch gerade als große Chance bewertet werden. Letztere in der Praxis der Zusammenarbeit der Jugendverbände ernst zu nehmen und in der Darstellung der Arbeit mit Kindern nach außen prioritär zu nutzen, könnte eine der Zukunftsaufgaben der Jugendverbände in Deutschland sein.

Auftrag der Kindheitsforschung könnte es sein, die außerschulischen Aktivitäten und deren Auswirkungen für die gesellschaftliche wie individuelle Konstruktion von Kindheit stärker in den Blick zu nehmen. Eine noch ungelöste interessante Frage der Kindheitsforschung innerhalb der Jugend-verbandsarbeit dürfte sein, auf der Grundlage welcher Bilder von Kindheit und Kindern haupt- und ehrenamtliche Arbeit mit Kindern in den Jugend-verbänden geschieht und welche Auswirkungen dies wiederum für das Aufwachsen und die Bildung von Kindern haben kann. Damit könnte das erreicht werden, was Sünker und Bühler-Niederberger fordern:

»Eine Kindheitsforschung, die die Frage nach der gesellschaftlichen Organisation von Kindheit ins Zentrum ihrer Analysen stellt, kann in ihren Konzeptionen und Ergebnissen einen Unterschied für die Qua-lität von Kinderleben ausmachen; denn die Frage nach Interessen an Kindern und Verantwortung für Kinder lässt sich heute nicht mehr ohne Berücksichtigung gesamtgesellschaftlicher Kontexte the-matisieren und beantworten.« (Bühler-Niederberger/Sünker 2009, S. 182)

Literatur

Böhnisch, L./Gängler, H./Rauschenbach, T. (Hrsg.) (1991): Handbuch Jugend-verbände. Weinheim/München.

Bundesministerium für Familie, Senioren, Frauen und Jugend (2006): 12. Kin-der- und Jugendbericht. Berlin.

Bühler-Niederberger, D./Sünker, H. (2009): Gesellschaftliche Organisation von Kindheit und Kindheitspolitik. In: Honig, M.-S. (Hrsg.): Ordnung der Kind-heit. Problemstellungen und Perspektiven der Kindheitsforschung. Wein-heim/München, S. 155-182.

Fauser, K./Fischer, A./Münchmeier, R. (2006): Jugendliche als Akteure im Verband. Ergebnisse einer empirischen Untersuchung der Evangelischen Ju-gend. Opladen/Farmington Hills.

Meuser, M./Nagel, U. (1991): ExpertInneninterviews – vielfach erprobt, wenig bedacht. In: Garz, D./Kraimer, K. (Hrsg): Qualitativ-empirische Sozialfor-schung. Konzepte, Methoden, Analysen. Opladen.

Meuser, M./Nagel, U. (1997): Das Experteninterviews – Wissenssoziologische Voraussetzungen und methodische Durchführung. In: Friebertshäuser, B./Prengel, A. (Hrsg.) (1997): Handbuch qualitative Forschungsmethoden in der Erziehungswissenschaft. Weinheim/München.

Przyborski, A./Wohlrab-Sahr, M. (2008): Qualitative Sozialforschung. Mün-chen.

Sebaldt, M./ Straßner, A. (2004): Verbände in der Bundesrepublik Deutschland. Eine Einführung. Wiesbaden.

Thole, W. (2000): Kinder- und Jugendarbeit. Eine Einführung. Wein-heim/München.

Thole, W./Witt, D. (2006): Zur »Wiederentdeckung« der Kindheit. Kinder und Kindheit im Kontext sozialpädagogischer Diskussionen. In: neue praxis. Lahnstein, 36. Jg. (2006), Heft 1, S. 9-25.

Voigts, G. (2009): Arbeit mit Kindern in der Evangelischen Jugend. Ein empirischer Blick auf Altersgruppen und Themen, soziale Segmentierung, Strukturen und Konzepte. In: das baugerüst – Zeitschrift für Jugend- und Bildungsarbeit, 61. Jg. (2009), Heft 3, S. 38-42.

Ilka Hutschenreuter

Gefährlich gehört verboten?

Kindheitsbilder und schulische Ordnung

1. Einleitung

Im Mittelpunkt des Beitrages steht ein Ausschnitt aus einem ethnographischen Protokoll, das auf der Grundlage von Beobachtungen des Schülerparlamentes einer Grundschule erstellt wurde. Anhand des Datenmaterials wird herausgearbeitet, welches Kindheitsbild auf thematischer Ebene die Aushandlungsprozesse bestimmt und vor allem, wie die an der Sitzung teilnehmenden Kinder und Erwachsenen darauf rekurrieren.

Im Folgenden wird Kindheit als gesellschaftlich konstruiert verstanden und in diesem Sinne Kindheitsbilder als »Entwürfe und Vorstellungen, die sich eine Epoche, eine soziale Gruppe oder auch ein Einzelner von Kindern macht« (Richter 1987, S. 19). Kindheitsbildern wohnt eine gewisse Deutungsmacht inne, das heißt, sie können handlungsleitend wirken (vgl. u. a. Honig 1999, S. 21; Richter 1987, S. 19). Als Bestandteil in Entwürfen von Kindern und Kindheit sowie generationaler Ordnung strukturieren sie soziale Wirklichkeit in vielfältiger Weise mit (vgl. u. a. Bühler-Niederberger 2005, S. 24ff.).

2. Forschungsprojekt

Das Protokoll entstammt dem Datenmaterial, das im Rahmen des Dissertationsvorhabens der Autorin erhoben wurde. In dem Forschungsprojekt wird der Frage nachgegangen, wie Aushandlungsprozesse zwischen PädagogInnen und Kindern in zwei Grundschulen stattfinden. Im Focus stehen dabei die Beobachtung von Mikroprozessen in handlungs- und projektorientierte Lern- und Arbeitsformen, also Interaktionen der schulischen Akteure in einer partizipativen Rahmung. Ziel der Forschungstätigkeit ist es, Praktiken, Routinen und Strukturen herauszuarbeiten, derer sich Kinder und Erwach-

sene bedienen, um in Form von zwei Fallbeschreibungen die Partizipation-
spraxis der jeweiligen Schule zu rekonstruieren.

Während mehrmonatiger Feldaufenthalte wurde Datenmaterial (Doku-
mente; Beobachtungsprotokolle auf der Grundlage von Feldnotizen und
Audiomitschnitten; verschriftete Interviews mit Kinder und Erwachsenen)
erhoben. Die Annäherung an die soziale Praxis (hier in der methodologischen Rahmung einer Theorie sozialer Praktiken (vgl. Reckwitz 2003, S.
289ff.), soll dabei über ein ethnographisches Vorgehen im Sinne einer For-
schungsstrategie (vgl. Breidenstein/Kelle 2001, S. 1ff.) hergestellt werden.
Die Analyse der Daten erfolgt im Rahmen des Grounded Theory Ansatzes
(vgl. Glaser/Strauss 1967/2005, S. 41ff.), ergänzt durch sequentielle Analysen mit dem Ziel der Rekonstruktion einer Fallstruktur (vgl. Flick 1995, S.
196)

3. Untersuchungsfeld

3.1 Die Grundschule

Die Grundschule, aus deren Schülerparlament der Protokollausschnitt
stammt, liegt im ländlichen Bereich, wobei die nächstgrößere Stadt (knapp
200.000 Einwohner) zirka zwanzig Autominuten entfernt liegt. Die Schule
besuchen 150 Kinder, die von sieben Lehrerinnen, einem Lehrer und zwei
Referendarinnen betreut werden.

Der Beteiligung von Kindern wird innerhalb des Schulprofiles sehr große Bedeutung zugeschrieben; das das Schülerparlament stellt nur eine
Form der Partizipation dar. Von der Schule selbst wird das Schülerparlament als eine Methode betrachtet, um Kinder an der Gestaltung ihrer
(Schul-)Umwelt zu beteiligen. Die Kinder sollen durch die Teilnahme am
Schülerparlament lernen, Verantwortung für sich und andere zu übernehmen und ihre Interessen zu vertreten.[1]

Eine weitere Partizipationsmöglichkeit stellt »die Pausenausleihe« dar.
Die Schule verfügt über einen großen Schulhof, auf dem die Kinder in der
Pause von 10:00 Uhr bis 10:20 Uhr spielen, wenn es das Wetter zulässt. Sie
können dabei auf verschiedenen Klettergerüsten klettern oder rutschen, au-
ßerdem gibt es noch eine Sandgrube, die zum Spielen genutzt werden kann.
Im Jahr 2008 wurde die »Pausenausleihe« (im Sprachgebrauch der Schule
heißt sie abgekürzt: »Ausleihe«) eingeführt, die ausschließlich von den
Kindern (der sogenannte »Ausleihdienst«) verwaltet wird und in der sich

---

[1] So wird es in einer von der Schule verfassten Informationsbroschüre zu den
     Beteiligungsmöglichkeiten von Kindern in der Grundschule formuliert.

die Kinder Spielzeug für die Hofpause ausleihen können. Die »Ausleihe« ist ein Garagenraum, indem an beiden Wänden Regale mit Kisten stehen, die mit Spielsachen gefüllt sind. Alle Kinder der Schule haben Karten erhalten, auf denen ihr Namen und ihre Klasse steht. Wenn sie ein Spielgerät ausleihen wollen, gehen sie zu den (meist zwei oder drei) Kindern, die die Ausleihe im wöchentlichen Rhythmus betreuen. Dort geben sie ihre Karte ab, erhalten das Spielgerät und am Ende der Hofpause geben sie das Spielzeug wieder zurück und bekommen dann auch wieder ihre Karte.

3.2 Setting und Ablauf des Schülerparlaments

Das Schülerparlament wurde von dem Schulleiter der Schule initiiert und wird von ihm (in der Regel) allein betreut. Es findet jeden Montag in der großen Pause (10.00 Uhr bis 10.20 Uhr) statt. Die Kinder treffen sich in einem Raum der Schule, der nicht als Klassenraum sondern für verschiedene Projekte und Gruppenarbeiten genutzt wird. Die Teilnahme am Parlament ist grundsätzlich freiwillig und steht jedem offen. In der Regel kommen zwei Kinder als VertreterInnen für eine Klasse, das sind oft der Klassensprecher/in der Klasse und ein weiteres Kind. Dadurch ist die Gruppe der teilnehmenden Kinder eher heterogen und wechselt oft von Woche zu Woche. Die Alterspanne reicht je nachdem von sechs Jahren bis zehn Jahre. Von den Erwachsenen ist bei nahezu jeder Sitzung der Schulleiter anwesend, sehr selten nimmt zusätzlich auch eine Referendarin an einer Sitzung teil. Es gibt es keine feste Sitzordnung, jeder setzt sich dahin, wo er möchte.

Die Atmosphäre war bei allen beobachteten Sitzungen freundlich und die Ethnographin hatte den Eindruck, dass die Kinder gern zum Schülerparlament kommen. Das Sitzungsgeschehen wird von den Kindern interessiert und – trotz der gerade stattfindenden Pause – sehr aufmerksam verfolgt.

Einige Kinder sind meist wenige Minuten eher da als der Schulleiter und warten dann auf ihn und die nach und nach kommenden Kinder. Der Schulleiter gibt ein mit dem PC vorgefertigtes Blatt an das Kind neben ihm, das reihum gereicht wird und in das sich alle namentlich und ihrer Klasse zugehörig eintragen. Auf dem Papier steht ganz oben links in Großbuchstaben »SCHÜLERPARLAMENT«, darunter sind auf der oberen Hälfte des Blattes Spalten mit den Bezeichnungen für die Klassen (z. B. 3a) und daneben Platz für die Namen der Kinder. Die untere Hälfte des Blattes nehmen zwei Zeilen ein, die bezeichnet sind durch »Das wollen wir besprechen:« und »Unser Ergebnis:«. Neben diesen sind noch die Angaben »Datum:«, »Leitung:« und »Ich habe das Protokoll geschrieben:« zu vermerken. Noch während sich die Kinder auf dem Blatt eintragen, fragt der Schulleiter, wer das Schülerparlament leiten und wer das Protokoll schreiben möchte. Das leitende Kinder eröffnet mit dem Satz: »Ich eröffne das Schülerparlament.« und leitet mit der Frage: »Was wollen wir besprechen?« in die Diskussion ein. Danach werden die zu besprechenden Punkte gesammelt und erst nach der Sammlung werden die Punkte 1., 2., 3. usw. – eingeführt durch den Satz »Wer will was dazu sagen?« – besprochen. Wenn die Kinder etwas zur Diskussion beitragen wollen, melden sie sich und das leitende Kind ruft sie mit Namen oder durch Zeigen auf. Eine Art Redeliste gibt es nicht, die Entscheidung liegt bei dem leitenden Kind. Sollte ein Redebeitrag sehr wichtig sein, insbesondere sollte etwas falsch dargestellt sein, weichen die Kinder davon ab, sprechen dazwischen und korrigieren das Gesagte mit ihren Aussagen.

Zum Schluss werden die Dinge, die unter dem Stichpunkt »Unser Ergebnis:« von dem protokollierenden Kind notiert wurden, von diesem nochmals für alle vorgelesen. Alle Eintragungen auf dem Protokollblatt erfolgen durch die Kinder, die Anwesenheit von Erwachsenen wird nicht vermerkt. Die vorgedruckten Blätter bringt der Schulleiter in einem Ordner zur Sitzung mit, die ausgefüllten Protokolle werden ebenfalls darin abgeheftet. Inwieweit die Kinder ihre Vertreterfunktion wahrnehmen und in den Klassen die Ergebnisse aus dem Schülerparlament weitergeben, ist von Klasse zu Klasse unterschiedlich geregelt.

3.3 Beobachtete Sitzung vom 27.04.2009

Bei dieser Sitzung waren vierzehn Kinder anwesend, davon acht Mädchen und sechs Jungen. Die Kinder mit den meisten Redebeiträgen in diesem Ausschnitt gehörten der dritten (Konstantin, Johannes und Florian) und der vierten (Christin, Anne-Sophie, Simon, Lennart) Klassenstufe an. Geführt wurde die Sitzung von Simon, das Protokoll schrieb Johannes. Weiterhin nahmen der Schulleiter Herr Dipold und die Ethnographin an der Sitzung teil.

Die Erstellung des Protokolls erfolgte über zwei Schritte: während der Sitzung macht die Ethnographin Notizen zu Ablauf, Blickkontakt oder Nebenbeschäftigungen und gleichzeitig nahm ein Mikrophon die Wortmeldungen auf. Danach wurde aus der Zusammenschau des transkribierten Textes und der Feldnotizen das Protokoll erstellt. Da bei den Beobachtungen im Schülerparlament vor allem der Ablauf und die Aushandlungsprozesse für das Dissertationsprojekt im Vordergrund stehen und diese in dem Setting Schülerparlament vor allem über die wörtliche Rede stattfindet, liegt der Schwerpunkt der Protokollerstellung auch darauf.

4. Sequenz 1: Gefährliche Springseile

Auszug aus dem Beobachtungsprotokoll:

Simon, der Leiter ruft auf: »*Dann Punkt zwei.*« *Johannes liest Punkt zwei vor:* »*Ausleihe*«. *Simon ruft auf:* »*Christin.*« *Christin sitzt an der Stirnseite gemeinsam mit Anne-Sophie. Als sie aufgerufen wird, schaut Christin auf einen Zettel vor sich, Anne-Sophie schaut von der Seite ebenfalls darauf. Christin liest vor:* »*Also wir ham ich würd euch gern ma vorlesen was wir noch drin haben. Neun Fußbälle, Springseil, Tennisbälle un Schläger, das möchtn wir.*« *Es entsteht eine kurze Pause, nach der antwortet Simon direkt darauf:* »*Springseile habt ihr doch noch genug da noch n ganze Kiste voll.*« *Dem entgegnet Konstantin:* »*Aber Springseile dürfn wir nich mehr. Das ham wir erst besprochen weil das is zu gefährlich weil ähm die meisten machn damit ähm die nehmn da andere Kinder an n Hals un binden.*« *Christin widerspricht leise:* »*Hals nich.*« *Konstantin widersetzt dem laut:* »*Doch, doch (mehrere Kinder rufen dazwischen:* »*am Bauch*«*) das is schon oft passiert. Am Bauch am Hals un am Arm un so un annen Füßen un es das wolln wir eben vermeiden das es kein ähm das es keine Verletzungen gibt un deswegen erstma keine Springseile bis wir uns benehmen können.*«

Was geht in dieser Szene vor sich? Der Leiter des Schülerparlamentes, Simon, ruft den zweiten Punkt auf, den die Versammlung besprechen möchte, »Ausleihe«. Die Kinder beziehen sich hier auf ein Projekt der Schule, bei dem auf dem Schulhof Spielgeräte in der Hofpause an die Kinder verliehen werden.

Christin wird von Simon aufgerufen und liest – offensichtlich gemeinsam mit ihrer Nachbarin gut vorbereitet – vor. Sie möchten »gern« verschiedene Spielgeräte für die Ausleihe haben: neun Fußbälle, Springseil, Tennisbälle und Schläger. Die darauf bezugnehmende Antwort von Simon irritiert: er fragt nach dem Spielgerät, was zunächst am uninteressantesten erscheint, dem *einen* Springseil. Gleichzeitig stellt er das ganze Anliegen der beiden Mädchen in Frage: von dem Springseil gibt es »doch noch genug«, wie es sich an dem von ihm verwendeten Bild der Kiste voller Springseile ablesen lässt. Außerdem schlägt er mit seiner Antwort ihren Vorschlag aus, denn bei der vollen Kiste muss doch jedem klar sein, dass »ihr« weitere Springseile nicht braucht.

Die Inszenierung der Mädchen als gut vorbereitet gerät ins Wanken: wissen sie nichts von der Kiste mit den Springseilen? Daran knüpft die Antwort von Konstantin an. Sein Widerspruch »aber« legt nahe, dass er den Vorschlag der Mädchen unterstützen will, aber sein Einwand geht in eine ganz andere Richtung. Er fängt an, die Geschichte der Springseile zu erzählen. Die Springseile durften sie wohl mal, aber das wäre jetzt vorbei, »Springseile dürfen wir nicht mehr«. Die Springseile sind mit dem Verbot belegt – obwohl sie vorhanden sind – sie nicht zu verwenden. Das Verbot wurde nicht einfach nur ausgesprochen, sondern »besprochen« und das auch »erst« vor kurzem. Konstantin liefert auch noch den Grund für das Verbot: weil es zu »gefährlich« ist. Was genau gefährlich ist, stellt er auch klar: die meisten Kinder würden das Springseil am Hals anderer Kinder befestigen.

Diese Beschreibung kann Christin so nicht stehen lassen, etwas leise widerspricht sie: am »Hals nich«. Konstantin bleibt bei seiner Beschreibung der Fakten, jedoch mischen sich jetzt andere Kinder in die Diskussion ein. Sie weichen sogar von der Redereihenfolge ab, die sie sonst praktizieren und unterbrechen Konstantin – so wichtig scheint ihnen der Einwand zu sein. Sie wollen seine Sicht der Dinge korrigieren: nicht am Hals wurden Springseile befestigt, aber »am Bauch«. Damit wird die Geschichte der Springseile um ein wichtiges Puzzleteil ergänzt, dass die Ethnographin näher erklären kann. Die Springseile haben im Spiel der Kinder auf dem Schulhof eine besondere Funktion, sie gehören zum *Pferd spielen*. Einem Kind wird das Springseil um den Bauch gelegt und das zweite Kind hält beide Seilenden fest, um sein Pferd festzuhalten und Kommandos wie »Hüh« oder »Brrh« zu geben.

Konstantin scheint die Einwände der anderen Kinder zu ignorieren und illustriert sein Bild der Gefährlichkeit – und damit gleichzeitig den Grund für das Verbot – weiter. Er greift zwar den Punkt, dass das Seil am Bauch befestigt wurde, auf, ergänzt diesen jedoch um den immer noch in Frage stehenden Hals und dazu noch um die festgebundenen Hände und Füße. Er würde diese Reihung gern mit »und« fortsetzen, aber er äußert den Gedanken: »es das wolln wir eben vermeiden« und teilt auch genau mit, was »wir« vermeiden wollen: »Verletzungen«. Konstantin beendet seinen Vortrag mit der Wiederholung des Verbotes, stellt es jedoch gleichzeitig unter einen zeitlichen Vorbehalt (»bis wir uns benehmen können«) und bekräftigt damit nochmal die Wichtigkeit des ganzen Anliegens und des Verbotes: »erst mal keine Springseile mehr«.

4.1 Rahmung der Szene

Offensichtlich entwickelt sich hier die Szene anders, als mit dem Aufrufen des Punktes zwei »Ausleihe« erwartet. Die Mädchen Christin und Anne-Sophie bringen zwar ihre Vorschläge in das Schülerparlament ein und stellen sie zur Diskussion, jedoch greifen die Jungen Simon und Konstantin zielsicher den einen Vorschlag heraus, hinter dem sich anscheinend ein für die Kinder brisantes Thema verbirgt: dem Spielen mit Springseilen wäh-

rend der Hofpause. Dabei steht das von Konstantin beschriebene Verbot
»Springseile dürfen wir nicht mehr, das ist zu gefährlich, wir können uns
verletzen« im Vordergrund. Wer genau dieses Verbot und wie ausgesprochen hat, kann aus dem Material nicht ermittelt werden und ist für die Auswertung der Szene von geringem Interesse. Die besprochenen Themen der
Sitzung werden nicht in einem öffentlichen Rahmen transparent gemacht,
zum Beispiel in Form von Aushängen oder in Besprechungen der LehrerInnen. Sie werden von den Kindern weitergetragen und auf den Protokollblät-
tern (mehr oder weniger) vermerkt und abgeheftet. Weiterhin ist davon auszugehen, dass aufgrund des ständigen Wechsels der teilnehmenden Kinder
eine bestimmte Anzahl von Kindern, bei der Sitzung, in der über das Verbot
gesprochen wurde, nicht dabei waren. Insofern geht es jedem Kind und
auch jedem Erwachsenen, der an der Verbots-Sitzung nicht teilgenommen
hat, ähnlich wie der Ethnographin: sie hört nur das, was in dieser Sitzung
gesagt wird.[2] Somit kommt den Aussagen jeder einzelnen Sitzung eine
konstituierende Wirkung zu: nur so wie Themen in dieser Sitzung besprochen und ausgehandelt werden, können sie die Kinder (mit mal mehr oder
weniger vorhandenem Hintergrundwissen) nachvollziehen und an andere
Kinder weitergeben.

4.2 Das Bild vom potentiell gefährlichen Kind

Welche Sichtweise auf Kinder wird in dieser Szene vermittelt? Im Zentrum
steht der Umgang der Kinder mit den Springseilen. Die Springseile werden
durch Kinder am Hals oder wohl eher am Bauch anderer Kindern befestigt.
Damit wird das Bild eines unvernünftigen Kindes, das fahrlässig andere
Kinder durch mögliches Erdrosseln in Todesgefahr bringt, beschrieben und
das zudem vor sich selbst geschützt werden muss. Das gefährliche Kind
wird in dabei in zwei Polen gefasst (vgl. dazu auch Bühler-Niederberger
2005, S. 15): zum einen durch das in seiner Impulsivität gefährdete Kind,
dem in seiner Unbeherrschtheit die Einsicht in die möglichen Konsequenzen seines Tuns fehlt. Zum anderen ist damit eng verbunden die Vorstellung vom Kind, das sich in einem Stadium der Entwicklung befindet und es
noch nicht besser weiß und erst noch lernen muss (»bis wir uns benehmen
können«).

Auffällig ist, dass Konstantin, in der fehlenden Korrektur durch alle anderen Anwesenden als Sprecher für alle, abstrakt und ohne die konkrete
Schilderung von Unfällen oder der Nennung von Namen verletzter Kinder,
seine Aussagen macht. Da auch der Ethnographin kein konkreter Unfall an
der Schule beschrieben werden konnte, ist hier die Einordnung als *potenti-*

---

2   Die hier beschriebene Sitzung ist die erste in der Erhebungsphase der Studie.

ell gefährliches Kind passgenauer. Diese Darstellung erfährt in den folgenden Sequenzen weitere Ausführungen.

5. Sequenz 2: Die Überwachung

Das der Aussage »Springseile dürfn wir nich mehr« implizite Verbot, die Springseile während der Hofpause nicht mehr ausleihen zu können, wird im Folgenden Gegenstand der Diskussion und neu eingeordnet.
Auszug aus dem Beobachtungsprotokoll:

> *Simon nimmt Christin dran, sie sagt: »Vielleicht müsste man dann zum Beispiel wenn glaub das wir ähm wir wolln ja wir Mädchen wolln ja Springseile mitbringen un au jetz son größeres damit wir ähm so zu dritt hüpfn können.« Konstantin antwortet: »Ähm aber und au wenn die Pausenaufsicht da drauf aufpasst wenn die Pausenaufsicht das dann sieht is es wahrscheinlich schon auch immer zu spät schon dann gabs wahrscheinlich schon Verletzte und auch dann Seilspringe Seil äh Seile mitbringen das is auch wieder ganz schön gefährlich weil da könnten au gleich wieder Sei Seile in der Ausleihe geben.« Simon schaut Anne-Sophie an und sagt: »Anne-Sophie.« Anne-Sophie erklärt: »Ähm vielleicht könnten wir das so machen das der Ausleihdienst immer vielleicht mh das man das so macht das man erst fragt was man machen will oder man verleihts nur den Mädchen das die Mädchen Springseil springen können.« Johannes ruft dazwischen: »Es wär aber au unfair!« Konstantin bestärkt den Einwurf von Johannes: »Ja weil wenn die Jungs das auch möchtn weil die Jungs spieln spieln möchtn das au gerne machen aber es gibt auch manche die das dann nur aus Spaß machen und andere nehmn wenn man dann aber sagt die solls nich machen dann isses das kann man doch au nich verhindern wenn ses gemacht ham is es zu spät.« Anne-Sophie redet dazwischen: »Dann kann man ja ab un zu ma die Seile ham gucken was die damit machen un wenn se wenn se da Unfug mit machen könn kann man denen s ja wegnehmn.« Konstantin: »Ja, bis dahin is es ja wahrscheinlich dann schon zu spät. Wenn die da wenn sie die zwar sehn dann könn se aber schon ganz schön viel verletzt haben.« Es entsteht eine längere Pause, in der keiner etwas sagt.*

In dieser Szene entspannt sich eine Art Schlagabtausch zwischen den Kindern, der vor allem von Konstantin, Anne-Sophie und Christin bestimmt wird. Darin wird das Verbot, mit Springseilen zu spielen, indirekt auf den Prüfstand gestellt und neu eingeordnet. Die beiden Mädchen stellen Vorschläge zur Diskussion, wie es möglich wäre, die Springseile trotz des »gefährlich«-seins zu nutzen. Konstantin schlägt diese Vorschläge mit seinen Redebeiträgen immer wieder aus, indem er an der Gefährlichkeit der Seile und des Umganges damit festhält.

Die Kinder entwerfen in dieser Diskussion ein Modell sozialer Kontrolle. Soziale Kontrolle meint hier Mechanismen und Techniken einer Gruppe, mit denen diese ihre Mitglieder anzuhalten versucht, die von ihr aufgestellten Normen in Form von Verhaltensanforderungen zu erfüllen (vgl. Singelnstein/Stolle 2008, S. 11). Die Entwicklung dieser Norm, die in der ersten Sequenz als gemeinsam ausgehandelt beschrieben wurde, umfasst das Verbot des Spiels mit Springseilen. Da sie durch das förmliche Verfahren (»haben wir erst besprochen«) im Schülerparlament entwickelt wurde, hat sie Ähnlichkeit mit einem Gesetz, also einer formellen sozialen Norm.

Soziale Kontrolle entwickelt sich nicht frei von dem die Gruppe umgebenden gesellschaftlichen Bedingungen. Sie wird maßgeblich dadurch bestimmt, wie die die Gruppe umgebende Welt wahrgenommen wird. Der Wahrnehmung von Welt ist dabei nicht als Realität einzuordnen, sondern als diskursiv hergestellte Konstruktion von Welt, die Wahrheitswirkung entfaltet. Welche Form die soziale Kontrolle annimmt, hängt davon ab, wie eine Gruppe mögliche Bedrohungen einordnet und welche Anforderungen an deren Kontrolle und Abwehr zu stellen sind. (vgl. Singelnstein/Stolle 2008, S. 33) Mit welcher Bedrohung die Kinder in dieser Schule zu rechnen haben, stellt Konstantin in seinen Redebeiträgen dar. Das Spielen der Kinder mit Springseilen beziehungsweise schon das Vorhandensein solcher Seile stellt aus seiner Sicht eine Gefahr dar, die von schwerer Verletzungsgefahr (durch Befestigen der Seile am Hals) bis zu potentieller Gefahr (auch das Mitbringen von Seilen ist gefährlich) reicht. Die Gefahr wird von ihm abstrakt beschrieben, also ohne die Nennung konkreter Vorfälle oder Namen verletzter Kinder. Er unterhält auch keine Unterstützung durch andere Kinder, die seine Beschreibungen bestätigen oder mit Beispielen belegen. Insofern beschreibt er hier etwas, das sprachlich besser als Risiko einzuordnen ist, also ein mögliches Ereignis, das negative Auswirkungen haben könnte (vgl. zur Unterscheidung Luhmann 1993, S. 327ff.).

An diesem Risiko arbeiten sich die Diskutanten ab, indem sie versuchen, mit unterschiedlichen Formen von sozialer Kontrolle das Risiko zu regulieren. Die erste Möglichkeit bietet Konstantin an, indem er zur *Selbstführung* ermahnt: »wolln wir eben vermeiden […] bis wir uns benehmen können«. Es soll demnach niemand anderes, wie zum Beispiel Lehrer oder Lehrerinnen oder andere Kinder, auf die Einhaltung dieser Normen achten, sondern selbstdiszipliniert soll jeder einzelne die als Norm (keine Springseile auf dem Schulhof) ausgestaltete Verhaltensanforderung verinnerlichen und deren Einhaltung selbst sicherstellen (vgl. Singelnstein/Stolle 2008, S. 69 f.).

Christin will sich mit ihrem Vorschlag »wir wolln ja Springseile mitbringen« dieser Verhaltensanforderung ganz entziehen, indem sie klarstellt, dass die Mädchen auch ihre eigenen Seile von zu Hause mitbringen könnten. Eigentum und Besitz an Spielsachen stellt für die Mädchen eine Möglichkeit dar, sich der Gestaltungsmacht Schule zu entziehen. Ein anderer Versuch ist ihr Vorschlag, doch einfach ein anderes Seil zu verwenden. Damit wird klar, warum nur »ein« Springseil auf dem Wunschzettel der beiden Mädchen stand. Sie meinen damit ein großes Seil, das eine Person um sich dreht und über das sie zu dritt darüber hüpfen können. Auch damit versuchen sie, mit dem Argument »Seil ist nicht gleich Seil«, sich der Verbotsnorm zu entziehen.

Anne-Sophie wählt einen anderen Weg und versucht Kontrollmechanismen zu etablieren. Sie will den »Ausleihdienst« (das sind zwei bis drei Kinder, die die Spielgeräte in der Pause verleihen) zu einer vorherigen Abfrage der Absichten der Kinder verpflichten. Damit würde ein Kontrollposten entstehen, der auf Vertrauensbasis handelt und mögliche Normverfehlungen vorher abfragt und korrigieren soll. Diese Möglichkeit erweitert sie, indem sie fordert, dass der Ausleihdienst nicht nur abfragt, sondern »ab un zu ma (…) gucken« soll. Der Kontrollposten (jetzt anscheinend kein Vertrauter mehr) soll also nicht nur abfragen, sondern auch überwachen. Sollten die Kinder dann doch noch »Unfug mit machen«, soll der Kontrollposten auch Strafen dürfen im Sinne einer natürlichen Konsequenz: »kann man denen s ja wegnehm.« Als weitere Variante bietet Anne-Sophie an, dass besagter Ausleihdienst nur an die Mädchen verleiht, damit diese mit den Springseilen springen können. Damit wird auf soziale Kontrolle durch Ausschluss referiert, indem potentiell gefährlichen Gruppen (»die Jungen«) der Zugang zu den Spielgeräten verweigert und damit das Risiko abgewehrt wird. Damit wird offensichtlich, dass der Frage nach dem Spielen mit Springseilen auch ein Konflikt zwischen Jungen und Mädchen zugrunde liegt. Konstantin liefert einen Hinweis für die Ursache des Konfliktes: »aber es gibt auch manche die das dann nur aus Spaß machen und andere nehm«. Anne-Sophie antwortet indirekt darauf, indem sie die Späße der Jungen mit »Unfug« etikettiert.

Konstantin nimmt mit seinen Diskussionsbeiträgen eine wichtige Funktion ein. Er hält mit seinen Gefährlichkeitsvermutungen permanent die Verunsicherung bezüglich des vermuteten Risikos aufrecht. Er verstärkt die Gefährlichkeit des Risikos noch mehr, in dem auch er auf Kontrollmechanismen Bezug nimmt (»wenn die Pausenaufsicht da drauf aufpasst«). Dieser spricht er jedoch die Kompetenz zur Kontrolle (»is es wahrscheinlich schon auch immer zu spät«) ab und stellt damit die Unmöglichkeit zur Regulierung des Risikos zur Diskussion. Damit stellt er klar, dass nur eine Möglichkeit zur Risikoregulierung greifen würde: wenn es die Springseile gar nicht gäbe. Das intendierte Verhalten soll nicht im Sinne von Selbstdis-

ziplin oder Kontrolle geregelt und damit hergestellt werden, sondern jede
Möglichkeit zur Ausführung der unerwünschten Handlung soll unterbunden
werden. Den Ausführungen von Konstantin zur Gefährlichkeit der Situation
kann letztendlich keiner mehr etwas entgegensetzen, das Gespräch der Kinder bricht ab.

6. Sequenz 3: Dach oder Pipiecke?

Die Diskussion findet ihr Ende in der folgenden Szene, danach wird der
nächste Punkt der Tagesordnung aufgerufen.
Auszug aus dem Beobachtungsprotokoll:

*Nach einer längeren Pause hakt Herr Dipold – ohne sich zu melden
– ein: »Hab ich das jetz richtig verstanden das äh wenns son großes
Springseil für mehrere Kinder gibt das dann jemand dabei is un aufpasst oder wie is das? Von denen die die Ausleihe machen oder wie
war das gedacht?« Christin ruft: »Ja.« Johannes stimmt ebenfalls
zu: »Ja!«. Andere Kinder nicken in die Richtung von Herrn Diepold.
Konstantin kommentiert das ganze: »Ich mein ich mein wegen den
Kleinen is das ja nur gefährlich aber wenn wenn man in ner großen
is un nur ein Springseil benutzt da kann ja au die Pausenaufsicht da
drauf aufpassen dann is es ja was anderes aber wenn nur eins da is
das kann dann schon gefährlich werden weil manche erlauben sich
ja die Späße.«
Simon nimmt Lennart dran. Lennart: »Ähm wir könn ja vielleicht so
ne so ne Springseilecke irgendwo machen un da won Lehrer dabei
steht.« Konstantin murmelt leise vor sich hin, von dem nur der letzte
Satz verständlich ist: »Dann könn wir gleich so ne Pipiecke machen.« Nach einiger Zeit ergänzt er: »Aber eigentlich keine so
schlechte Idee aber wohin is die Frage.« Wieder entsteht eine längere Pause, einige Kinder flüstern und Florian sagt laut: »Aufm Dach
von der Schule.« Fast gleichzeitig fragt Simon: »Möchte noch ir-
gendjemand öh irgendwas dazu sagen oder andere Sachen?« Es entsteht eine kleine Pause, Lisa sagt: »Mh, nö.«*

Nach einer Pause ergreift zum ersten Mal der neben der anwesenden Ethnographin einzige Erwachsene das Wort, ohne dazu aufgefordert zu sein. Er
nimmt hier eine Auswahl vor: »Hab ich das richtig verstanden …« lässt
schließen, dass alles andere soweit verständlich war. Damit lässt er Kon-
stantins Gefahrvermutung so im Raum stehen, bestätigt sie damit zugleich
und greift im Folgenden einen Aspekt sozialer Kontrolle heraus. Dabei beschreibt er noch mal den Vorschlag von Anne-Sophie, ob es ein größeres

Seil geben solle, bei dem dann jemand dabei steht und aufpasst und ob das die Kinder machen sollen, die die Ausleihe in der Pause betreuen. In diesem Redebeitrag fragt er zu jeder Nacherzählung jeweils nach, »ob er das richtig verstanden hätte«; »oder wie is das?«; »oder wie war das gedacht?« Die Kinder gehen nicht auf seine Nachfragen ein, sondern Christin stimmt zu, genau wie Johannes. Weitere Kinder nicken und zeigen so nonverbal ihre Zustimmung.

Damit wählt Herr Dipold aus sechs beziehungsweise sieben (je nach Lesart) verschiedenen Vorschlägen zur Regulierung (1. Selbstführung der Kinder; 2. eigene Seile mitbringen; 3. alle Seile können verwendet werden und die damit spielenden Kinder werden von den Kindern der Ausleihe befragt, überwacht und gegebenenfalls sanktioniert; *4. ein großes Seil wird angeschafft und die damit spielenden Kinder werden von den Kindern der Ausleihe befragt, überwacht und gegebenenfalls sanktioniert*; 5. eine bestimmte Gruppe von Kindern wird von der Nutzung der Spielgeräte ausgeschlossen und 6. es gibt gar keine Seile mehr) den vierten Vorschlag heraus. Es irritiert, das keine Zusammenfassung aller Vorschläge, wie in parlamentarischen Verfahren üblich, erfolgt, die dann einzeln abgestimmt werden. Herrn Dipold nimmt hier die Entscheidung vor, der mehrere Kinder zustimmen. Im Zusammenhang mit der vorhergehenden Diskussion wird auch klar, dass das Verbot der Springseile nicht verhandelbar ist. Dadurch, dass Herr Dipold hier das große Seil als Vorschlag aufnimmt, wird den Beteiligten eröffnet, dass dieses Seil von dem Verbot ausgenommen ist. Jedoch darf dieses nur mit Überwachung bespielt werden. Die Nachfrage »oder wie war das gedacht?« bezieht sich nicht auf die grundsätzliche Frage, ob überhaupt jemand aufpassen soll, sondern ob die Pausenaufsicht (Lehrerinnen oder Lehrer) oder der Ausleihdienst (Kinder) aufpassen soll und er entscheidet mit seiner Frage nach den Kontrollpersonen zugunsten der Kinder.

Der einzige, der widerspricht, ist Konstantin. Er fordert jedoch nicht eine gemeinsame Entscheidungsfindung ein, sondern bringt indirekt nochmals seinen Vorschlag zur Geltung, doch besser gar keine Seile auf dem Schulhof zu haben. Lennart ergreift in der Diskussion zum ersten Mal das Wort und bringt noch einen weiteren Vorschlag ein: eine Springseilecke einzurichten, bei der ein Lehrer dabei steht. Damit erweitert er die soziale Kontrolle zum einen durch die Begrenzung des Raumes Schulhof (-»ecke«) und zum anderen indem die Springseilecke von einem Lehrer ständig überwacht werden soll. Es scheint bei diesem Vorschlag keinen Redebedarf bei den Mädchen zu geben. Lediglich Konstantin äußert sich und wertet den Vorschlag von Lennart ab durch den Begriff »Pipiecke«. Dies murmelt er leise vor sich hin, um dann laut mit einem »aber« einzuleiten: »keine so schlechte Idee«, nur wohin mit der Springseilecke. Diese Sprechweise lässt den Schluss zu, dass es eine private Meinung (dann leise sprechen) und eine öffentliche Meinung (laut sprechen) gibt, die nicht übereinstimmen müssen.

Damit wird der Platz für diese Springseilecke noch weiter eingeschränkt, in der Vorstellung von Konstantin scheint es dafür auf dem (eigentlich großen) Schulhof keinen Platz zu geben: »aber wohin ist die Frage«. Florian fällt hier ein Platz weit weg von jeglichem Schulhofgeschehen ein: »Aufm Dach von der Schule.« Die Ironie dieses Beitrages – ein Platz weit weg und der aufgrund seiner Beschaffenheit wohl ein eher höheres Risiko birgt als der Schulhof – drängt sich auf. An dieser Stelle endet die Seildiskussion und ein neues Thema wird angesprochen.

7. Abschließende Einordnung

Rezipiert man Untersuchungen zu Formen institutionalisierter schulischer Mitbestimmung und im Besonderen zur Schülervertretung als Interessensvertretung, finden sich nur wenige Befunde. Folgende Tendenzen lassen sich herausarbeiten. Zum einen zeigen Untersuchungen unter Schülerinnen und Schülern der Sekundarstufe eins und zwei, dass in der Schulgemeinschaft um das Bestehen und der Mechanismen einer Schülervertretung gewusst wird, dieser jedoch wenig Einfluss beigemessen wird (vgl. u. a. Melzer/Stenke 1996, S. 332; Abschlussbericht BLK Programm Demokratie lernen & leben, S. 47, 53). Dementsprechend findet sie nur bei einer immer kleiner werdenden Minorität von Schülerinnen und Schülern Interesse. (vgl. Dietze 1988, S. 433). Die Gruppe derer, die in der Schülervertretung aktiv sind, vermissen wiederum das Interesse ihrer Mitschülerinnen und Mitschüler an ihrem Engagement. Ähnliches wird auch für die Lehrenden herausgestellt: seitens der Lehrerinnen und Lehrer wird der Arbeit der Schülervertretung eher Gleichgültigkeit und eher weniger Widerstand entgegengebracht (vgl. Zippel/Weiss 1995, S. 109).

Untersuchungen zu Formen institutionalisierter parlamentarischer Mitbestimmung in der Grundschule liegen bislang nicht vor, da für die Primarstufe der Gesetzgeber in der Regel diese nur als Option eröffnet und damit keine Verbindlichkeit herstellt[3]. Insofern ist hier schulische Mitbestimmung aufgrund des Prinzips einer repräsentativen Demokratie eher die Ausnahme. Empirische Untersuchungen zur Mitbestimmung von Kindern in der Grundschule allgemein zeigen folgende Tendenzen auf. Geringe bis gar keine Mitbestimmungsmöglichkeiten beschreiben Kinder, umso stärker die Frage in Richtung der Gestaltung des Unterrichts oder der Organisation des Schulalltag geht. Lediglich bei Fragen nach der Gestaltung des Klassenzimmers oder Schulaktionen wie Klassenfahrten dürfen die Kinder mit den Lehrerinnen und Lehrern gemeinsam abstimmen (vgl. u. a. Hurrel-

---

3   Vgl. bspw. §122 Abs. 1 des Hessischen Schulgesetzes.

mann/Andresen 2007; S. 135, Bacher/Winklhofer/Teubner 2007, S. 271ff.; Bosenius 2004, S. 300f.). Qualitative Untersuchungen, die den Handlungsrahmen, die eingebrachten Themen und die Aushandlungsprozesse innerhalb einer parlamentarischen Versammlung der Grundschule nachvollziehen, liegen nicht vor. Der vorliegende Beitrag setzt an diesem Forschungsdesiderat an und formuliert im Rahmen der ethnographischen Analyse nachfolgend erste Ergebnisse, die im weiteren Auswertungsprozess des Dissertationsvorhabens überprüft werden. Das Bild des potentiell gefährlichen Kindes dominiert die Aushandlung; andere Sichtweisen auf Kinder werden verdrängt. So zeigen die Mädchen mit ihrem Vorschlag, eigene Seile von zu Hause mitzubringen, eine andere Deutungsmöglichkeit auf. Ihr Argument könnte dabei lauten: zu Hause spielen wir doch auch mit den Seilen, so gefährlich ist das nicht. Die Übermacht des »gefährlich« spielenden Kindes geht soweit, dass die Kinder ein Überwachungssystem entwerfen, um mit Springseilen spielen zu können. Letztendlich kann die Situation nur noch ins Absurde gewendet werden (die Springseilecke auf dem Dach), um die Übermächtigkeit des Bildes unter Kontrolle zu bekommen. Durch die Gefährlichkeitsvermutung kann auch der angesprochene Konflikt zwischen Jungen und Mädchen nicht weiter ausdiskutiert werden und die Anwesenden erfahren nicht, was das für »Späße« oder »Unfug« ist, der von den Jungen mit den Springseilen auf dem Schulhof angestellt wird.

Damit kommt dem Bild vom potentiell gefährlichen Kind eine *strukturierende Funktion* zu. Die Dominanz, die dem Bild durch Konstantin eingeräumt wird, macht es den Angehörigen der Kindergruppe beziehungsweise Jungen und Mädchen nahezu unmöglich, eigene Positionen einzunehmen, auszuhandeln und damit den Rahmen des Schülerparlamentes zu nutzen. In die schulische Ordnung, hier gefasst als ein komplexes Gefüge von Regeln, Anforderungen und akteursspezifischen Bewältigungsstrategien, können die Kinder damit nur zu einem geringen Teil ihre Bedürfnisse und Interessen einbringen. Dem Erwachsenen kommt in dieser Situation – auch wenn sein Beitrag kurz ist – eine überlegene Position zu. Durch seine Gestaltungsmacht als erwachsener schulischer Akteur und seine Sonderrechte im Schülerparlament kann er den Ausgang der Diskussion beeinflussen und ein Ergebnis herbeiführen. Er hätte damit auch die Möglichkeit, die Betrachtungsweise der Kinder als generell potentiell gefährlich handelnde Wesen zu entkräften und andere Deutungsmuster in die Diskussion einzuführen. Er nimmt diese Möglichkeit aber nicht wahr, sondern stimmt stillschweigend der Gefährlichkeitsvermutung zu. Es entsteht der Eindruck, in der Sitzung wären alle Punkte geklärt und die Versammlung wäre zu einem für alle Beteiligten befriedigenden Ergebnis gekommen. Der Erwachsene inszeniert sich hier als *Instanz*, die ihrer Funktion entsprechend außerhalb des Schülerparlamentes steht und nicht den Mechanismen der parlamentarischen Versammlung unterworfen ist.

An diese abschließende Einordnung lässt sich die Vermutung anschließen, dass den im Schulkontext verwendeten Bildern von Kindern und Kindheit oft eine regulierende Funktion zukommt. In welchem Zusammenhang dies geschieht und vor allem wie, muss in weiteren Untersuchungen geklärt werden.

Literatur

Abs, H. J./Roczen, N./Klieme, E. (2007): Abschlussbericht zur Evaluation des BLK-Programms »Demokratie lernen und leben«. Frankfurt a. M. http://blk-demokratie.de/fileadmin/public/download/materialien/weitere/DIPF_BLK_Abschlussbericht_2007.pdf (Zugriff: 22.03.10)

Bacher, J./Winklhofer, U./Teubner, M. (2007): Partizipation von Kindern in der Grundschule. In: Alt, C. (Hrsg.) (2007): Kinderleben – Start in die Grundschule. Band 3: Ergebnisse aus der zweiten Welle. Wiesbaden, S. 271-298.

Bosenius, J./Wedekind, H. (2004): »Mitpestümmen« – Schülerstudie 2004 des Deutschen Kinderhilfswerkes und Super RTL zur Partizipation von Viertklässlern. München, S. 287-309.

Breidenstein, G. /Kelle, H. (1998): Geschlechteralltag in der Schulklasse. Ethnographische Studien zur Gleichaltrigenkultur. Weinheim.

Bühler-Niederberger, D. (2005): Kindheit und die Ordnung der Verhältnisse. Von der gesellschaftlichen Macht der Unschuld und dem kreativen Individuum. Weinheim/München.

Dietze, L. (1988): Mitbestimmung im Bildungsbereich: Lernende-Eltern-Lehrende. In: Mickel, W.W./Zitzlaff, D. (Hrsg.) (1988): Politische Bildung. Ein Handbuch für die Praxis. Schwalbach.

Flick, Uwe (1995): Qualitative Forschung. Theorie, Methoden, Anwendung in Psychologie und Sozialwissenschaften. Reinbek.

Glaser, B. G./Strauss, A. L. (1967/2005): Grounded Theory. Strategien qualitativer Forschung. Bern.

Honig, M.-S. (1999): Entwurf einer Theorie der Kindheit. Frankfurt a. M.

Hurrelmann, K./Andresen, S. (2007): Kinder in Deutschland. 1. World Vision Kinderstudie. Bonn.

Luhmann, N. (1993): Die Moral des Risikos und das Risiko der Moral. In: Gotthard Bechmann (Hrsg.) (1993): Risiko und Gesellschaft. Opladen, S. 327-338

Melzer, W./Stenke, D. (1996): Schulentwicklung und Schulforschung in ostdeutschen Bundesländern. In: Rolff, H. G./Bauer, K.-O./Klemm, K./Pfeiffer, H. (Hrsg.) (1996): Jahrbuch für Schulentwicklung. Weinheim.

Reckwitz, A. (2003): Grundelemente einer Theorie sozialer Praktiken. In: Zeitschrift für Soziologie, 32. Jg. (2003), Heft 4, S. 282-301.

Richter, D. (1987): Das fremde Kind. Zur Entstehung der Kindheitsbilder des bürgerlichen Zeitalters. Frankfurt a. M.

Singelnstein, T./Stolle, P. (2008): Die Sicherheitsgesellschaft. Soziale Kontrolle im 21. Jahrhundert. Wiesbaden.

Zippel, K./Weiss, C. (1995): Die Arbeit der Schülervertretungen in den Schulen des Landes Niedersachsen. Hannover.

Barbara Lochner

PädagogInnen im Team der Kindertageseinrichtungen

Praxis, Qualifizierungserfordernisse und Forschungsbedarfe

1. Einleitung

In der aktuellen Diskussion um die Qualität von Kindertagesstätten in Deutschland wird hervorgehoben, dass es an bundeseinheitlichen Standards und Qualitätssicherungssystemen für diesen Bereich fehlt (Tietze 2010, S. 561; Viernickel/Schwarz 2009, S. 6). Da das Setzen von Rahmenbedingungen in Deutschland Ländersache ist, variiert das Angebot hinsichtlich des Personalschlüssels bzw. der Fachkraft-Kind-Relation, der Betreuungszeiten, der Gruppengrößen, der gesetzlich geforderten Ausbildungsniveaus der pädagogischen MitarbeiterInnen, der Ausgestaltung der Bildungspläne der Länder und den ihnen zu Grunde liegenden Prämissen von Bundesland zu Bundesland (vgl. Viernickel/Schwarz 2009; Giebeler 2008, S. 93). Aus der Vielzahl dieser Aspekte soll im Folgenden das Personal in Kindertagesstätten näher betrachtet werden, um einerseits den Faktor »Qualifikation und Ausbildung der MitarbeiterInnen« in Bezug zu anderen Strukturqualitätsmerkmalen zu setzen und die Realität in der Praxis zu verdeutlichen und andererseits die Qualifizierungsdiskussion in Bezug zur Praxis zu stellen. Dazu wird im ersten Schritt ein exemplarischer Blick auf die Qualifikationen der MitarbeiterInnen in der Praxis geworfen und danach den aktuellen Forderungen bezüglich der Ausbildung und Qualifizierung anhand von Forschungsergebnissen nachgegangen. Insbesondere werden die bisherigen empirischen Untersuchungen über den Zusammenhang von Qualifikation der MitarbeiterInnen und der Qualität des pädagogischen Handelns einer kritischen Analyse unterzogen. Der dritte Schritt setzt sich mit der Option der Zusammenarbeit von MitarbeiterInnen unterschiedlicher Ausbildungsniveaus auseinander, wobei der Blick explizit auf die Arbeit im Team und die Rolle von Assistenz- und Ergänzungskräften gerichtet wird. Abschließend wird die Frage aufgeworfen, was über die Zusammenarbeit von unterschiedlich qualifizierten MitarbeiterInnen in Kindertagesstätten, ihren Aufgaben und Handlungskompetenzen, also der Realität in der Praxis aus empirischer Sicht bekannt ist und welche Schlussfolgerungen daraus zu ziehen sind.

2. Personelle Qualifizierung im strukturellen Kontext der Praxis

Wolfgang Tietze macht für die Qualität pädagogischer Tageseinrichtungen drei relevante Bereiche aus: die Qualität pädagogischer Prozesse, die Qualität pädagogischer Strukturen und die Qualität der pädagogischen Orientierung (vgl. Tietze 2010). Die Ausbildung der pädagogischen MitarbeiterInnen wird, wie auch die Gruppengröße oder die Fachkraft-Kind-Relation, den Strukturmerkmalen zugeordnet. Aufgrund der Komplexität des Feldes ist es schwer, die spezifische Bedeutung einzelner dieser Faktoren für die Qualität der pädagogischen Arbeit und schließlich für die Entwicklung der Kinder zu bestimmen (vgl. Munton/Mooney/Moss 2002). Dies hängt damit zusammen, dass diese Strukturmerkmale in ihrer jeweiligen Gestaltung in der Praxis eng miteinander verknüpft sind, sich gegenseitig bedingen und ermöglichen. In der Wechselwirkung mit prozessualen Faktoren haben sie Auswirkungen auf die Kinder, ihr Wohlbefinden und ihre Entwicklung (Roux 2002, S. 40).

Aktuell arbeitet die vermutlich bis auf weiteres größte Personalgruppe, die ErzieherInnen mit Fachschulabschluss, im Team mit pädagogischen MitarbeiterInnen anderer Ausbildungsformen (vgl. u. a. Thole/Cloos 2006; Roßbach 2008). Vor allem sind dies KinderpflegerInnen, die in einer zweijährigen Ausbildung auf den Beruf vorbereitet werden und in zunehmendem, jedoch immer noch sehr geringem Maße pädagogische MitarbeiterInnen mit Hochschulabschluss. Sie machen aktuell im Bundesdurchschnitt nur 3,5 % des Personals aus, während 71,9 % ErzieherInnen und 13,3 % KinderpflegerInnen sind (vgl. Bock-Famulla/Große-Wöhrmann 2010). Der Bundesdurchschnitt zeigt jedoch ein stark verzerrtes Bild der Realitäten in den Bundesländern: Während zum Beispiel in allen ostdeutschen Bundesländern über 90 % der MitarbeiterInnen mindestens eine ErzieherInnenausbildung absolviert haben, sind Thüringen, Sachsen-Anhalt, Mecklenburg-Vorpommern und Brandenburg neben dem Saarland, die Bundesländer mit dem geringsten Anteil an akademisch ausgebildeten MitarbeiterInnen. Bremen wiederum führt die Ranglisten in zweifacher Hinsicht an: Dort findet sich mit 15,9 % einerseits der mit Abstand höchste Anteil an »sonstigem« Personal in Kindertageseinrichtungen, andererseits arbeiten mit 12,6

% deutlich mehr akademisch ausgebildete PädagogInnen in den Einrichtungen als im Rest der Bundesrepublik (vgl. Bock-Famulla, Große-Wöhrmann 2010). In den weiteren Ausführungen werden Bayern und Thüringen exemplarisch herausgegriffen, um die Verknüpfungen der unterschiedlichen personellen Bedingungen mit anderen Strukturmerkmalen zu verdeutlichen.

Eine zentrale Forderung in der aktuellen Debatte um Kindertagesbetreuung ist die quantitative Aufstockung des Personals in Kindertageseinrichtungen (vgl. Merten/Witte/Buchholz 2008). Sie begründet sich – laut Cornelia Giebeler lange Zeit vorrangig – erstens in dem sozialpolitischen Interesse, durch institutionelle Betreuungsangebote die Vereinbarkeit von Familie und Beruf und in diesem Zusammenhang insbesondere die Frauenerwerbsarbeit zu unterstützen (vgl. Giebeler 2008; Bock-Famulla/Große-Wöhrmann 2010). Zweitens wird der erhöhte Bedarf an MitarbeiterInnen mit der Notwendigkeit der Verbesserung des Personalschlüssels begründet, der, wie bereits erwähnt, neben der Qualifizierung der MitarbeiterInnen als wesentlich für die Strukturqualität gilt (vgl. u. a. Merten/Witte/Buchholz 2008; Viernickel/ Schwarz 2009). Während im Bundesdurchschnitt (ohne Berlin) der Personalschlüssel bei den unter Dreijährigen 1 : 6,0 und bei den Drei- bis Sechsjährigen 1 : 9,8 beträgt, werden in Thüringen Kinder in Kindertagesstätten mit einem Personalschlüssel von 1 : 6,3 bzw. 1 : 12,4 betreut. Im Gegensatz dazu sieht in Bayern die Betreuungssituation hinsichtlich des Personalschlüssels besser aus: Dort kommt auf durchschnittlich 4,8 der unter Dreijährigen und 9,6 der Drei- bis Sechsjährigen eine pädagogischen Fachkraft (vgl. Bock-Famulla/Große-Wöhrmann 2010). Allerdings weist die Personalstruktur in Bayern einen geringeren Grad der Verfachlichung auf, also einen niedrigeren Anteil an MitarbeiterInnen, die mindestens die ErzieherInnenausbildung an einer Fachschule absolviert haben (vgl. Konsortium Bildungsberichterstattung 2006). Während in Thüringen 94,9 % der Fachkräfte in Kindertagesstätten mindestens eine Fachschulausbildung zur/m ErzieherIn abgeschlossen haben, sind es in Bayern lediglich 54,5 % (vgl. Bock-Famulla/Große-Wöhrmann 2010; Dortmunder AKJ 2008a und 2008b). Dafür ist eine Berufsgruppe in bayrischen Kindertagesstätten stark präsent, die in Thüringen fast unbekannt ist: 37,3 % der pädagogischen MitarbeiterInnen in bayrischen Einrichtungen sind KinderpflegerInnen (vgl. Bock-Famulla/Große-Wöhrmann 2010). Die Grundlagen für diese unterschiedliche personelle Ausstattung finden sich in den Ländergesetzen. In der bayrischen Ausführungsverordnung des Kinderbildungs- und -betreuungsgesetzes (AVBayKiBiG) ermöglicht § 16 Abs. 4 und § 17 Abs. 2 die Anstellung von KinderpflegerInnen als Zweitkräfte. Im Thüringer Kindertageseinrichtungsgesetz (ThürKitaG) hingegen regelt der § 14 Abs. 1, dass pädagogische Fachkräfte im Rahmen der Mindestpersonalausstattung mindestens eine Fachschulausbildung zur/m ErzieherIn absolviert haben müssen. Zudem macht die Struktur der Einrichtungen in Bayern den

geringeren Grad der Verfachlichung möglich. Während in Thüringen eine
pädagogische Fachkraft in der Regel alleine für ihre Kindergruppe zustän-
dig ist, sind die Gruppen in Bayern durchschnittlich größer und werden von
einer Gruppenleitung und einer Ergänzungskraft betreut. Der Einsatz von
KinderpflegerInnen wäre in Thüringen folglich, anders als in Bayern, nur
möglich, wenn die pädagogische Leitung einer Kindergruppe an eine/n
MitarbeiterIn mit einem Abschluss unterhalb der ErzieherInnenqualifikati-
on übertragen bzw. die Fachkraft-Kind-Relation oder die Gruppengröße
verändert werden würde. In bayerischen Kindertageseinrichtungen hingegen wäre es auf der Grundlage der Struktur ohne weiteres möglich, das
Qualifizierungsniveau anzuheben.

3. Ausbildung und Qualifikation der MitarbeiterInnen

Pädagogische Fachkräfte mit Hochschulabschluss sind nach wie vor in
Kindertageseinrichtungen, insbesondere in der direkten Gruppenarbeit,
deutlich unterrepräsentiert. Ihr Anteil von bundesweit 3,5% in diesem Bereich (Bock-Famulla/Große-Wöhrmann 2010, S. 201) liegt wesentlich nied-
riger als in anderen Bereichen der Kinder- und Jugendhilfe (vgl. Rauschenbach 2006). In bayerischen Einrichtungen sind es nur 2,3%, in thüringi-
schen Kindertageseinrichtungen sogar nur 1,9%. Deutlich höher, wenn auch
nicht hoch, liegt der Anteil der HochschulabsolventInnen nur in Kindertageseinrichtungen in Bremen (12,6%), Hamburg (7,5%) und Hessen (7,6%)
(vgl. Dortmunder AKJ 2008). Dabei geht mit dem Bestreben, Kindern eine
bestmögliche Förderung und Unterstützung zu gewährleisten, einher, dass
das Anforderungsprofil der pädagogischen MitarbeiterInnen erweitert und
ausdifferenziert und die Ausbildung entsprechend weiterentwickelt bzw.
akademisiert werden muss. Die gestiegenen Anforderungen begründen sich
in der Notwendigkeit differenzierter fachlicher Kenntnisse, z. B. in den Bereichen Diagnostik und Erziehungsplanung, der erforderlichen Fähigkeit
zur differenzierten Wahrnehmung kindlicher Lernprozesse und dem Bedarf
eines erhöhten fachlich fundierten Reflexionsvermögens, um die individuellen Bildungsbedürfnisse der Kinder zu erkennen und entsprechend zu unterstützen. Des Weiteren gilt es Bildung, Erziehung und Betreuung besser
zu vernetzen. Zudem wird im Sinne der Familien- und Gemeinwesenorien-
tierung die Aufgabenpalette der Fachkräfte komplexer und anspruchsvoller
(BMFSFJ 2003; Knauer 2009; König 2006; Roßbach 2008; Leu 2008).
      Nicht zuletzt aufgrund der internationalen Anschlussfähigkeit wird nun
die, zumindest anteilige, Qualifizierung von ErzieherInnen bzw. FrühpädagogInnen auf Hochschulniveau angestrebt. Ursula Rabe-Kleberg kritisierte
jedoch bereits 1999, dass immer wieder konzeptionelle Überlegungen zur

Ausbildung von ErzieherInnen angestellt wurden, ohne empirisch fundiert zu wissen, was diese in der Praxis machen und wie sich dieses Handeln auswirkt: »Für die Erzieherin heißt dies, daß immer wieder über ihre Ausbildung gestritten wurde, d.h. darüber, wie sie idealiter qualifiziert werden sollte, weniger war und ist darüber empirisch abgesichert zu erfahren, was aus der Qualifikation unter den alltäglichen Bedingungen ihrer Arbeit wird« (Rabe-Kleberg 1999, S. 106f). Die Veränderung der Erwartungen und Anforderungen an Kindertagesstätten geht mit der Schlussfolgerung einher, dass PädagogInnen diesen Ansprüchen nur gerecht werden können, indem sie höher, d.h. akademisch qualifiziert werden. Es gilt nun zu überprüfen, ob empirische Befunde eine Verbesserung der pädagogischen Praxis auf der Grundlage einer höheren Qualifizierung belegen.

Tony Munton u. a. (2002) evaluieren Forschungsergebnisse u. a. hinsichtlich der Frage, wie sich die Qualifikation der MitarbeiterInnen und die Gruppengröße auf die Entwicklung der Kinder in verschiedenen Bildungsbereichen auswirken und welchen Einfluss diese beiden Faktoren auf die Einrichtungsqualität haben. In Bezug auf die Qualifikation der MitarbeiterInnen heben sie hervor, dass nicht allein die Grundausbildung relevant sei, sondern, dass auch Fort- und Weiterbildungen entscheidend zur Qualifizierung beitragen: »A focus on basic training can detract attention from the importance of countinuous training, and from the issue of the relationship between these two areas« (Ebd., S. 78f). Ihrem Resümee zu den Fragen des Zusammenhangs von Ausbildung und Qualifikation der MitarbeiterInnen, Gruppengröße und der erfolgreichen Unterstützung der Entwicklung der Kinder legen sie Studien, überwiegend aus dem englisch-sprachigen Raum, zu Grunde (u. a. Blau 1999; Burchinal 1996; Howes 1997; Clarke-Steward/Gruber 1994; Wylie 1996; Milles, Romano-White 1999; NICHD Early Child Care Research Network 1996; Howes, Smith, Galinsky 1995). In der Zusammenführung dieser Studien stellen Munton/Mooney/Moss (2002, S. 108ff) fest, dass der Nachweis der Auswirkungen der MitarbeiterInnenqualifikation auf die Entwicklung der Kinder insgesamt uneindeutig ist. Sie betonen die grundsätzliche Problematik, den Einfluss einzelner Faktoren aus der Komplexität des Feldes herauszulösen. So ergab etwa die Studie von Howes (1997, nach Munton/Mooney/Moss 2002) , dass sich eine formal höhere Bildung positiv auf die Entwicklung und die Aktivitäten der Kinder auswirkt, dass dieser Effekt jedoch mit einer Veränderung der Fachkraft-Kind-Relation verschwindet: »However, they were no more effective with less stringent ratios (i.e. more children) than teachers who were less highly educated but had fewer children in their care.« Deutlicher als der Zusammenhang zwischen der Qualifikation des Personals und der Entwicklung des Kindes ließen sich Auswirkungen auf die Qualität der Interaktion zwischen pädagogischer/m MitarbeiterIn und dem einzelnen Kind feststellen, die sich durch, insbesondere spezialisierte, Qualifikationen ergeben. »Positive caregiver behaviour is linked with better developmental outcomes for children. It is likely that this link underlies reported associations between staff qualifications, group size and child outcomes« (ebd., S. 110). Insgesamt schließen Munton/Mooney/Moss (2002), dass eine fundierte fachliche Ausbildung jedoch die Wahrscheinlichkeit einer qualitativ guten Praxis erhöht. Auch Wolfgang Tietze (2010) resümiert, dass eine Verbesserung der ErzieherInnenausbildung notwendig ist, nach bisherigem Forschungsstand jedoch nicht eindeutig als Schlüssel zur Verbesserung der Prozessqualität in Kindertagesstätten identifiziert werden kann. Deshalb setzt er auf Ansätze, die direkt auf eine Verbesserung der Prozessqualität abzielen, wie etwa Qualitätstrainings für MitarbeiterInnen oder die Ausrichtung der Arbeit an standardisierten Qualitätskriterien (vgl. Tietze 2010; Tietze/Viernickel 2007).

Eine deutsche Studie, die sich mit der Interaktion zwischen pädagogischen Fachkräften und Kindern beschäftigte, hat Anke König (2006) mit ihrer Dissertation vorgelegt. Ausgehend von der Annahme, dass »dialogisch-entwickelnde Interaktionsprozesse« besonders kindgerechte und förderliche Interaktionsformen sind, widmete sie sich in videogestützten teilnehmenden Beobachtungen der Interaktion zwischen ErzieherInnen und Kindern. In ihrer Analyse kommt sie zu dem Schluss, dass das Handeln der ErzieherInnen in der Interaktion mit Kindern zwar in der Regel wertschätzend, jedoch selten stimulierend ist und direktive Handlungsanweisungen dominieren. Die Inhalte der Interaktionen, so König, beziehen sich häufig auf das Alltägliche und bieten den Kindern weder kognitive Anreize, noch laden sie dazu ein, aktiv in den Dialog einzutreten. Entsprechend wirken sie weder unterstützend im Hinblick auf die verschiedenen Bildungsbereiche[1], noch werden sie dem Anspruch einer dialogischen Auseinandersetzung gerecht, weil Kinder selten animiert werden sich aktiv und gestaltend in die Interaktion einzubringen (vgl. König 2006). Wenig Aufschluss gibt die Studie darüber, welche Unterschiede in den Handlungsweisen der MitarbeiterInnen verschiedener Berufsgruppen festgestellt werden können, da zwar die Vorstellung der StudienteilnehmerInnen nach Berufsgruppen differenziert erfolgt (vgl. ebd., S. 206), die Analyse jedoch nicht darauf abgestimmt wird. König legt in ihrer Studie den Schwerpunkt auf die Prozessqualität im pädagogischen Handeln und vernachlässigt bewusst strukturelle Faktoren (vgl. ebd., S. 52), weil strukturelle Bedingungen den pädagogischen Prozess zwar rahmen, jedoch keine ausreichende Grundlage für die Reflexion päda-

---

1   Sie benennt als Bildungsbereiche sprachliche Bildung, Musik, bildnerisches Gestalten, mathematische Grunderfahrungen, Bewegungserziehung, Natur und kulturelle Umwelten (vgl. König 2006).

gogischer Qualität bieten[2]. Trotzdem schließt König ihre Ausführungen mit einem Plädoyer für die verstärkte Bemühung um die akademische Ausbildung von FrühpädagogInnen und die Abwendung von der Breitbandausbildung der ErzieherInnen, um die Forschung in diesem Bereich zu intensivieren, eine Didaktik für die Elementarpädagogik zu entwickeln und Praxis und Forschung besser zu verknüpfen (vgl. Viernickel/Schwarz 2009; Giebeler 2008). Da den Kindern in der erforschten Praxis wenig Gelegenheit geboten wird, sich im »dialogisch-entwickelnden Interaktionsprozess« mit der Welt auseinanderzusetzen, schlussfolgert König, dass es notwendig ist, pädagogische MitarbeiterInnen für die Lern- und Bildungsprozesse der Kinder in Aus- und Weiterbildung zu sensibilisieren und sie zu befähigen, ihr pädagogisches Handeln auf die Gedankengänge der Kinder abgestimmt reflektieren und gestalten zu können. Indem ErzieherInnen sensibler in die Interaktion mit den Kindern treten, sind sie besser in der Lage, die Bedürfnisse der Kinder wahr- und aufzunehmen, sowie zu verstehen (vgl. König 2006).

Auch Karsten König und Peer Pasternack (2008) fordern eine generelle Anhebung der Ausbildung für den Elementarbereich. Sie stützen diese Forderung auf die von ihnen durchgeführte Untersuchung, in deren Rahmen sie u. a. den Studiengang »Erziehung und Bildung im Kindesalter« an der Alice-Salomon-Hochschule Berlin wissenschaftlich begleiteten. Sie konstatieren zwar, dass erst die Praxis zeigen kann, wie sich die akademische Ausbildung auf das berufliche Handeln und damit die Qualität der pädagogischen Arbeit auswirkt, benennen jedoch vier Merkmale, die für sie den Zusammenhang zwischen akademischer Ausbildung und professionellen Handeln plausibel machen: Erstens kommen die Studierenden auf Grund der erforderten Hochschulreife bereits mit einem höheren Bildungsniveau in die Ausbildung, zweitens sind die Lehrenden in der wissenschaftlichen Forschung ausgewiesen, drittens wird in der hochschulischen Ausbildung der Forschungsbezug hergestellt und viertens spiele das Selbststudium eine deutlich größere Rolle (König/Pasternack 2008). König und Pasternack schließen nicht aus, dass sich diese Faktoren teilweise auf Fachschulen übertragen ließen. Mit der Anerkennung des vorschulischen Bereichs als pädagogisches Handlungsfeld ist es ihrer Meinung nach jedoch unvereinbar, »einerseits über Akademisierung zu sprechen, andererseits in Gruppen Zweitkräfte mit einer einfachen beruflichen Ausbildung zu beschäftigen« (ebd., S. 150; vgl. Rabe-Kleberg 1999, S. 19). Die arbeitsmarktpolitische Begründung der Einbindung von RealschülerInnen in dieses gesellschaftliche Berufsfeld, lassen sie aufgrund der fachlichen Anforderungen nicht gel-

---

2 Dem widerspricht z. B. Susanna Roux (2002) insofern, dass sie die Kontextualisierung einzelner Aspekte des Alltags in Kindertageseinrichtung für ausdrücklich erforderlich hält, um Qualität (weiter-)zu entwickeln.

ten, schlagen jedoch vor, die Ressourcen der Fachschulen zur Ausbildung von Assistenzkräften zu nutzen. Folglich lehnen sie die Zusammenarbeit von unterschiedlich qualifizierten MitarbeiterInnen nicht grundsätzlich ab, halten jedoch eine generelle Anhebung des Niveaus im Hinblick auf die aktuellen Herausforderungen, denen sich das pädagogische Personal in Kindertagesstätten stellen muss, für angebracht.

4. MitarbeiterInnen unterschiedlicher Qualifizierungsniveaus im Team

Roland Merten u. a. (2008) hingegen gehen davon aus, dass der Einsatz von Assistenzkräften[3] nicht nur möglich, sondern sogar sinnvoll und notwendig ist und durch entsprechende Teamkonstellationen die Qualität der pädagogischen Arbeit gesteigert werden kann, da »der Einsatz von Assistenzkräften eine erhebliche Arbeitserleichterung darstellen und mehr Zeit für originär pädagogische Tätigkeiten schaffen« kann. Es wird betont, dass durch Assistenzkräfte nicht »die Last einer zu dünnen Personaldecke« (Merten/Witte/Buchholz 2008) ausgeglichen werden darf, sondern die Arbeit der pädagogischen Fachkräfte unterstützt werden soll. Mit dem Ziel, einen Maßnahmenkatalog zur Strukturqualitätssicherung zu erstellen, erfassten Merten et al im Rahmen einer Erhebung in zehn Kindertageseinrichtungen in Jena (Thüringen) die Aufgaben, welche die pädagogischen Fachkräfte alltäglich in der Praxis bewältigen, und clusterten diese in »(1) Tätigkeiten, die von pädagogischen Fachkräften ausgeführt werden müssen, (2) Tätigkeiten, die ausschließlich durch Assistenzkräfte durchgeführt werden können und (3) Tätigkeiten, die beide gemeinsam ausführen können« (Merten/Witte/Buchholz 2008, S. 11) . Auf der pragmatischen Grundlage einer Stellenbeschreibung für FSJlerInnen als Beschreibung für Assistenzaufgaben und unter der Prämisse, dass die Assistenzkraft unter Anleitung der pädagogischen Fachkraft arbeiten muss, stellten Sie fest, dass viele der von ErzieherInnen ausgeführten Aufgaben, keine fachlichen Voraussetzungen erfordern. Würden diese funktionalen Aufgaben, sie nennen in diesem Zusammenhang z. B. Schlafwache, sowie pflegerische und hauswirtschaftliche Tätigkeiten, von Assistenzkräften ausgeführt, würden die pädagogischen Fachkräfte entlastet und könnten sich gezielter den pädagogischen Aufgaben, sowohl in der unmittelbaren Interaktion mit den Kindern, als auch in Vor- und Nachbereitung, widmen (vgl. ebd., S. 23; Roßbach/Frank 2008).

---

3 Assistenzkräfte sind lt. Merten et al KinderpflegerInnen, FSJlerInnen, Zivildienstleistende und PraktikantInnen. Im Folgenden werden die Begriffe Assistenz- und Ergänzungskräfte synonym verwendet.

Birgit Riedel hingegen hebt den geringen Verfachlichungsgrad der Ergänzungskräfte etwa in Bayern als ausdrücklich negativ hervor, da auf diese
Weise MitarbeiterInnen den pädagogischen Auftrag übernehmen würden,
»die nicht nur fachlich über eine niedrige Qualifikation verfügen, sondern
[...] auch biografisch keine Nähe zum Bildungssystem aufweisen.« (Riedel
2008, S. 188). Während Merten die Aufgaben von MitarbeiterInnen ohne
Ausbildung auf Fachschul- bzw. Hochschulniveau im pflegerischen Bereich
bzw. als UnterstützerInnen der Fachkräfte sieht und eine daraus resultierende Konzentration der Fachkräfte auf pädagogische Kernaufgaben als sinnvoll erachtet, geht Riedel offensichtlich davon aus, dass das Aufgabenge-
biet von aktuell tätigen Ergänzungskräften durchaus eigenverantwortete pädagogische Arbeit beinhaltet und ihr Mitwirken wesentlichen Einfluss auf
die pädagogische Prozessqualität hat. Es wäre folglich zu klären, ob durch
das Mitwirken unterschiedlich qualifizierter MitarbeiterInnen professionel-
les Handeln zugunsten einer Orientierung an Organisationserfordernissen
aufgeben und komplexen Sachverhalten zwangsläufig mit Routinehandeln
begegnet wird. Ob also in Ignoranz der professionellen Verantwortung Ver-
antwortlichkeiten aufgrund vermeintlicher Routineanforderungen an MitarbeiterInnen abgegeben werden, die nicht über die beruflichen Voraussetzungen verfügen, die Komplexität der Handlungserfordernisse zu erkennen
(vgl. Schütze 1996). KinderpflegerInnen verstehen sich selbst durchaus
nicht unbedingt als AssistentInnen der Fachkräfte, sondern beanspruchen
für sich ein eigenes pädagogisch-pflegerisches Aufgabenprofil. Bernhard
Eibeck, Referent für Jugendhilfe beim Hauptvorstand der GEW, plädiert
zwar für den Ausbau von Studiengängen für den Bereich der Frühpädago-
gik, setzt sich jedoch aus seiner gewerkschaftlichen Position auch für den
Erhalt der Arbeitsmöglichkeit für KinderpflegerInnen in Kindertageseinrichtungen ein. Er betont in diesem Zusammenhang, dass es unangemessen
sei, KinderpflegerInnen in einem hierarchischen Unterstellungsverhältnis
den ErzieherInnen als Ergänzungskräfte zuzuordnen:

*»Kinderpflegerinnen sind keine Ersatz- oder Ergänzungskraft der
Erzieherin, sie sind keine Zweitkräfte neben der eigentlichen Erst-
kraft. Kinderpflegerinnen sind auch keine billigen Ersatzkräfte für
Erzieherinnen, sie sind auch nicht Notnagel bei Personalmangel.
Kinderpflegerinnen sind wichtige und kompetente Teile eines Kita-
Teams. Wie die Leiterin, die Erzieherin, die Heilpädagogin und die
Hauswirtschaftskraft hat auch der Beruf der Kinderpflegerin ein ei-
genständiges Anforderungsprofil und Berufsbild. Bei der Umsetzung
des pädagogischen Konzepts spielen sie eine wichtige Rolle. Sie sind
verlässliche Bezugspersonen für die Kinder. (...). Ihre fachlichen
Aufgaben sind in den Bereichen der Fürsorge für die körperliche
und gesundheitliche Entwicklung angesiedelt. Dazu gehören insbe-*

sondere die Tätigkeitsbereiche Bewegung, Sport, Ernährung und Hygiene. Ein weiterer Bereich liegt in der Förderung von Kreativität, Musik und Kunst« (Eibeck 2009, S. 17).

Die etablierte Praxis der Zusammenarbeit von ErzieherInnen und KinderpflegerInnen in Bayern wird von Gesetzesgrundlagen und Richtlinien gerahmt, die den KinderpflegerInnen einen ergänzenden, aber durchaus pädagogischen Handlungsauftrag zuschreiben. Der §16 AVBayKiBiG widerspricht der Vorstellung eines eigenständigen und abgegrenzten Handlungsauftrags, indem er regelt, dass KinderpflegerInnen in der Regel als Ergänzungskräfte tätig sind. Wie dieser Rahmen von Trägern konkretisiert wird, kann an dieser Stelle nur exemplarisch beantwortet werden. Für Ergänzungskräfte in katholischen Kindertageseinrichtungen der bayerischen Erz-Diözesen (2009) etwa, regelt der § 5 der Dienstordnung die Aufgaben und Rolle wie folgt:

»Die pädagogische Ergänzungskraft trägt unter Anleitung einer pädagogischen Fachkraft Mitverantwortung für die Erziehung, Bildung und Betreuung der Kinder.
Über die pädagogische Arbeit und die religiöse Erziehung hinaus gehören zu den Aufgaben der pädagogischen Ergänzungskraft insbesondere:
Beteiligung an der Planung und Nachbereitung der pädagogischen Arbeit und der religiösen Erziehung im Rahmen der Verfügungszeit,
aushilfsweise Vertretung einer pädagogischen Fachkraft,
Ausführung pflegerischer und hauswirtschaftlicher Arbeiten, die unmittelbar im Zusammenhang mit der Pflege und der Erziehung der Kinder stehen,
Mitwirkung an Veranstaltungen für Eltern und/oder Kinder,
partnerschaftliche Zusammenarbeit mit den Eltern,
Teilnahme an Sitzungen des Elternbeirats soweit angeordnet.«

Damit werden Ergänzungskräfte ausdrücklich, wenn auch unter Anleitung, in die pädagogische Arbeit eingebunden. Auf die Ausgestaltung des pädagogischen Alltags lassen diese Regelungen kaum Rückschlüsse zu. Die Frage danach, wer in der Praxis welche Aufgaben übernimmt und wie eigenständig Ergänzungskräfte ihr Handeln tatsächlich gestalten, bleibt in weiten Teilen ebenso offen, wie die Frage, ob Kinder sich in Einrichtungen mit Personalsettings ohne Ergänzungskräfte wohler fühlen und in ihrer Entwicklung besser unterstützt werden. Es wird von einem Unterstellungsverhältnis ausgegangen, dessen Wirkung in der Praxis jedoch unklar bleibt. Insgesamt deutet sich hier ein Dissens zwischen den Erwartungen und Vorstellungen, die einerseits mit der Einbindung von MitarbeiterInnen mit einer

einfachen Berufsausbildung verbunden sind und andererseits dem Selbst-
bild dieser MitarbeiterInnengruppe an.

Eine Studie, die sich mit der Praxis von unterschiedlich qualifizierten
MitarbeiterInnen in einer Kindertagesstätte auseinandergesetzt hat, wurde
2008 von Peter Cloos veröffentlicht. Er setzte sich in einer ethnographischen Studie mit den beruflich-habituellen Profilen von unterschiedlich
qualifizierten MitarbeiterInnen auseinander und greift die Fragen der Herstellung von Gemeinsamkeit und des Umgangs mit Unterschieden auf. Auf
der Grundlage eines erweiterten Professionsbegriffs untersuchte er, wie im
Kontext der jeweiligen organisationskulturellen Spezifik von Einrichtungen, Gemeinsamkeit im Team als Grundlage der Zusammenarbeit inszeniert wird und sich beruflich-habituelle Unterschiede konstituieren. Seine
Befunde zeigen, dass sich die MitarbeiterInnen der untersuchten Kindertagesstätte im Raum-Zeit-Gefüge der Einrichtung unterschiedlich bewegen
und verschiedene Aufgaben übernehmen. Die Komplexität der Aufgaben,
sowie die Kompetenzansprüche nehmen ab, je geringer die formale Qualifikation der MitarbeiterIn ist. Allerdings schränkt er diese Regel ein, da sie
nicht auf eine Erzieherin zutrifft, die als Teilzeit- und Vertretungskraft in
der Einrichtung arbeitet (vgl. Cloos 2008). Des Weiteren sind die Aufgaben
im Kontext von »Innen- und Außenraum« aufgabenhierarchisch verteilt,
wobei sich diese Verteilung eher an der formalen Funktion innerhalb der
Einrichtung und an persönlichen Ambitionen, als an der Qualifikation der
jeweiligen MitarbeiterIn zu orientieren scheint (vgl. ebd.). Auch die Deutungshoheit bezüglich pädagogischer Fragestellungen ist laut Cloos an die
Position im Team gebunden und nicht vorrangig auf die Qualifikationen der
MitarbeiterInnen zurückzuführen (vgl. ebd.). Allerdings stellt er fest, dass
mit einer höheren Qualifikation die Komplexität von Deutungen zunimmt,
die er in den Kontext einer »gesteigerte(n) Reflexions- und Begründungs-
verpflichtung« stellt (ebd., S. 311). Während er deutliche Unterschiede hinsichtlich der Rollen und Aufgaben der MitarbeiterInnen im gemeinsamen
Handeln herausarbeitet, präsentiert sich in den verbalen Äußerungen der
MitarbeiterInnen ein eher egalitäres Bild der Zusammenarbeit, dessen Darstellung bei den fachlich qualifizierten MitarbeiterInnen zu einer Abwer-
tung der eigenen formalen Ausbildung führt und der Herstellung einer gemeinsamen Identität dient. Differenzen in vorgefundenen Aufgabenhierar-
chien und -verteilungen begründen sich zusammenfassend in beruflichen
Qualifikationsprofilen, persönlichen Dispositionen und/oder der formalen
Stellung innerhalb der Organisationskultur. Letzteres hat erheblichen Einfluss darauf, wie eigenständig die MitarbeiterInnen entscheiden und ihr
Handeln gestalten können (vgl. ebd.). In Ansätzen macht Cloos deutlich,
dass sich die beruflich-habituelle Ausprägung der unterschiedlichen MitarbeiterInnengruppen auch in Beziehung zueinander ausbilden, wenn sich
z. B. nicht qualifizierte MitarbeiterInnen in ihrem beruflichen Handeln

durch Nachahmung an den Fachkräften orientieren (vgl. ebd.), die eigenen
Aufgabenschwerpunkte in einen gemeinsam zu bewältigenden Gesamtar-
beitsbogen eingebettet werden oder die Deutungshoheit in Bezug auf pädagogische Fragen, den einschlägig qualifizierten Fachkräften zugesprochen
wird (vgl. ebd.). Offen bleibt die Frage, wie die unterschiedlich beruflich-
habituellen Handlungsweisen auf die beteiligten Kinder bzw. die Interaktion zwischen den BetreuerInnen und Kindern wirken. Der Fokus der Studie
richtet sich auf die beruflich-habituellen Profile der MitarbeiterInnen, wes-
halb die beteiligten Kinder als Akteure mit eigener, auf das Gesamtgesche-
hen wirkender Perspektive vernachlässigt wurden (vgl. Cloos 2008).

5. Ausblick

Die Studie von Peter Cloos gibt einen Einblick, wie sich unterschiedliche
MitarbeiterInnengruppen gemeinsam im Feld bewegen. Daran gilt es mit
weiteren Forschungsvorhaben anzusetzen. Cloos (2010) bestätigt, dass die
Praktiken der Teamarbeit im frühpädagogischen Bereich noch unzureichend untersucht wurden.

Aktuell lässt sich festhalten, dass in der Diskussion plausible Gründe für
eine höhere Qualifizierung des pädagogischen Personals angeführt werden
und von einer strukturellen Veränderung in diesem Bereich Verbesserungen
der Prozessqualität erwartet werden, wenn diese Annahmen auch empirisch
nur schwach abgesichert sind. Daneben erscheint der Einsatz von Assistenzkräften als UnterstützerInnen der pädagogischen Fachkräfte als eine
mögliche Variante. Doch zu solchen Teamkonstellationen, auch wenn sie in
einigen Bundesländern etablierte Praxis sind[4], ist so gut wie nichts bekannt.
Es besteht Forschungsbedarf hinsichtlich der Rolle und Einbindung von
KinderpflegerInnen und anderen Assistenz- bzw. Ergänzungskräften, der
Verteilung von Aufgaben im Team, zur Kooperation zwischen den unterschiedlichen Berufsgruppen (vgl. Thole/Cloos 2006) und dazu, wie sich im
Team gemeinsame Handlungskompetenzen entwickeln. Nicht zuletzt fehlt
es in bisherigen Forschungsergebnissen fast vollständig, die Perspektive
von Kindern einzubeziehen. Laut Susanna Roux (2002) sagen bisherige
Forschungsbefunde mehr über die Perspektive der ForscherInnen auf Kinder und Kindheit als über die Perspektiven der Kinder aus. Die Diskussion
um die für den pädagogischen Alltag Verantwortlichen ist jedoch unvoll-
ständig, solange die Sicht der HauptakteurInnen auf ihre ErzieherInnen

---

4   Neben Bayern arbeiten KinderpflegerInnen vor allem in Kindertageseinrichtungen
     in Hamburg (18,8%), Schleswig-Holstein (21,4%) und im Saarland (20,7%) (vgl.
     Bock-Famulla/Große-Wöhrmann 2010).

nicht einbezogen wird bzw. aufgrund fehlender Forschungsergebnisse nicht berücksichtigt werden kann (vgl. Roux 2002).

Die bisherigen Befunde zeigen, dass unterschiedlich beruflich qualifizierte MitarbeiterInnengruppen zwar statistisch separat erfasst werden (z. B. DJI 2008; Bock-Famulla/Große-Wöhrmann 2010; König 2006; vgl. Viernickel, Schwarz 2009), jedoch in der Betrachtung der beruflichen Praxis kaum differenziert bzw. kontrastiert werden (vgl. Cloos 2008). Hier gibt es Nachholbedarf, denn nicht nur aus fiskalischen, auch aus arbeitsmarktpolitischen Gründen erscheint es angebracht, empirisch abgesichert zu begründen, warum welche Personalkonstellationen in Kindertagesstätten aus fachlicher Sicht favorisiert werden und welche Rolle darin MitarbeiterInnen mit einer einfachen Berufsausbildung einnehmen können (vgl. Thole 2010). Wenn auch aus der Zeitbudgeterhebung von Merten/Witte/Buchholz keine Schlussfolgerung für ein gelingendes Personalkonzept gezogen werden kann, so gibt sie doch die Anregung, über aufgabenbezogene Arbeitsteilung im Team von Kindertagesstätten nachzudenken bzw. die Praxis solcher Teams näher zu untersuchen.

Literatur

Arbeitsgemeinschaft für Kinder- und Jugendhilfe (AGJ) (2009): Anforderungen an Fachkräfte in Kindertageseinrichtungen. Diskussionspapier 02./03. http://www.agj.de/ pdf/5/Fachkraefte_Kita.pdf (Zugriff: 24.04.2010).

Auernheimer, R. (Hrsg.) (1999): Erzieherinnen für die Zukunft. Berufsprofil im Wandel. Hohengehren.

Bayerische (Erz-)Diözesen (2009): Änderungen und Ergänzungen zum Arbeitsvertragsrecht der bayerischen (Erz-)Diözesen – ABD. Nr. 90. Beschluss im schriftlichen Umlaufverfahren vom 24. Juli 2009. ABD Teil C, 7. (Dienstordnung für das pädagogische Personal in den katholischen Kindertageseinrichtungen). 01. September 2009. http://www.onlineabd.de/ dcms/sites/bistum/extern/abd/anlagen/Koda_Nr_90.pdf (Zugriff: 30.04. 2010).

Bayrisches Staatsministerium für Arbeit und Sozialordnung, Familie und Frauen (2005): Das Bayerische Kinderbildungs- und -betreuungsgesetz (BayKiBiG) mit Ausführungsverordnung (AVBayKiBiG). München.

BMFSFJ (Bundesministerium für Familie, Senioren, Frauen und Jugend) (2003): Perspektiven zur Weiterentwicklung des Systems der Tageseinrichtungen für Kinder in Deutschland. Berlin.

Bock, K./Miethe, I. (Hrsg.) (2010): Handbuch Qualitative Methoden in der Sozialen Arbeit. Opladen/Farmington Hills.

Bock-Famulla, K./Große-Wöhrmann, K. (2010): Länderreport Frühkindliche Bildungssysteme 2009. Transparenz schaffen-Governance stärken. Gütersloh.

Cloos, P. (2008): Die Inszenierung von Gemeinsamkeit. Eine vergleichende Studie zu Biographie, Organisationskultur und beruflichen Habitus von Teams in der Kinder- und Jugendhilfe. Weinheim/München.

Cloos, P. (2010): Qualitative frühpädagogische Forschung. In: Bock, K. /Miethe, I. (Hrsg.) (2010): Länderreport Frühkindliche Bildungssysteme 2009. Transparenz schaffen-Governance stärken. Gütersloh, S. 475-480.

Combe, A./Helsper, W. (Hrsg.) (1996): Pädagogische Professionalität. Untersuchungen zum Typus pädagogischen Handelns. Frankfurt a M.

Cortina, K./Baumert, J./Leschinsky, A. u. a. (Hrsg.) (2008): Das Bildungswesen in der Bundesrepublik Deutschland: Strukturen und Entwicklungen im Überblick. Reinbeck.

Deutsches Jugendinstitut (DJI). (2008): Zahlenspiegel 2007. http://www. bmfsfj.de/bmfsfj/generator/Publikationen/zahlenspiegel2007/ 01-Redaktion/ PDF-Anlagen/Gesamtdokument,property=pdf,bereich=zahlen spiegel2007, sprache=de,rwb=true.pdf (Zugriff: 14.07.2009).

Diller, A./Rauschenbach, T. (Hrsg.) (2006): Reform oder Ende der Erzieherinnenausbildung? Beiträge zu einer kontroversen Fachdebatte. München.

Dortmunder Arbeitsstelle für Kinder- und Jugendhilfestatistik (AKJ) (2008a): Kennzahlen Kindertagesbetreuung Ostdeutschland. http://www.akjstat.uni-dortmund.de/projekte/output.php ?projekt=30&Jump1=RECHTS&Jump2=5 (Zugriff: 09.03.2010).

Dortmunder Arbeitsstelle für Kinder- und Jugendhilfestatistik (AKJ) (2008b): Kennzahlen Kindertagesbetreuung Westdeutschland. http://www.akjstat.uni-dortmund.de/projekte/output.php? projekt=30&Jump1=RECHTS&Jump2=5 (Zugriff: 09.03.2010).

Eibeck, B. (2009): Notnagel oder Fachkraft? Neues Berufsbild für Kinderpflege. In: klein&groß, 2009, Heft 5, S. 16-17.

Giebeler, C. (2008): Kindertageseinrichtungen. In: Sünker, H./Swiderek, T. (Hrsg.) (2009): Lebensalter und Soziale Arbeit. Band 2. Kindheit. Hohengehren, S. 79-101.

Knauer, R. (2009): Kindertageseinrichtungen zwischen Bildungsplänen und Jugendhilfe. Ein Plädoyer für sozialpädagogisch orientierte Bildungskonzepte in Kindertageseinrichtungen. In: Forum Sozial, 2009, Heft 2, S. 12-14.

König, A. (2006): Dialogisch-entwickelnde Interaktionsprozesse zwischen ErzieherIn und Kind(-ern). Eine Videostudie aus dem Alltag des Kindergartens. http://www.eldorado.uni-dortmund.de/bitstream/2003/24563/1/Diss _veroeff.pdf (Zugriff: 18.02.2010).

König, K./Pasternack, P. (2008): Elementar + professionell. Die Akademisierung der elementarpädagogischen Ausbildung in Deutschland. Mit einer Fallstudie: Der Studiengang»Erziehung und Bildung im Kindesalter« an der Alice Salomon Hochschule Berlin. Wittenberg.

Konsortium Bildungsberichterstattung (2006): Bildung in Deutschland. Ein indikatorengestützter Bericht mit einer Analyse zu Bildung und Migration. Bielefeld.

Krüger, H.-H./Grunert, C. (^{2}2010): Handbuch Kindheits- und Jugendforschung. Wiesbaden.

Leu, H. R. (2008): Beobachtung von Bildungs- und Lernprozessen in der frühpädagogischen Praxis. In: Thole/Roßbach/Fölling u. a. (Hrsg.) (2008): Bildung und Kindheit. Pädagogik der Frühen Kindheit in Wissenschaft und Lehre. Opladen/Farmington Hills, S. 165-179.

Merten, R./Witte, C./Buchholz, T. (2008): Bedarfsgerechte Personalausstattung in Jenaer Kindertagesstätten. Maßnahmenkatalog zur Strukturqualitätssicherung. http://www.jena.de/download/soziales/Studie_Personalausstattung_ Kitas.pdf (Zugriff: 14.07.2009).

Munton, T./Mooney, A./Moss, P. u. a. (2002): Research on Ratios, Group Size and Staff Qualifications and Training in Early Years and Childcare Settings. http://www.dcsf.gov.uk/research/data/uploadfiles/RR320.pdf (Zugriff: 10. 08.2009).

OECD (2004): Die Politik der frühkindlichen Betreuung, Bildung und Erziehung in der Bundesrepublik Deutschland. Paris.

Rabe-Kleberg, U. (1999): Frauen in pädagogischen und sozialen Berufen. In: Rendtorff/Moser (Hrsg.) (1999): Geschlecht und Geschlechterverhältnisse in der Erziehungswissenschaft. Eine Einführung. Opladen, S. 103-116.

Rabe-Kleberg, U. (1999): Zum veränderten Berufsprofil der Erzieherinnen. In: Auernheimer, R. (Hrsg.) (1999): Erzieherinnen für die Zukunft. Berufsprofil im Wandel. Hohengehren, S. 17- 23.

Rauschenbach, T. (2006) Ende oder Wende? Pädagogisch-soziale Ausbildungen im Umbruch. In: Diller, A./Rauschenbach, T. (Hrsg.) (2006): Reform oder Ende der Erzieherinnenausbildung? Beiträge zu einer kontroversen Fachdebatte. München, S. 13-33.

Rendtorff, B./ Moser, V. (Hrsg.) (1999): Geschlecht und Geschlechterverhältnisse in der Erziehungswissenschaft. Eine Einführung. Opladen.

Riedel, B. (2008): Das Personal in Kindertageseinrichtungen: Entwicklungen und Herausforderungen. In: Deutsches Jugendinstitut (DJI) (2008): Zahlenspiegel 2007, S. 171-202.

Roßbach, H.-G./Frank, A. (2008): Bildung, Erziehung und Betreuung in der frühen Kindheit. Forschungsstand und –bedarf. In: Thole/Roßbach/Fölling u. a. (Hrsg.) (2008): Bildung und Kindheit. Pädagogik der Frühen Kindheit in Wissenschaft und Lehre. Opladen/Farmington Hills, S. 255-269.

Roßbach, H. G. (2008): Vorschulische Erziehung. In: Cortina, K./Baumert, J./Leschinsky, A. u. a. (Hrsg.) (2008): Das Bildungswesen in der Bundesrepublik Deutschland: Strukturen und Entwicklungen im Überblick. Reinbeck, S. 283-325.

Roux, S. (2002): Wie sehen Kinder ihren Kindergarten? Theoretische und empirische Befunde zur Qualität von Kindertagesstätten. Weinheim/München.

Schütze, F. (1996): Organisationszwänge und hoheitsstaatliche Rahmenbedingungen im Sozialwesen: Ihre Auswirkungen auf die Paradoxien des professionellen Handelns. In: Combe/Helsper (Hrsg.) (1996): Pädagogische Professionalität. Untersuchungen zum Typus pädagogischen Handelns. Frankfurt a M., S. 183-275.

Sünker, H./Swiderek, T. (Hrsg.) (2008): Lebensalter und Soziale Arbeit. Band 2. Kindheit. Hohengehren.

Tietze, W./Viernickel, S. (Hrsg.) (^{3}2007): Pädagogische Qualität in Tageseinrichtungen für Kinder. Ein nationaler Kriterienkatalog. Berlin.

Tietze, W. (2010): Betreuung von Kindern im Vorschulalter. In: Krüger, H.-H./Grunert, C. (Hrsg.) (^{2}2010): Handbuch Kindheits- und Jugendforschung. Wiesbaden, S. 543-567.

Thole, W./Cloos, P. (2006): Akademisierung der Personals für das Handlungsfeld Pädagogik der Kindheit. In: Diller, A./Rauschenbach, T. (Hrsg.) (2006):
Reform oder Ende der Erzieherinnenausbildung? Beiträge zu einer kontroversen Fachdebatte. München, S. 47-77.

Thole, W./Roßbach, H. G./Fölling-Albers, M. u. a. (Hrsg.) (2008): Bildung und
Kindheit. Pädagogik der Frühen Kindheit in Wissenschaft und Lehre. Opla-
den/Farmington Hills.

Thole, W. (2010): Die pädagogischen MitarbeiterInnen in Kindertageseinrichtungen. Professionalität und Professionalisierung eines pädagogischen Ar-
beitsfeldes. In: Zeitschrift für Pädagogik, 2010, Heft 2, S. 206-222.

Thüringer Kindertageseinrichtungsgesetz in der Beschlussfassung vom
29.04.2010. Erfurt.

Viernickel, S./Schwarz, S. (2009): Schlüssel zu guter Bildung, Erziehung und
Betreuung. Wissenschaftliche Parameter zur Bestimmung der pädagogischen
Fachkraft-Kind-Relation. http://www.gew.de/Binaries/Binary47887/ exper-
tise_gute_betreuung_web.pdf (Zugriff: 20.11.2009).

Wenzel, L. (2009): Die Rolle der KinderpflegerInnen gestern und heute. In: Forum Sozial, 2009, Heft 2, S. 30-32.

Die AutorInnen

Bandt, Anna, Dipl.-Psychologin, Promovendin an der Bergischen Universität Wuppertal. Kontakt: anna.bandt@gmx.de

Braches-Chyrek, Rita, Dr., Wissenschaftliche Mitarbeiterin an der Bergischen Universität Wuppertal. Kontakt: braches@uni-wuppertal.de

Bühler-Niederberger, Doris, Prof. Dr., Hochschullehrerin an der Bergischen Universität Wuppertal. Kontakt: buehler@uni-wuppertal.de

Fürstenau, Rita, Lehrerin, Promovendin an der Universität Kassel. Kontakt: r.fuerstenau@uni-kassel.de

Hein, Anna, Dipl. Pädagogin, Wissenschaftliche Mitarbeiterin Martin-Luther-Universität Halle-Wittenberg. Kontakt: anna.hein@paedagogik.uni-halle.de

Heinzel, Friederike, Prof. Dr., Hochschullehrerin an der Universität Kassel. Kontakt: heinzel@uni-kassel.de

Hutschenreuter, Ilka, Magister des Bildungsmanagements, Promovendin an der Universität Kassel. Kontakt: i.hutschenreuter@uni-kassel.de

Lochner, Barbara, Dipl. Sozialpädagogin, Promovendin an der Universität Kassel. Kontakt: barbara_lochner@web.de

Piontek, Christian, Dipl. Sozialpädagoge, Promovend an der Universität Kassel. Kontakt: christian.brasil@gmx.net

Schutter, Sabina, Wissenschaftliche Referentin am deutschen Jugendinstitut, München, Promovendin an der Bergischen Universität Wuppertal. Kontakt: schutter@dji.de

Sünker, Heinz, Prof. Dr., Hochschullehrer an der Bergischen Universität Wuppertal. Kontakt: suenker@uni-wuppertal.de

Thole, Werner, Prof. Dr., Hochschullehrer an der Universität Kassel. Kontakt: wthole@uni-kassel.de

Voigts, Gunda, Dipl. Pädagogin, Promovendin an der Universität Kassel. Kontakt: gunda.voigts@t-online.de

Zito, Dima, Dipl. Sozialpädagogin, Promovendin an der Bergischen Universität Wuppertal. Kontakt: dima.zito@uni-wuppertal.de

Schwerpunkt Sozialraum

Fabian Kessl / Christian Reutlinger
Sozialraum
Eine Einführung
2., durchges. Aufl. 2010. 135 S. Br. EUR 14,95
ISBN 978-3-531-16340-6

Was ist ein „Sozialraum"? Was müssen Studierende in den Fachbereichen Soziale Arbeit und Sozialpädagogik, Soziologie, Geographie und Architektur von sozialräumlichen Arbeiten in Theorie und Praxis wissen? Das Lehrbuch stellt einen systematischen Überblick disziplinärer Positionen und relevanter Handlungsfelder zur Verfügung.

Hans-Uwe Otto / Petra Bollweg (Hrsg.)
Räume flexibler Bildung
Bildungslandschaft in der Diskussion
2010. ca. 450 S. Br. ca. EUR 39,95
ISBN 978-3-531-17483-9

Fabian Kessl / Christian Reutlinger (Hrsg.)
Schlüsselwerke der Sozialraumforschung
Traditionslinien in Text und Kontexten
2008. 239 S. (Sozialraumforschung und Sozialraumarbeit Bd. 1) Br. EUR 19,90
ISBN 978-3-531-15152-6

Fabian Kessl / Christian Reutlinger (Hrsg.)
Urbane Spielräume
Bildung und Stadtentwicklung
2011. ca. 220 S. Br. ca. EUR 24,95
ISBN 978-3-531-17756-4

Fabian Kessl / Christian Reutlinger /
Annegret Wigger (Hrsg.)
Thematisierungslinien Sozialraumarbeit
2011. ca. 280 S. Br. ca. EUR 29,95
ISBN 978-3-531-16462-5

Ulrich Deinet (Hrsg.)
Methodenbuch Sozialraum
2009. 324 S. Br. EUR 29,90
ISBN 978-3-531-15999-7

Frank Früchtel / Wolfgang Budde /
Gudrun Cyprian
Sozialer Raum und Soziale Arbeit
Fieldbook: Methoden und Techniken
2., durchges. Aufl. 2010. 335 S. Br.
EUR 24,95
ISBN 978-3-531-17180-7

Frank Früchtel / Gudrun Cyprian /
Wolfgang Budde
Sozialer Raum und Soziale Arbeit
Textbook: Theoretische Grundlagen
2. Aufl. 2010. 228 S. Br. EUR 19,95
ISBN 978-3-531-17195-1

Christian Reutlinger / Caroline Fritsche /
Eva Lingg (Hrsg.)
Raumwissenschaftliche Basics
Eine Einführung für die Soziale Arbeit
2010. 292 S. Br. EUR 19,95
ISBN 978-3-531-16849-4

www.vs-verlag.de

VS VERLAG

Abraham-Lincoln-Straße 46
65189 Wiesbaden
Tel. 0611.7878 - 722
Fax 0611.7878 - 400

If you have any concerns about our products,
you can contact us on
ProductSafety@springernature.com

In case Publisher is established outside the EU,
the EU authorized representative is:
Springer Nature Customer Service Center GmbH
Europaplatz 3, 69115 Heidelberg, Germany

Printed by Libri Plureos GmbH
in Hamburg, Germany